Lake Placid 1980

Das Große Olympia buch

Dokumentation
Bilanz
Analyse

Herausgegeben von Frank Grube und Gerhard Richter

Hoffmann und Campe

Die 2800-Seelen-Gemeinde Lake Placid ist wieder in ihren Dornröschenschlaf zurückgefallen. Der lärmende Troß der großen weiten Welt ist abgezogen. Die XIII. Olympischen Winterspiele gehören der Vergangenheit an.

Die Amerikaner haben den Sportlern aus 37 Ländern faire Spiele geboten. Die Athleten fanden an allen Wettkampfstätten gute Bedingungen vor. Was die Natur versäumte, das korrigierten die technisch versierten Amerikaner mit Kunstschnee und Schneekanonen. An das Fluidum schneebedeckter Alpengipfel und europäischer Weltcup-Begeisterung erinnerte in Lake Placid nichts.

Olympische Stimmung kam nur auf, als das amerikanische Eishockey-Team das der Russen bezwingen konnte. Plötzlich begannen in den Adirondack-Bergen die Glocken der Baptisten-, Methodisten-, Katholischen und Evangelischen Kirchen zu läuten. Auf dem Eis des Lake Mirror wurden bunte Raketen abgeschossen, während in der Eishockey-Arena der Sieg über die Sowjets wie die Landung des ersten Amerikaners auf dem Mond gefeiert wurde.

Die Spiele der Superstars

Ansonsten waren das die Spiele der Superstars. Der Amerikaner Eric Heiden gewann allein fünf Goldmedaillen. Nur Mark Spitz konnte ihn mit sieben olympischen Siegen 1972 überbieten.

Doch steht Heiden tatsächlich über Alexander Tichonov, der mit der sowjetischen Biathlon-Staffel 1972, 1976 und 1980 Gold holte? Oder über Ulrich Wehling, der dreimal hintereinander in der Nordischen Kombination siegte? Glanz verlieh diesen Spielen auch der Sowjetrusse Nikolaj Zimjatow, der in der Langlaufloipe über 30 und 50 Kilometer sowie mit der 4 × 10-km-Staffel gewann. Zu den großen Siegern gehörten aber auch die DDR-Bobfahrer Nehmer und Germeshausen sowie der Schweizer Erich Schärer.

Ein amerikanischer Traum

In den alpinen Disziplinen sorgten der Schwede Ingemar Stenmark und die Liechtensteinerin Hanni Wenzel für die Glanzpunkte. Während Stenmark seine erste olympische Medaille gewann, löste Hanni Wenzel mit ihren nun insgesamt vier Medaillen bei Olympischen Winterspielen Rosi Mittermaier als erfolgreichste Rennläuferin ab.

Aber was galten diese Superstars der Spiele gegen den Triumph des amerikanischen Eishockey-Teams über die hochfavorisierten russischen Spieler? Sie erfüllten nach all dem Ärger um Afghanistan und Olympia mit ihrem 4:3-Sieg einen amerikanischen Traum. Die Staaten standen Kopf und Präsident Carter telefonierte:

»Jungs, ich bin stolz auf Euch. Dieser Sieg ist ein Erfolg für die Ideale, die unser Land vertritt.«

Da wurde der Überraschungs-Sieg dieser prächtigen College-Boys gleich wieder im politischen Kleinkrieg der Großmächte mißbraucht. Wohl selten wurde der Sport so drastisch von der Politik in den Würgegriff genommen.

Da nutzten die unablässigen Beteuerungen von Lord Killanin und Co. wenig. Tagtäglich demonstrierten die Vertreter der nationalen Olympischen Komitees vor den Fernsehkameras und vor der Welt, wie ohnmächtig sie gegen die Entscheidungen der Politiker sind. Die jubelnden Eishockey-Spieler des US-Teams werden allerdings daran kaum gedacht haben. Für sie hatten an diesem Abend die besseren Sportler, für die anderen das bessere politische System gesiegt.

Im Schatten der großen Sieger werden aber immer jene stehen, die um Hundertstel oder Zentimeter den großen Erfolg verfehlt haben. Der Finne Mieto gehört ebenso in diesen großen Kreis der großen Verlierer wie die Schweizerin Marie-Theres Nadig, die von einer Windbö erfaßt wurde und so die vielleicht entscheidenden Sekundenbruchteile einbüßte.

Im Mittelpunkt steht der Athlet

Viel ist während dieser Spiele über die überhandnehmende Technik, über die schnellsten Skier, das beste Wachs, windkanalgetestete Schlitten und Bobs sowie die schnittigsten Anzüge geredet und gerätselt worden.

Doch trotz all dieser Technik, trotz Service-Mann, Pfarrer, Psychologen und Funktionären, guten Ratschlägen und Daumendrücken – auf der Piste und im Eiskanal, in der Loipe und auf der Schanze kämpfen Athleten, die sich jahrelang auf diesen Tag vorbereiten. Sie sollten im Mittelpunkt olympischer Spiele stehen. Nur sie.

Frank Grube/Gerhard Richter

Dokumentation

Inhalt

Bilanz

Analyse

Chronik

Olympia auf amerikanisch:
Spektakulär landen Fallschirm-
springer in der olympischen Arena.
Die Mannschaften marschieren
unter verhaltenem Jubel in das
Stadion ein. Dann wird die
olympische Flamme von dem Jogger
Dr. Charles Kerr entfacht. Die
Spiele können beginnen

»Lake Placid grüßt die Jugend der Welt!«: Mit Gilligans Saloon und Coca Cola, mit Cap't Billy's Whizz Bang und Ice Cream. Selbst mit dem geplanten Boykott der Sommerspiele von Moskau werden Geschäfte gemacht. In den verschlafenen Wintersportort Lake Placid ist die große Welt eingezogen

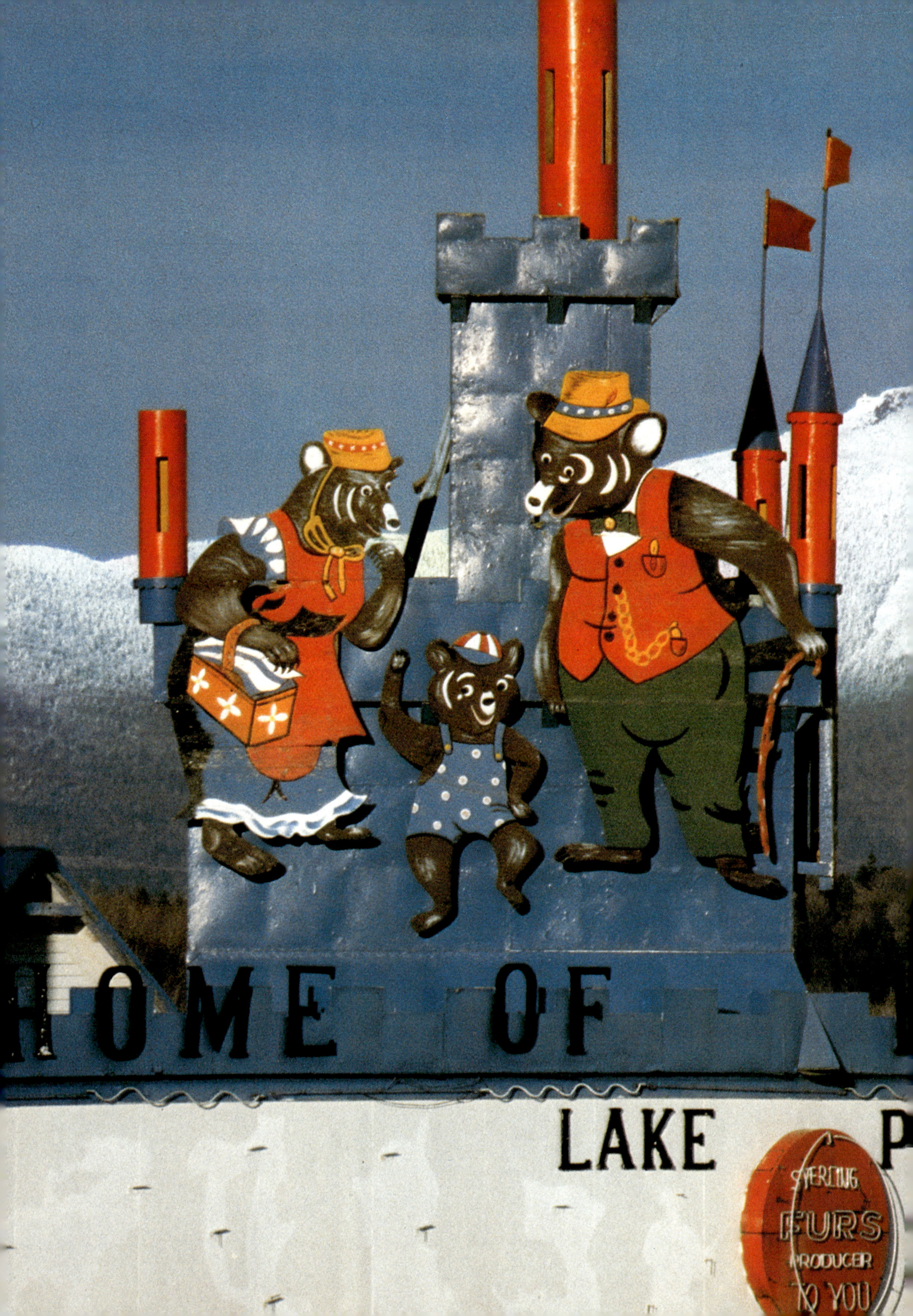
HOME OF
LAKE P
FURS
PRODUCER
TO YOU

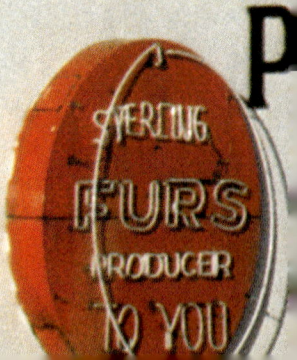

Dokumentation
Ski alpin

Was sind acht Hundertstel einer Sekunde? Doch wohl nur eine mit feinsten Präzisionsinstrumenten feststellbare Zeitspanne. Solche acht Hundertstel können eine Ewigkeit bedeuten, wenn unter gleichwertigen Sportlern um olympische Medaillen gestritten wird. Es sind acht Hundertstel, die mir, als dem Fünften des olympischen Slaloms zum Gewinn einer Bronzemedaille gefehlt haben. Ärger, Trauer, Niedergeschlagenheit? Nichts von alledem. Enttäuschung auch nicht, vielleicht in den ersten Minuten. Eher konnte ich mit mir selbst recht zufrieden sein, wenn es auch wieder »nur« ein fünfter Platz geworden ist. Den hatte ich ja schon vor vier Jahren erreicht, auf dem Slalomhang in der Lizum bei Innsbruck. Doch damals war es eine wesentlich größere Zeitspanne, die den Abstand zu den Medaillenrängen ausmachte.

Die verflixte Torstange

Vor dem Start zum Slalom, der so voller Nervosität war, als der Jugoslawe Krizaj ein Tor ausgelassen hatte, als Protest eingelegt wurde, als dann erst mit einiger Verzögerung gestartet werden konnte (es hieß, die amerikanische Fernsehgesellschaft habe wegen des zeitgleich stattgefundenen Rennens von Eric Heiden verzögert!?) – vor dem Start zu diesem olympischen Slalom, der mein letzter sein würde, war ich ruhig, gelassen, wenn auch da drin doch ein gewisses Kribbeln zu spüren war. Denn: Ich fühlte mich gut vorbereitet, hatte trainiert und wieder trainiert, hatte in den Rennen zuvor gemerkt, daß alles in Ordnung war. Früher, in den Jahren zuvor, habe ich so manches Mal mit weichen Knien am Start gestanden, früher habe ich jedoch niemals eine optimale Leistung gebracht. Aber hier, auf dem Whiteface Mountain war ich sicher: alles war auf das Beste vorbereitet, ich fühlte mich stark.

Es ist gelaufen, wie ich es mir gewünscht habe. Bis auf jene Sekunden im ersten Lauf, ziemlich bald am Beginn, als mir diese verflixte Torstange ausgerechnet quer vor die Füße über die Ski fiel. Abschütteln – das geht ja wohl nicht ohne Kursänderung, ohne Zeitverlust; abschütteln – das wäre schon das Aus gewesen. Hoffen, daß dieses verflixte Ding endlich irgendwie zur Seite fliegt, war das einzige. Und weiterfahren, die Linie durch die Tore halten, beschleunigen, leicht anbremsen, weiter.

Endlich war sie weg, diese Torstange. Was hat denn überhaupt eine Slalomstange in meinem für mich so wichtigen Rennen, im vielleicht wichtigsten Rennen der mehr als zehn Jahre auf Slalompisten, quer vor meinen Füßen zu suchen? Torstangen haben im Schnee zu stecken, haben die Route zu markieren. Sie waren ja ursprünglich auch ganz fest in den hart zusammengepreßten Schnee aus der Wasserleitung, diesen eigenartigen Rennpistenbelag aus gesprühtem Wasser und überstarker Druckluft, hineingerammt. Da hätte überhaupt keine herausfliegen können, mir vor die Füße, so fest waren sie drin. Aber weil der Amerikaner Phil Mahre als Erster zum ersten Lauf starten mußte, hatte sein Trainer – was nicht verboten ist – eine Stangeninspektion vorgenommen und die zu fest, zu stabil in den Schnee gerammten Stangen etwas gelockert. Das ist wichtig, weil feste Torstangen im Slalom schon manchen beim scharfen Hinfahren von den Füßen geworfen haben, und weil feste Torstangen beim Dagegenfahren mit der Skispitze nur zu leicht einen Sturz auslösen können.

Abschied aus einem Skisport-Jahrzehnt

Also ist mir eine solche gelockerte Stange vor die Füße geflogen – und ich war einen Augenblick lang irritiert. Aufgeben, aussteigen…? Das war irgendwann in dieser Situation ein Gedanke. Aber eben nur ein Gedanke. Denn ich wollte durch, das Ding flog ja dann auch zur Seite, aber es war halt zuviel Zeit verloren, eben am Ende…

So war ich denn, trotz der entgangenen Medaille, doch recht zufrieden und entspannt. Es war vorbei, in etwas mehr als hundert Sekunden war es vorbei. Wochen-, monate-, jahrelanges Training auf diesen einzigen Tag, auf diese Stunde, auf diese hundert Sekunden, zogen vorbei – danach. Und ich fühlte keine Bitternis, keinen Zorn, keine Enttäuschung darüber. Ich war gut vorbereitet, hatte mich stark gefühlt, auch die Motivation war da: zum Abschied aus einem guten Skisport-Jahrzehnt eine Medaille. Doch es fehlten acht Hundertstel…

Übermenschlicher Ehrgeiz

Der andere, der Ingemar Stenmark, dieses für viele unerklärliche

Das war mein

Phänomen, war der erwartete große Sieger. Man muß eben die Eigenschaften dieses Ingemar Stenmark haben, um so gekonnt, so überlegen gleich in zwei Wettbewerben Olympiasieger zu sein. Es wird wohl lange gerätselt werden um diesen Mann, der da eines Tages aus dem Norden Schwedens in die Alpen gekommen ist, uns alle zu verblüffen.

Ingemar Stenmark ist von seinem Sport besessen – das ist wohl die einfachste Formel, doch sie ist sehr unvollständig. Was muß Ingemar Stenmark für einen ganz besonders stark ausgeprägten Ehrgeiz haben. Er will in jedem Rennen, sei es im Slalom oder im Riesenslalom, an der Spitze, Bester, sein. Um fünfzehn Riesenslaloms nacheinander zu gewinnen, dazu bedarf es eines Ehrgeizes, eines Willens, einer Hingabe im Training, die fast schon übermenschlich genannt werden können. Am Morgen nach seinem Olympiasieg im Slalom, nach dem Abschluß der Wettkämpfe also, habe ich ihn gesehen, als ich aus dem olympischen Dorf in das Olympiadorf Lake Placid fuhr: da rannte Ingemar Stenmark im Trainingsanzug am Straßenrand entlang hinüber in den Wald. Alle anderen mußten erst einmal verschnaufen, umherbummeln, andere Wettkämpfe, ein Eishockeyspiel, anschauen – um abzuschalten, Luft zu holen. Er aber rannte durch den Wald, hatte schon das nächste Rennen, ein Weltpokalrennen hier in Amerika, im Sinn.

Eine andere Geschichte fällt mir ein: da kam er 1976 als Weltpokalsieger nach Hause, nach Tärnaby. Sein Vater fuhr ihn im Auto heim. Doch er mußte einen Umweg machen. Bevor er nach Hause kam, mußte er den heimischen Slalomhang betrachten, um zu wissen, ob er am nächsten Morgen würde trainieren können.

Stenmark, immer wieder Stenmark...

Ingemar Stenmark, der seine beiden Goldmedaillen, im Riesenslalom und im Slalom, gewonnen hat, ist ein hochbegabter Skifahrer, ein Phänomen der Körperbeherrschung, des Bewegungsgefühls. Und er ist ein hochtrainierter Athlet, dessen medizinische Meßwerte staunen machen: er verfügt über eine außergewöhnliche Sprungkraft, und auf dem Fahrradergometer zaubert er Werte herbei wie ein Ruderer der allerersten Klasse. Er befaßt sich auch mit diesen Fragen ungemein intensiv, weiß Bescheid über die Sportmedizin. Und es gibt für ihn kein anderes Thema als nur eben seinen Sport.

Dafür bringt er die besten Voraussetzungen mit. Was er im Riesenslalom vorführt, läßt uns alle immer wieder staunen. Im Slalom ist er nicht mehr so überlegen, da haben ihm einige schon allerhand abgeschaut und vollziehen es nach. Doch im Riesenslalom ist er einmalig: er kann die engsten Kurven fahren, findet immer die kürzeste Linie, seine Ski liegen ruhig auf der Piste, sie schlagen nicht – sind also am schnellsten. Und dann dieses Phänomen seiner Siege erst im zweiten Lauf. Das ist wohl sein Ehrgeiz, seine Motivation, die er sich selbst gibt, daß er in den meisten Fällen aus dem zweiten Lauf heraus seine Siege erzielt.

Stenmark, immer wieder Stenmark

– er wird wohl noch einige Jahre lang starten – und siegen...

Die alpinen Wettbewerbe dieser Winterspiele waren überschattet von der heißen Diskussion um die Materialfragen. Es steht für uns alle fest, daß beispielsweise der Kanadier Ken Read bessere Ski hatte als der Schweizer Toni Bürgler – beide von derselben Firma. Und doch sind sie unterschiedlich, herausgetestet aus einer gewissen Anzahl hochwertiger Produkte. Die beiden waren im Abfahrtslauf gestürzt, ausgeschieden. Als sie sich gemeinsam später dem Ziel näherten, mußte Read, hinter Bürgler fahrend, bremsen – so schnell waren seine Ski.

Sorgen mit dem Material

Dieser und ähnliche Vorgänge machen uns allen Sorgen, und das wird auch noch eine Weile so bleiben, wenn nichts dagegen geschieht. Allerdings kann der Materialunterschied von etwas geringerer Bedeutung werden, wenn die Abfahrtsstrecken nicht mehr wie Autobahnen, sondern bedeutend mehr mit Anforderungen an das technische Fahrkönnen angelegt würden, wie etwa die Streifabfahrt von Kitzbühel. Was uns Deutschen fehlt, ist ein erstklassiger Abfahrtsski – aber das wird wohl noch dauern. So sieht die Zukunft des alpinen Skirennsports, zumindest bei den Männern, keineswegs gut aus. Vielleicht fehlt ein überragendes Vorbild – doch einen deutschen Stenmark gibt es wohl sobald nicht.

Christian Neureuther

Es ist Valentinstag. Einem der 47 Starter wird dieser 14. Februar Glück bringen. Die Amerikaner tauschen an diesem Tag kleine Geschenke aus und sind nett zueinander. Doch die fröhliche Stimmung hält nicht lange an. Der Olympiaort ist im Umkreis von 15 Kilometern hermetisch abgeriegelt. Riesige Parkplätze sind eingerichtet, um den Besucherstrom aufzufangen. Kein Privatwagen darf die Kontrollstellen passieren, auf den wenigen engen Straßen rund um Lake Placid soll ein Verkehrschaos vermieden werden. Busse bringen die Zuschauer von ihren Wagen zu den Wettkampfstätten. So war es geplant. Die ersten Besucher treffen schon früh am Morgen ein. Sie kommen aus Boston, Denver, Detroit, ja aus Dallas, Texas. Sie wollen den Abfahrtslauf der Männer sehen – das Herzstück der Winterspiele. Mehr als jeder andere olympische Wettkampf führt der Abfahrtslauf den Zweikampf zwischen Mensch und Natur vor Augen, elektrisierend und gefährlich: der mutige, aber zerbrechliche Rennläufer gegen den steilen, unebenen Whiteface Mountain, ein 1597 Meter hoher Klotz aus Stein und Erde.

Auf der Suche nach dem richtigen Wachs

Es ist minus 6 Grad am Boden. Der Wettermann im Radio warnt auf forsche Weise: »Zieht euch warm an, es wird kalt heute.« Viele Menschen tragen nicht einmal Wintersachen, sie frösteln, während sie ungeduldig, mit 50-Dollar-Tickets in den Händen, auf den Transport warten. Die Busse erscheinen nicht. Warum, erfährt man erst Tage später. Der Unternehmer hat Pleite gemacht. Einige versuchen es per Anhalter. Wer rechtzeitig ankommt, kann den Streckenposten zusehen, wie sie versuchen, den Hang vom Naturschnee zu befreien. Richtiger Schnee ist jetzt nicht zu gebrauchen. Die Veranstalter hatten sich lange und kostspielig auf schneelose Spiele vorbereitet. Ein 17 Kilometer langes Rohrsystem wurde verlegt, durch das vier Pumpstationen bei Bedarf 600 Liter Wasser drücken können. 80 Schneekanonen hatten in einer einzigen Nacht eine Fläche von 10 000 Quadratmetern mit einem halben Meter Kunstschnee bedeckt. Schnell war sich auch die Ski-Industrie der veränderten Schneegrundlage bewußt geworden. In wochenlangen Tests wurde vor Ort geeignetes Material entwickelt.

Aber ausgerechnet in dem Augenblick, in dem die Natur nicht mehr benötigt wird, meldet sie sich. Oben auf dem Berg herrscht Panikstimmung. Im Dunst, der die Spitze fast immer verhüllt, suchen Techniker nach dem richtigen Wachs für die Bretter. Es ist diesig, aber nicht so stark, daß eine Verlegung auf den 100 Meter tiefer präparierten Ersatzstartpunkt nötig wird. Zehn Kilometer weiter südlich kann man die kleine Sprungschanze erkennen und dahinter das Spielzeugdorf Lake Placid. Der Anblick ist um so eindrucksvoller, als das Auge über den »Hurrikan-Weg« streift, der die ersten 400 Meter der Abfahrt bildet.

Rechts und links ragen Stümpfe alter, abgebrochener Bäume aus dem Boden; entzweit von den hier oben oft tobenden hurrikanartigen Winden. Die Läufer aber haben kaum einen Blick für ihre Umgebung, sie nehmen sie nur wie durch einen Filter wahr. Die nervliche Anspannung hält sie vollkommen gefangen. Und der Gedanke daran, daß es jetzt auf die kleinste Bewegung ankommt. Die Schuhe müssen exakt sitzen, die Bindungen genau eingestellt sein und der Rennanzug muß den Körper wie eine zweite Haut umspannen.

Die Furcht ist der ständige Begleiter

Beim Abfahrtslauf zerfällt jede Sekunde in 100 Teile, deshalb muß jede Einzelheit stimmen. Der falsche Druck einer Skikante auf einer Distanz von nur drei Metern kann einen Läufer vom ersten auf den zehnten Platz zurückwerfen. »Noch eine Minute bis zum Start.« In der Stimme des Ansagers schwingt die Spannung mit. Unsichtbar für die Zuschauer unten am Ziel wirft sich oben der erste Läufer in den Hang. Vor dem gewaltigen Berg wirkt er wie eine Fliege, die talwärts zieht. Nur der Kopf wird von einem Helm geschützt, der Rest des Körpers ist äußerst verwundbar. Und das bei Tempo 130. Bei dieser Geschwindigkeit kann es nicht anders sein: die Furcht ist ein ständiger Begleiter.

Es schneit noch immer. Für die ersten Läufer ist die Spur sehr langsam. Die Jury ordnet eine Änderung an. Ein halbes Dutzend Läufer der schwächeren Gruppe startet zuerst. Die Chancengleichheit für die Besten soll gesichert werden.

Der Stock und

Die Ergebnisse der vorolympischen Rennen ließen erkennen, daß es zu einem Zweikampf zwischen Österreichern und Kanadiern kommen würde. Vor vier Jahren hatte Franz Klammer in Innsbruck Gold geholt. Ein Jahr später stürzte sein jüngerer Bruder Klaus so schwer, daß er den Rest seines Lebens wohl in einem Rollstuhl verbringen wird. Klammer konnte nie mehr an seine frühere Form anknüpfen. Er schaffte nicht einmal die Olympia-Qualifikation. Die Österreicher sind jedoch so ausgeglichen, daß mindestens acht ihrer Fahrer Olympiasieger werden könnten. Pro Nation dürfen aber nur vier starten.

Gerangel um Ersatzmann Leonhard Stock

Zunächst sollten Peter Wirnsberger, Harti Weirather, Werner Grissmann und der Abfahrtsweltmeister von 1978, Josef Walcher, das Rennen bestreiten. Beim Training legte jedoch Ersatzmann Leonhard Stock die schnellsten Zeiten vor. Hinter den Kulissen entbrannte ein Nominierungskampf, den die Mannschaftsleitung nur durch ein internes Qualifikationsrennen beenden konnte. Wieder war Stock der Schnellste. Weltmeister Walcher wurde Ersatzmann.

Im Rennen startet Stock als Neunter. Er braucht für die 3009 Meter lange Strecke eine Minute und 45,50 Sekunden – Bestzeit. Jetzt kommt etwas Leben in die 20 000 Zuschauer, die dem Rennen bis dahin eher teilnahmslos folgten. Nächster Starter ist Ken Read. Der 24jährige Kanadier gilt als Draufgänger und gehört zu den Favoriten. Die Firma Fischer, dessen Bretter er fährt, schenkte ihm mit Rücksicht auf den amerikanischen Markt den gesamten Winter über höchste Aufmerksamkeit und versorgte ihn mit den besten Skiern. Der Abfahrtslauf ist im Verständnis der Ski-Industrie die Königskonkurrenz, der Sieger mithin Ski-König. In ihm sehen die Werbefachleute alle besonders absatzfördernden Attribute vereint: Rasanz, Dynamik, Tempo.

Read ist 15 Sekunden unterwegs, als sich die Bindung seines rechten Skis löst – aus, vorbei. Die nächste Chance kommt erst in vier Jahren in Sarajewo. Damit ist der Weg frei für Leonhard Stock, einem internationalen Nobody, der zuvor noch kein großes Rennen gewonnen hat. Olympia macht Namen, ändert Lebensläufe und schreibt Geschichten, die sich wie Märchen lesen: ein Ersatzmann gewinnt die Goldmedaille im Abfahrtslauf. Sein Landsmann Peter Wirnsberger wird Zweiter, der Kanadier Steve Podborski Dritter. Michael Veith, der einzige bundesdeutsche Starter, belegt Platz 23. Veith – derzeit Hauptgefreiter bei einer Gebirgsjägereinheit, bei der er nie Dienst tut, weil er im Sommer auf Gletschern trainiert und im Winter Rennen fährt – grübelt über den Sinn und Unsinn der Skirennen nach. Er kann sich nicht erklären, warum er im unteren Teil der Strecke fast fünf Sekunden auf Stock verloren hat. Sepp Ferstl, der andere deutsche Abfahrer, erhielt für dieses Rennen von der Mannschaftsleitung keine Starterlaubnis. Er war gegen Ende einer für ihn unglücklich verlaufenen Saison in Chamonix schwer gestürzt und hatte sich eine Gehirnerschütterung nebst Nasenbeinbruch zugezogen. Im Zielraum klingt noch lange der Chor der österreichischen Kolonie: »Immer wieder Austria.« »Für mich ist das unfaßbar«, stammelt Überraschungssieger Leonhard Stock immer wieder. Für die alpine Skiwelt und Millionen Fernsehzuschauer ebenfalls.

Beklemmung in der Brust

Abends sitzt Leonhard Stock im Hotel »Interlaken« und horcht in seine Seele. Jetzt, da seine Umgebung sekttrunken zur Zither-Musik singt, müßte er eigentlich in überglücklicher Stimmung sein. Eine Goldmedaille baumelt an seiner Brust, doch er fühlt vor allem Beklemmung in der Brust. »Horch mal, Leo«, klärt ihn Bernhard Russi auf, dem 1972 in Sapporo gleiches widerfahren war, »die Freude kommt schon noch. Nächste Woche glaubst du, daß du platzt.« Der 21jährige Bauernsohn vom Riesserhof in A-6292 Finkenberg im Zillertal, der eigentlich Landwirt werden sollte, wird von Fotografen vor das kalte Buffet gestellt. Seine Original-Bretter, 2 Meter 22 lang, 7 Zentimeter breit und 3,8 Kilo schwer, liegen, mit roten und weißen Nelken geschmückt, zwischen Bündner Fleisch und Tomaten – dem Festbankett der Firma Kneissl. »Das ist ja unbezahlbar«, hatte Franz Kneissl jun. gejubelt, nachdem Stocks Sieg feststand. Noch am Tag des Olympiasiegs ließ die Firma von ihrer US-Filiale eine eilige Pressemitteilung verbreiten: »Kneissl auf dem US-Markt.«

er Stenmark

Stocks Siegski (White Star Professional) soll in großen Auflagen nachgebaut und für rund 550 Mark verkauft werden. Branchenkenner schätzen, daß Stock in der nächsten Zeit mindestens zwei Millionen Mark verdienen wird. Ski-Fabrikant Kneissl: »Es liegt jetzt an Leo, was er sich aufbaut.«

Ingemar Stenmark hatte nur alles zu verlieren

War der Abfahrtslauf die Sache eines glücklichen Außenseiters, der alles zu gewinnen und nichts zu verlieren hatte, so verlief die Entwicklung im Slalom genau entgegengesetzt. Ingemar Stenmark, der 23jährige Schwede, hatte alles zu verlieren und wenig zu gewinnen. Sein Sieg war so oft prophezeit worden, daß Stenmark nur noch nach Lake Placid kommen mußte, um die Medaillen abzuholen. So schien es. »Der Druck, unter dem ich stehe«, sagte der Schwede bei seiner Ankunft, »wächst immer weiter. Für meine Fans zählt nur der Sieg. Ein zweiter Platz bedeutet nichts für sie.« Mit großen Erwartungen mußte Stenmark schon vor vier Jahren in Innsbruck fertig werden – er schaffte es nicht. Im Slalom stürzte er und im Riesenslalom machten ihm die Nerven so stark zu schaffen, daß er nur Dritter wurde. Diesmal war es anders. In den letzten 42 Rennen kam er nur zweimal nicht ins Ziel – und das in einer Sportart, in der Stürze zum täglichen Brot gehören. Seit dem Frühjahr 1978 hatte er keinen Riesenslalom mehr verloren. Ihm fehlte nur noch eine Goldmedaille. Er wird sie holen, meinten die schwedischen Journalisten vorab. Jedes

Jahr begleiten sie ihn vier Monate beim Weltcup-Zirkus. Es sind allesamt gute Kartenspieler. Sie haben viel Zeit, denn Stenmark redet fast nie mit ihnen. »Sie müssen ihn verstehen«, erklärte ein schwedischer Kollege entschuldigend und erzählte, wie das so ist, wenn man mit Ingemar Stenmark unterwegs ist. »Wenn er in ein Restaurant geht und dort 20 Leute sitzen, wollen zehn sein Autogramm, fünf andere wollen seine Hand schütteln und die restlichen fünf wollen ihn fotografieren.«

Die Legende vom unnahbaren Ingemar zerschmolz

Nicht nur für Journalisten, auch für Fotografen ist Stenmark ein schwieriger Partner. Sie fluchen über seinen Fahrstil. Er fährt anders als die Konkurrenz. Oft haben Fotografen, die ihre Kameras in Tornähe aufbauen, ihn nicht im Bild, weil er die Stangen ungewöhnlich weitläufig umfährt. Zum ersten Mal durfte ein Sieger am Whiteface Mountain quer durch den Innenraum stapfen: Hinter dem Zaun wartete Carl Gustav VI. Adolf, König der Schweden. Als dann später die blaue Fahne mit dem gelben Kreuz am Mast hochging, als die Nationalhymne erklang, da schmolz auf dem zugefrorenen See die Legende vom unnahbaren Ingemar. Er kämpfte sichtlich mit Gefühlsäußerungen, mußte tief durchatmen, um nicht alle Welt sehen zu lassen, wie er diesen Tag herbeigesehnt hatte, wie wichtig er ihm war. 70 Glückwunschtelegramme trafen ein, unter anderem vom Erzbischof von Schweden.

Das Kuriose an Stenmark: er redet nicht gern, kann sich aber in sechs verschiedenen Sprachen ausdrükken. Neben Schwedisch spricht er recht gut Englisch (er hat eine kanadische Freundin), etwas Deutsch, Italienisch, Französisch und Serbokroatisch. Die Skifirma Elan, deren Produkte er fährt, ist jugoslawisch. Für die Benutzung des Namens Stenmark zahlt Elan mehr als 250 000 Dollar jährlich an den Schwedischen Skiverband. Dieser kann nach olympischem Reglement einen Teil an den Sportler weiterleiten. Stenmark ist ein offener, ehrlicher Kerl, so ehrlich, daß er, ein Amateur, sogar Steuern zahlt. Der einzige Amateur in der Welt, der ehrlich genug ist, dem Staat sein Einkommen zu nennen. Es lag 1979 bei 78 000 Schweden-Kronen – rund 35 000 Mark.

Da Ingemar Stenmark nicht gern über sich spricht, befragten wir Torgny Swensson, den Trainer der schwedischen Mannschaft. Swensson kommt aus der gleichen nordschwedischen Gegend wie Stenmark. Die Gegend und die Leute, die dort leben, prägen einen Menschen. Swensson: »Wir, die wir von dort kommen, sind alle so. Es ist ein Niemandsland. Dort ist das Leben eine Frage des Überlebens. Ein Mann wird niemals einen anderen betrügen. So ist Stenmark, hart ja, aber ohne andere auszubeuten, ohne grausam zu sein anderen gegenüber, und doch mit innerer Zufriedenheit.«

Allein mit seiner Präsenz lastet Stenmark bleischwer auf den Konkurrenten. Seine Dominanz drückte ihre Psyche nieder, macht sie schon vor Rennbeginn zu Verlierern. Ähnliches berichten Tennisprofis, wenn sie mit Björn Borg in einem Turnier spielen. Stenmarks schärfster Rivale im Riesentorlauf war Andreas Wenzel aus Liechtenstein, der erstaunten amerikanischen Reportern vor Rennbeginn erzählte, Liechtenstein habe gut 20 000 Einwohner, aber nur drei Familien, die Ski fahren. Wenzel: »Ich wäre mit einem Platz unter den ersten Drei zufrieden. Ich glaube, Stenmark wird gewinnen.«

Ein wütender Stenmark fährt am besten

Der Schwede sah im ersten Durchgang nicht gut aus und wurde Drittschnellster hinter Wenzel und dem Österreicher Hans Enn. Keineswegs mit sich zufrieden, stapfte Stenmark wütend in die Umkleidekabine. Schlimmeres hätte Wenzel nicht passieren können, denn der Schwede ist ein verkappter Choleriker. Mit Wut im Bauch fährt er am besten. Der Mann, der die Skiwelt so tief bewegt, ist von der Natur etwas stiefmütterlich behandelt worden: Er hat einen etwas zu langen Rumpf und etwas zu kurze Beine. Fachleute, die ihn stundenlang auf Video-Recordern ausgedeutet haben, behaupten, er stehe mit dem Körperschwerpunkt immer über der Skimitte und verliere daher keine Zeit durch Balanceprobleme. Im Sommer läßt er keine Gelegenheit aus, um sein ungewöhnliches Gleichgewichtsgefühl auf Surfbrettern zu erproben.

Dieses Training rettete ihm im zweiten Durchgang des Riesentorlaufs die Goldmedaille. Kurz nach dem Start rutschte er weg, und glitt für den Bruchteil einer Sekunde auf den Kanten durch den Kunstschnee, bis er sich wieder gefangen hatte. Dann freilich fuhr er wie auf Schienen den Hang hinunter – fast eine Sekunde schneller als die Konkurrenz. Zweiter Andreas Wenzel. Schweigend, aber ungemein aufmerksam beobachtete Stenmark hinterher die Rennen seiner Gegner. Mehr als die Hälfte der Starter waren durchs Ziel gegangen, als sich die Schlinge um ihn herum bedrohlich zuzog. 200 Fotografen bedrängten ihn. »Lach mal«, rief einer, und Stenmark lachte. »Wink mal«, rief einer und Stenmark winkte.

Endlich verbreitete das Publikum so etwas wie olympische Atmosphäre. Bisher hatte es immer interessiert, aber teilnahmslos zugeschaut und nur in die Hände geklatscht, um sich zu wärmen.

»Mit a bisserl Glück wär a Blech drin gewesen«

An diesem Tag stand das letzte alpine Rennen der Herren auf dem Programm, der Spezialslalom. Und hier rechnete sich der Amerikaner Phil Mahre eine Medaille aus. Daß Mahre überhaupt starten konnte, war ein Wunder. Vor einem Jahr, bei den vorolympischen Rennen, hatte er sich an gleicher Stelle einen komplizierten Beinbruch zugezogen. Die Nägel steckten noch im Bein und das US-Fernsehen hörte nicht auf, die Szenen aus dem Operationssaal zu wiederholen. Er hätte tatsächlich gewonnen, wäre nicht Ingemar Stenmark am Start gewesen. Als wollte er selbst etwas Spannung in seine eintönige Siegesserie bringen, lief der Schwede im ersten Durchgang auf Platz vier. Wieder riß der König der Berge den Sieg im zweiten Lauf an sich. Der Amerikaner erhielt die Silbermedaille.

Die bundesdeutschen Läufer schnitten nicht schlecht ab. »Mit a bisserl Glück wär a Blech drin gewesen«, meinte der Partenkirchener Christian Neureuther, der Fünfter wurde. Seine Medaillenträume endeten schon im ersten Lauf, bei dem er sich beinahe hingesetzt hätte. Eine Fahnenstange war ihm zwischen die Ski geraten. Sie mitzunehmen, kostete ihn mindestens eine Sekunde. Im zweiten Durchgang fuhr er dann hinter Stenmark die zweitschnellste Zeit. Sonnyboy Neureuther zeigte ebenso wie der Sonthofener Frank Wörndl, der auf einen für ihn guten zehnten Platz kam, Mut und Einsatz; Eigenschaften, die in der deutschen Olympiamannschaft im übrigen sehr vermißt wurden.

Rolf Kunkel

23

iechtenstein hat keine Armee, keine Luftwaffe und keine Fernsehstation. Liechtenstein hat keine eigene Sprache. Die knapp 20 000 Bürger sprechen deutsch. Liechtenstein hat keine eigene Währung. Man zahlt mit Schweizer Franken. Liechtenstein hat nicht einmal eine eigene Nationalhymne. Wenns festlich wird in Liechtenstein, muß britisches Liedgut bemüht werden. Liechtenstein also, dieser Zwergstaat zwischen Österreich und der Schweiz, ganze 160 Quadratkilometer groß, nicht der Rede wert? – Von wegen.

Die neue Skikönigin

Zumindest sportlich betrachtet rückte das Ländle zu einer Großmacht auf, einer besonders liebenswerten sogar. Sieben Athleten hat das Fürstentum Anfang Februar 1980 zu den Olympischen Spielen nach Lake Placid entsandt, zwei Rodler und fünf alpine Skiläufer. Drei von ihnen tragen den Familiennamen Wenzel: Petra, 18 Jahre alt, kaufmännische Angestellte; ihr Bruder Andreas, 21 Jahre, Sportstudent und Hanni, 23 Jahre, Sekretärin.

Hanni hat etwas Wunderbares zuwegegebracht. Sie sorgte durch ihr Auftreten am Whiteface Mountain dafür, daß der Zwergstaat ins Gerede kam. Hanni Wenzel aus Liechtenstein wurde bei den XIII. Olympischen Winterspielen die neue Ski-Königin, wie Mädchen genannt werden, die etwas außergewöhnliches vollbracht haben. Zwei Goldmedaillen gewann die Hanni im Slalom und im Riesensla-

lom, dazu eine Silberne in der Abfahrt. Sie hat damit genau das wiederholt, was vor vier Jahren in Innsbruck der Rosi Mittermaier gelungen ist, die seither gerne die »Goldrosi« gerufen wird, vor allem auch, weil sie auch so goldig lächeln kann. Hinreißend lächeln kann Hanni Wenzel allerdings auch. Doch ansonsten erfüllt die neue Ski-Königin nur schwer jene Attribute, die Werbemanager und Massenmedien einer Skikönigin so gerne zuschreiben würden. Hanni hatte keinen Showappeal.

Eine außergewöhnliche Persönlichkeit

Hanni Wenzel hat eine typische Skifahrerinnenfigur. Sie ist wie alle kräftig gebaut, eher gedrungen und steht mit starken Beinen fest auf dem Boden. Im sogenannten Ski-Zirkus, dieser gigantischen Spielwiese von Kommerz, Eitelkeit und Seelenlosigkeit, ist sie dennoch eine außergewöhnliche Persönlichkeit. Sie ist besonnen und selbstbewußt, unbekümmert und ganz und gar natürlich. Und selbstironisch ist sie auch. Da stürmt nach ihrem ersten Sieg die Meute der internationalen Reporter auf sie los und einer unter ihnen kam ihr mit der sensationellen Frage: »Hanni, wie fühlst du dich als Olympiasiegerin, bist du glücklich und was hast du gefrühstückt?« – Was macht Hanni? Wird sie ärgerlich? Hanni lächelt. Es ist kein überlegenes Lächeln, kein überhebliches, sondern ein freundliches. Und dann antwortet Hanni Wenzel freundlich: »Sehr glücklich. Zum Frühstück Cornflakes. – Ja, Cornflakes und Joghurt.« Die Stätte, an der Hanni Wenzel

sich selbst zur Skikönigin kürte, hatte nichts von der Atmosphäre, die man von Weltcup-Rennen in Wengen oder Kitzbühel kennt. Die Stimmung am Whiteface Mountain war fast unheimlich. An der Piste standen vereinzelt ein paar Zuschauer. Unten im Zielraum zwei- bis dreitausend, ganz genau läßt sich das nicht festhalten, denn es war ein Kommen und Gehen. Einigermaßen ungerührt stand das vom Fernsehen verwöhnte amerikanische Publikum in der Kälte, starrte auf die elektronische Anzeigentafel und stieß dann und wann, wenn ein Favorit oder eine Landsmännin durchs Ziel geprescht war, ein lang gedehntes »Aaaah« aus, oder ein knappes »Oh«, je nachdem. Keine Begeisterung, keine Feststimmung, kein Spektakel.

Alles ist überschaubar

Sommer 1954. Der Straubinger Werkstudent Hubert Wenzel, 23 Jahre alt, befindet sich auf einer Fahrradtour, die ihn durch Frankreich und die Schweiz führt. Er ist auf dem Rückweg nach Niederbayern, doch mitten in Vaduz geht ihm das Rad kaputt. Da steht er nun: ohne Geld, ohne Verpflegung, nur mit der Adresse eines Forstmeisters. Der nimmt ihn auf und gibt ihm Arbeit. Am nächsten Tag zieht Hubert Wenzel mit einer Axt in den Wald und schlägt sich durch.

In seinen Semesterferien kehrt er nun immer wieder nach Liechtenstein zurück. 1956 läßt er sich endgültig hier nieder. Diesmal kommen auch die frischangetraute Ehefrau sowie ein Töchterlein mit Namen Hanni mit. Hanni ist gerade eineinhalb Jahre alt. Als Dreijähri-

24

Die Moser und

ge steht Hanni erstmals auf Skiern: »Ich erinnere mich noch genau, wie sie mit gespreizten Fingerchen in den Schnee griff und weinte«, sagt Vater Wenzel. Weil es aber damals in Liechtenstein noch keine Skilifte gab, gingen die Wenzels nach Arosa, Davos oder zur Winkelmoosalm zum Üben.

Eingebürgert wurden sie und ihre Geschwister und Eltern freilich erst 1974. Hanni war gerade Weltmeisterin im Slalom geworden – was das komplizierte Einbürgerungsverfahren erheblich beschleunigte.

Schöne, heile Welt

Vater Wenzel war auch in Lake Placid dabei. Seit acht Jahren ist er Chef der alpinen Mannschaft des Fürstentums, außerdem auch Trainer. »Die Familienatmosphäre ist ein wichtiger Punkt für meine Leistungen«, meint Hanni Wenzel. Sie hat es gerne, wenn alles überschaubar bleibt. Ein Etat in Höhe von DM 400 000,– steht dem Liechtensteiner Skiverband jährlich zur Verfügung, eine geradezu lächerlich geringe Summe, verglichen mit den Mitteln der Österreicher, Deutschen oder Schweizer.

Mit den Schweizern machen die Liechtensteiner übrigens alles gemeinsam, Training, Planung, Rennen. Hanni spricht Schwyzertütsch. Der Präsident des Verbandes, ein Herr Schädler, brachte in Lake Placid Broschüren unter die Leute, die den Erfolg der Hanni Wenzel nachträglich einigermaßen erklären. »Sport« schreibt Schädler, »kann nur ein Teilbereich des Lebens sein. Auf dem Weg zur Persönlichkeitsfindung und Persönlichkeitsentfaltung soll Sport als mögliche, aber

unter allen Umständen als freiwillig gewählte Chance wahrgenommen werden. Wir nehmen den Einzelnen ernst… In unserer kleinen Gruppe geht das freilich besser als in einem großen Haufen«, sagt Schädler. Und noch etwas: »Bei uns geht kein Talent verloren, die Nachwuchsförderung ist unser Stolz.« Immerhin hat man es mit diesem System geschafft, rund 150 lizensierte, talentierte Rennfahrer heranzuzüchten. Die Früchte dieser Arbeit werden nun geerntet.

Und so leben Leistungsdenken und Persönlichkeitsentfaltung friedfertig beieinander. Gedanken an die beiden innewohnende Sprengkraft wollen da gar nicht erst aufkommen: »Wenn das persönliche Leistungsdenken eingegliedert ist, so kann sowohl der Freizeitsport als auch der Elitesport gleichermaßen förderlich sein, aber auf individuelle Art, und er dient somit einer gesunden Persönlichkeits- und Willensentfaltung.« Ja, so mancher beneidet die Liechtensteiner um ihre schöne heile Welt.

Go, Annemarie, go!

Das Individuum Hanni Wenzel wird nach ihrer wunderbaren Vorstellung am Whiteface-Mountain noch ernster genommen, als sie ohnehin schon genommen wurde. Vater Hubert stand anfangs fassungslos neben seiner Tochter, betrachtete die geschlagenen Konkurrentinnen, die nun keiner mehr beachtete, betrachtete die hochinternationalen Reporter, die seine Tochter bestürmten und sprach vor sich hin: »Was die bloß alle haben…« Zehn wackere Männer aus Austria standen beim ersten Damenwett-

bewerb der Abfahrt in Reih und Glied am Absperrungszaun, einheitlich rot und weiß gehüllt, entrollten gewaltige Transparente, auf denen geschrieben stand: »Go Annemarie, go Conni« und »Annemarie Moser Fan-Club, Kleiner« und riefen unverdrossen: »Immer wieder, immer wieder, immer wieder Moser-Pröll.«

Annemarie Moser-Pröll siegte wie gerufen. Hinterher sagte sie, am Start hätte sie bereits gewußt, daß heute nur sie siegen könne. Locker stand sie oben, gelöst, lächelte, mit der Startnummer 6 und katapultierte mit aller Kraft durch die Lichtsperre auf die Olympiapiste. Die schien, 2698 Meter lang, 700 Meter Höhendifferenz, maßgeschneidert für ihre Stärke. Das obere Teilstück war technisch schwierig: eine Vielzahl von Richtungstoren und tückische Eisplatten unter dem Neuschnee. Das letzte Drittel hatte den Charakter einer Autobahn, auf der die »Gleitfähigkeit der Athletinnen gefordert wurde«. Nach 1:37,52 Minuten konzentrierter Schußfahrt war Annemarie Moser im Ziel. In ihrem Gesicht waren partielle Erfrierungen zu erkennen, vor allem unter dem Rand der Rennbrille. Ihre Augen tränten minutenlang und die Nase triefte. So kalt war es gewesen am Start, um minus 20 Grad, daß lange gezögert wurde, ob man die Mädchen überhaupt auf die Strecke läßt. Außerdem herrschte teilweise böiger Wind.

Im Ziel genoß Annemarie Moser, die insgesamt 36 Weltcup-Abfahrten gewonnen hat und Abfahrtsweltmeisterin ist, daß heute keine schneller sein könnte als sie. Nummer 9 wurde angekündigt, Marie-

Theres Nadig aus Flums in der Schweiz. Sie hatte als 17jährige zwei Goldmedaillen in Sapporo gewonnen und dabei die »Annemirl« jeweils in der Abfahrt und im Riesenslalom auf den 2. Platz verdrängt. Darüber wurde immer wieder geredet, auch noch nach acht Jahren und sogar spekuliert, ob das diesmal wohl wieder möglich sei. Denn »Maite« Nadig hatte vor Olympia sechs von sieben Weltcup-Abfahrten gewinnen können. Doch Frau Moser, 26 Jahre alt, ließ sich nicht kirre machen. Die Schweizerin benötigte fast zwei Sekunden länger bis ins Ziel.

In diesem Moment hüpfte Annemarie Moser in die Luft. Als ihr Mann in den streng bewachten Innenraum geführt wurde, wußte eine Hundertschaft Fotografen zwar, was kommen würde, drückte aber trotzdem emsig auf den Auslöser als Herr Moser Frau Moser auf die Wange küßte. »Super« entfuhr es Herrn Moser, einem Skivertreter jener Marke, auf der Annemarie steht und läuft: »Huch, bin ich glücklich«, bebte Annemarie, »aber noch ist net gewunna.« Nummer 12 lauerte noch am Start, Hanni Wenzel. Annemarie schaute stumm auf die flackernden Ziffern der Anzeigentafel, hielt die Hände ins Gesicht und strahlte, als die Uhr zur ersten Zwischenzeit stehenblieb. Hanni konnte zwar die »Maide« schlagen, aber Annemirl natürlich nicht.

Das Material war schuld

Gold-Moser, Silber-Wenzel, Bronze-Nadig, ein Einlauf, der so wenig überraschend ist, wie die Nachricht, daß VW am meisten Auto

verkauft vor Opel und Ford. Die konstanten erfahrenen Läuferinnen dominierten auf der Olympiaabfahrt.

Zu ihnen zählen normalerweise auch die deutschen Skimädchen. Doch die kamen weit abgeschlagen ein:

Evi Mittermaier   Platz 17
Irene Epple   Platz 19
Monika Bader   Platz 21.

Ausgerechnet Marianne Zechmeister, die zuvor niemals einen Rang unter den besten Zehn erreicht hatte, fuhr an die 9. Stelle. Sie hatte französische Skier unter den Füßen; Epple, Mittermaier und Bader hingegen österreichische. Schon in den Trainingsfahrten war das Trio teilweise bis zu fünf Sekunden langsamer gefahren. Trainer Klaus Mayr, einer der Erfolgreichsten der letzten Jahre, wußte denn auch sofort eine Erklärung für das enttäuschende Abschneiden. Das Material war schuld.

Noch einen Tag vor dem Wettbewerb hatte Mayr versucht, seine »Puppen« mit einer anderen Marke Skier zu versorgen, womit er sogar eine Konventionalstrafe von rund einer Million DM riskierte, weil die deutschen Skifahrer sich vertraglich verpflichtet haben, jeweils zwei Jahre lang eine bestimmte Marke zu fahren. Allerdings fand Mayr dann keine Firma, die mitmachte. Der Sportwart des Deutschen Skiverbandes erklärte später den deutschen Journalisten in Lake Placid: »Die Skifabriken sind in der Lage, über Sieg oder Niederlage der Athleten zu entscheiden.« Abfahrtsrennen sind zu einer Materialschlacht geworden. Trainer Klaus Mayr bezeichnete sie in seiner ersten Enttäuschung als unsin-

nig. Als »liebste Konsequenz« sehe er es sogar, sie abzuschaffen. »Mir tut jeder Tropfen Schweiß leid, den eine Athletin dafür vergießt.« Das war am Sonntag, einem Feiertag. Am Donnerstag darauf wurde Irene Epple aus Seeg im Allgäu im Riesenslalom hinter Hanni Wenzel Zweite. Ihr Kommentar: »I tät sage, der Abfahrtslauf isch vergessen.« Die beiden Durchgänge dieses Riesenslaloms mußten zum ersten Mal bei Olympischen Spielen an zwei verschiedenen Tagen absolviert werden. Dies mag zwar spannender und dramatischer für das Publikum sein, für die Athletinnen können diese 24 Stunden aber zur Tortur werden. Irene Epple beispielsweise, eine kühle, klare, ehrgeizige und nachdenkliche Person, die nach dem ersten Durchgang noch alle Chancen für eine Goldmedaille hatte, konnte nachts kaum schlafen und marterte sich mit der Vorstellung des kommenden Kurses – obwohl sie das eiskalte Geschäft im Schnee schon seit sechs Jahren kennt.

Sie denkt zuviel

Doch das half ihr wenig in Lake Placid. Alle Athleten empfinden Olympische Spiele als etwas Unvergleichbares. Vor allem die deutschen Skimädchen wissen um die Wichtigkeit, seit Rosi Mittermaier ihnen vorgemacht hat, wie viel olympischer Ruhm einbringen kann: Millionen nämlich.

»Sie denkt zuviel«, hat Trainer Mayr einmal über Irene gesagt. Das hat ihren zweiten Lauf zunächst behindert. Sie wollte alles oder nichts, riskierte viel und verkrampfte sich noch mehr. Schließ-

26

lich erwachte aber ihr Kampfgeist und sie rettete Silber. Tränen kullerten aus ihren Augen. Bei der Siegerehrung reichte ihr Strahlen fast über das ganze Gesicht. Über ihrer Nase kräuselte es sich. Jedem fiel sie um den Hals. Vor allem Schwester Mariele, der Weltmeisterin in dieser Disziplin. Sie hatte gerade eine langwierige Verletzung auskuriert und war damit an den Start gegangen. Doch beim Warmmachen hatte sie ihr Knie an eine Torstange angeschlagen und konnte es nicht mehr dehnen. Trotzdem wurde sie Achte und freute sich mächtig.

»Unsere Kinsi holt Gold«

Die Fünfte war traurig. Christa Kinshofer, 19, Sportlerin des Jahres 1979, nachdem sie fünf Weltcupsiege hintereinander geschafft hatte. Das blonde Mädchen aus Miesbach in Oberbayern war als größte bundesdeutsche Medaillenhoffnung, wie es so schön heißt, nach Lake Placid gefahren. Nach dem ersten Durchgang lag sie noch in der dritten Position, nur knapp hinter Hanni Wenzel und Irene Epple. Doch dann überfuhren sie auch noch die Französinnen Perrine Pelen und Fabienne Serrat, die eine ein jungenhafter Draufgänger, die andere eine elegante Schönheit. »Unsere Kinsi holt Gold«, hatte die Schlagzeile der Bildzeitung an diesem Tag gelautet. Und nun war Christa Kinshofer auf einem Platz gelandet, der sie von einem auf den anderen Tag aus den Schlagzeilen katapultierte.

Auch das gehört zu den kaltherzigen Gepflogenheiten bei Olympia – nur die drei Schnellsten erscheinen überhaupt noch auf der Anzeigentafel. Die Namen der übrigen sind Schall und Rauch. Oder es muß eine sein wie Faride Rahme, die für das heiße Land Lybien startete und im Abfahrtslauf Platz 28 erreichte, den letzten. Doch wie wunderbar wehte während der Fahrt ihr schwarzer Pferdeschwanz aus dem Sturzhelm und wie meisterhaft gelang es ihr, nur nicht zu schnell zu werden! Tatsächlich blieb sie 51 Sekunden länger im Fernsehbild als Annemarie Moser-Pröll aus Kleinau, die Siegerin. Doch im Riesenslalom gelang der 28jährigen – sie arbeitet im lybischen Konsulat zu Frankfurt – eine Resultatsverbesserung. Faride besiegte eine Starterin aus China – und wurde vorletzte.

Nur Sieger sind gefragt

Mit größeren Hoffnungen waren die amerikanischen Mädchen in allen alpinen Disziplinen an den Start gegangen. Vor allem die 23jährige Cindy Nelson, von der das amerikanische Publikum mindestens zwei Medaillen erwartete. Cindy wurde Siebte in der Abfahrt und 13. im Riesenslalom und sah sich fragend lokalen Fernsehreportern ausgesetzt: »Immer erwartet ihr nur Wunder, alles andere zählt nicht bei euch«, schluchzte sie und verschwand aus dem Interviewraum. Beklemmende Atmosphäre blieb. Annemarie Moser sah man an diesem Tag im Restaurant und unten an der Seilbahnstation zum Whiteface-Mountain. Sie war diesmal Sechste geworden. Keiner behelligte sie heute. Kein Interesse. Nur Sieger sind gefragt.

Christa Kinshofer, die Riesensla-lom-Fünfte, war zwei Tage später wieder gefragt. Im Slalom, jener Disziplin, in der sie sich nicht besonders viel zutraut, gewann sie eine Silbermedaille – die zweite für die bundesdeutsche Mannschaft, die insgesamt enttäuschte und deren Abschneiden in Lake Placid wohl als Katastrophe empfunden worden wäre – wären die Skimädchen nicht. Sie sind seit Jahren der Stolz der Nation. Von ihnen werden jeden Winter wunderbare Leistungen erwartet und das Wunderbare ist, sie erfüllen stets gewissenhaft diese Erwartungen.

Ulrich Pramann

Es war vorauszusehen, daß unsere österreichischen Alpinen bei den Spielen in Lake Placid nicht an die Ergebnisse von 1956 – neun Medaillen, je drei goldene, silberne und bronzene – und 1964 in Innsbruck, also im eigenen Land – sieben Medaillen, drei goldene und je zwei silberne und bronzene –, herankommen würden. Für die von Anfang an geringeren Aussichten gab es vor allem zwei Gründe. Die Weltspitze ist im letzten Jahrzehnt immer mehr zusammengerückt. Die Leistungen von vier bis sechs Läuferinnen oder Läufern sind nahezu gleich. Die Anlage der Strecken, die Tagesform und – sagen wir es doch bei der Gleichwertigkeit der besten Rennläufer und Rennläuferinnen der Welt – auch ein wenig das Glück sind entscheidend. Hinzu kam in der besonderen alpinen Situation des Jahres 1980, daß unseren österreichischen Rennläufern und Rennläuferinnen zwei herausragende Konkurrenten auf den Pisten von Lake Placid gegenüberstanden: Ingemar Stenmark und Hanni Wenzel.

Österreichischer Abfahrtstriumph

Wer von den österreichischen Alpinen auf den olympischen Strecken mehr erwartet hatte als die vier Medaillen, die Annemarie Moser, Leonhard Stock, Peter Wirnsberger und Hans Enn mit nach Hause brachten, hat einfach die Situation in diesem olympischen Winter falsch eingeschätzt. Betrachtet man die Lage nüchtern und objektiv, so muß man feststellen, daß in Lake Placid aus österreichischer Sicht in den alpinen Rennen eigentlich alles erwartungsgemäß verlaufen ist. Man wußte ja anhand der Weltcup-Resultate dieses Winters von vornherein, daß unsere Stärke in der Abfahrt lag und daß schwächere Leistungen im Riesenslalom und auch im Slalom einkalkuliert werden mußten.

Die Qual der Wahl

So große Erfolge unsere Läufer auch in vergangenen Jahrzehnten herausfuhren, so erfolgreich wie in Lake Placid war bisher keine olympische Abfahrt für unsere Läufer verlaufen. Zwar hatte es schon zweimal zwei Medaillen in dieser Disziplin gegeben, aber niemals Gold und Silber.

Hinzu kam der in aller Öffentlichkeit ausgetragene Streit um die Nominierung unserer vier Läufer. So schön es einerseits war, daß wir die Qual der Wahl hatten, so sehr zerrte andererseits doch die Qualifikation an den Nerven der Beteiligten. Dabei sind ganz sicherlich Fehler gemacht worden, die unter anderem in der Zuständigkeit lagen. Denn entscheidend für die endgültige Nominierung war ausschließlich Professor Udo Albl, niemand anderes. Trotz lautstark geäußerter anderer Meinung konnte es in Lake Placid doch nicht den geringsten Zweifel am Start von Leonhard Stock geben. Wenn man ihn mitnahm, so mußte man ihm auch die Möglichkeit einräumen, sich zu qualifizieren.

Diese eigentlich selbstverständliche Einstellung aber schien nicht allen Beteiligten klar zu sein, und es kam so zu dem bedauerlichen Streit, der besser intern, innerhalb der Mannschaft ausgetragen worden wäre. Der Zillertaler hat denn auch im Rennen bewiesen, wie stark er trotz seiner Verletzung zu Beginn des Winters und der so kurzen Aufbauphase gegenwärtig ist. Sein Sieg war einer der klarsten der gesamten Winterspiele. Etwas über eine halbe Sekunde Vorsprung ist im Jahr 1980 eine kleine Ewigkeit. Auch Peter Wirnsberger lag eine halbe Sekunde vor Steve Podborski, dem Kanadier – und das ist ein klarer Vorsprung, der zeigt, wie deutlich die Überlegenheit unserer beiden Schnellsten in diesem olympischen Rennen war.

Die beste Abfahrerin der Welt

Bewundernswert ist für mich die Leistung von Annemarie Moser. Sie ist in unserem sonst eher mittelmäßigen Damenteam der einzige Lichtblick. Für mich ist sie einmalig in der Welt des alpinen Skilaufes. Ich habe sie im Training beobachtet. Bereits dort war sie für mich trotz Marie-Theres Nadig die eigentliche Favoritin. Denn im olympischen Kampf zählt nun einmal wenig, was vorher war. Gewiß hatte die Schweizerin bei ihren sechs Abfahrt-Weltcupsiegen eine bestechende Form gezeigt, aber schon im Training am Whiteface Mountain sah ich, daß Annemarie besser auf dem Ski stand, die Kurven im oberen Stück präziser fuhr. Ihr Vorsprung auf der recht kurzen Abfahrt mit der Siegeszeit von 1:37,52 fiel mit sieben Zehnteln vor Hanni Wenzel, die überraschend Marie-Theres Nadig auf den 3. Rang verwies, und mit mehr als acht Zehnteln vor der Olympia-Siegerin von

Die Siege der Ö

Sapporo größer aus, als dies nach den Trainingsläufen erwartet werden durfte. Die beste Abfahrerin der Welt hat am Ende ihrer Laufbahn völlig verdient auch den Olympiasieg errungen.

Ingrid Eberle fuhr auf den 6. Rang, mehr durfte man nicht erwarten, Cornelia Pröll endete, fünf Sekunden zurück, auf einem der letzten Plätze. Eine vierte Abfahrerin hatten wir gar nicht am Start – bezeichnend für die Situation unserer Mannschaft!

Ein bitterer vierter Platz

Für alle Experten stand schon vor dem Start fest, daß es für die Österreicher in den beiden Riesenslalom-Rennen nicht annähernd so gut wie in der Abfahrt laufen würde. Es entsprach durchaus unseren Erwartungen, daß der kleine und leichtgewichtige Hans Enn hier unser bester Läufer war. Im Riesenslalom, in dem dieser bescheidene und stille Läufer, um den es nie irgendwelchen Rummel gibt, nach dem 1. Lauf Zweiter hinter Andy Wenzel war, gewann er die Bronzemedaille am Ende nur mit zwei hundertstel Sekunden Vorsprung vor dem ausgezeichneten Jugoslawen Krizaj. War hier neben allem fahrerischen Können auch ein wenig Glück dabei, denn zwei Hundertstel lassen sich in zwei Läufen wirklich nicht ausrechnen, so stand ihm im Slalom das Glück nicht zur Seite. Vierter zu werden mit einem minimalen Rückstand von sechs Hundertstel auf den Gewinner der Bronzemedaille, dem Schweizer Jacques Lüthy – das ist schon bitter! Dabei mußte Hans Enn auch wieder mit dem 4. Platz insofern zufrie-

den sein, weil er nur acht Hundertstel vor dem erstaunlichen Senior Christian Neureuther lag.

Mit Ingemar Stenmark siegte auch hier der beste Slalomläufer der Welt. Er kommt eben mit jeder Strecke zurecht. Wie der erste Kurs ausgeflaggt war, hat mir gar nicht gefallen. Er war sehr unrhythmisch gesteckt, kein Fahrer konnte sich auf dieser Piste entfalten. Gewiß war an diesem Hang kein Lauf leicht zu stecken, daß es aber ging, bewies der Deutsche Osterrieder mit dem zweiten Lauf.

Über eines sollte man sich im Internationalen Skiverband nach diesem Slalomrennen Gedanken machen: Es muß eine bessere Lösung für die Stangen gefunden werden. In den olympischen Rennen rutschten sie am steilen Hang allzu oft den Fahrern vor, unter und zwischen die Füße und brachten auch brillanten Slalomfahrern Stürze ein, die ohne die Stangenmisere glatt durchgekommen wären. Ein Glück, daß alle Pisten in Lake Placid hervorragend präpariert worden waren, denn der Schnee aus der Kanone brachte ohnehin genug Probleme. Er war in allen Konkurrenzen sehr schwer zu fahren. Wenn wir dennoch so viele gute Läufe sahen, so spricht das für den hervorragenden Standard im alpinen Skisport zu Beginn der achtziger Jahre.

Im Riesenslalom der Damen endete Annemarie Moser auf dem 6. Platz. Auch zwei etwas glücklichere Läufe hätten ihr den Sieg nicht bringen können, denn hier zeigte Hanni Wenzel ihre ganze Meisterschaft. Keine fuhr so sicher wie sie durch den Stangenwald, keine so ruhig.

Hanni Wenzel war bei diesen Spielen genauso überlegen wie Rosi Mittermaier vor vier Jahren auf den Pisten in der Axamer Lizum. Das zeigte sich nicht nur in den zeitlichen Abständen zu den jeweils Zweiten und Dritten, sondern vor allem auch in ihrer Fahrweise, die nirgends, in keiner Sekunde, unsicher war. Nie kam bei ihren Fahrten das Gefühl auf, sie könne fallen, und gerade in dieser Selbstverständlichkeit, mit der sie ihre beiden Goldmedaillen und die Silbermedaille in der Abfahrt herausfuhr, zeigte sich ihre Überlegenheit.

Moser – und was kommt dann?

Daß im Slalom von unseren vier Läuferinnen drei – Annemarie Moser, die Weltmeisterin von 1976, Lea Sölkner und Regina Sackl – schon im ersten Lauf, und jeweils nach wenigen Sekunden, ausschieden, und nur Ingrid Eberle durchkam, beweist, wie schwach unser Damenteam gegenwärtig ist. Wir haben tatsächlich nur Annemarie Moser, dann kommt lange nichts. Hier muß nach den Spielen mit neuer Konzeption intensiv gearbeitet werden, wenn der Anschluß an die Französinnen, Schweizerinnen und Deutschen nicht ganz verlorengehen soll. Die Hanni ist ohnehin schon weit enteilt . . .

Das Fazit von Lake Placid aus österreichischer Sicht: Hervorragend wirklich nur in der Abfahrt, der Rest ist – bis auf Hans Enn – Schweigen.

Toni Sailer

sterreicher

Die alpinen Ski-Wettbewerbe begannen für die Schweizer Farben wenig verheißungsvoll. Die Abfahrtsstrecke am Whiteface Mountain wies vom ersten Trainingstag an alle Anbiederungsversuche von Tony Bürgler, Erwin Josi und Urs Räber ab. Lediglich Peter Müller vermochte sich im Favoritenkreis zu halten, und beim Start des Rennens ruhten die Medaillen-Hoffnungen allein auf ihm. Doch es sollte nicht sein. Um 13 hundertstel Sekunden verpaßte der Flachländer die Bronze und führte mit seinem vierten Rang eine alte Tradition fort.

Zur eigentlichen Schlappe wurde dieses Rennen aber wegen der andern drei Fahrer, von denen sich lediglich der erst im letzten Moment nominierte junge Berner Oberländer Urs Räber mit einem 18. Platz noch achtbar aus der Affäre zog. Erwin Josi konnte als Vierundzwanzigster nicht einmal dem Material die Schuld geben (»Ich hatte das genau gleich präparierte gleiche Paar Ski wie Olympiasieger Stock«), und Tony Bürgler saß nach den miserablen Trainingszeiten schon am Vorabend demoralisiert im Olympischen Dorf herum und stürzte dann, in Erwartung einer weiteren Acht-Sekunden-Einbuße, womit ihm wenigstens die Blamage erspart blieb, in der Rangliste hinter Fahrern aus Ski-Entwicklungsländern zu erscheinen.

Marie-Theres Nadig und Annemarie Moser eine Klasse für sich! Diesen Eindruck vermittelte einem nicht nur der bisherige Saisonverlauf, sondern auch das Olympia-Abfahrtstraining. Hinter den bei-

den erwartete man ein ausgeglichenes Feld mit vielen möglichen Bronzemedaillengewinnern, zu denen auch die drei weiteren Schweizerinnen Bernadette Zurbriggen, Annemarie Bischofberger und Doris de Agostini gehörten. Als es ernst wurde, fegte ein heftiger Wind über die Piste, doch der Start erfolgte trotzdem pünktlich, zunächst auch zur Zufriedenheit der vier Schweizer Mädchen, die sich auf diesen Zeitpunkt eingestellt hatten und den Wind als Freund erhofften.

Nadig: Bronze, aber...

Obwohl Annemarie Moser mit der Nummer 6 einen einwandfreien Lauf hinlegte, schien die Aufgabe für Nadig nicht unlösbar. Im steilen, riesenslalomähnlichen Stück hielt die Flumserin denn auch mit, doch dann, ausgerechnet bei den »Wasserfällen«, wo der Übergang ins flachere Mittelstück die volle Geschwindigkeit erfordert hätte, erfaßte eine Windbö die Schweizerin, riß sie von der Hocke hoch und von der Ideallinie ab. Das verlorene Tempo ließ sich im nun folgenden flacheren Teil nirgends mehr zurückerkämpfen. Bei der unteren Zwischenzeit war Marie-Theres bereits geschlagen, auch wenn sie dann im letzten Gleiterstück noch fast eine Sekunde gutmachte.

Es reichte nicht für Gold, es reichte auch nicht mehr für Silber, wie sich später bei der überraschend flotten Fahrt von Hanni Wenzel herausstellen sollte. »Ich war in Form, ich fuhr fehlerlos, ich hatte von allen Teilnehmerinnen den besten Ski, optimales Material und Wachs, alles hätte gestimmt, aber gegen den

Wind kann man halt nichts machen«, meinte eine sichtlich enttäuschte Nadig, die mit bewundernswerter Freundlichkeit alle Interviews zu ihrem für sie enttäuschenden dritten Platz über sich ergehen ließ. Der Ärger saß aber derart tief, daß sie im Riesenslalom und im Slalom jeweils schon weit oben im ersten Lauf ausschied. Auch die übrigen drei Schweizer Abfahrerinnen wurden vom Winde verweht und in die zweite Klassementshälfte relegiert.

Für die technischen Disziplinen nominierten die Verantwortlichen des Herrenteams neben Weltcup-Gesamtsieger Peter Lüscher drei Fahrer aus der welschen Schweiz: Jean-Luc Fournier, Joel Gaspoz, zwei Walliser, sowie Jacques Lüthy aus dem Freiburgerland. Für sie konnte es wie für die meisten anderen Konkurrenten nur eine Taktik geben, den Angriff um jeden Preis. Medaille oder nicht Medaille, das war hier die einzige Frage.

Ausgleichende Gerechtigkeit

Der Riesenslalom begann wenig vielversprechend. Fournier stürzte nach einem dummen Anfängerfehler schon im oberen Teil der Strecke. Lüscher ließ sich die zweitbeste Zwischenzeit notieren, doch die Risiken, die er auf sich nahm, erwiesen sich als für das Wettkampfglück an diesem Tag zu hoch, und er schied im unteren Teil ebenfalls aus. Der junge, gerade noch nominierte Joel Gaspoz bewies dann trotz fehlender Praxis an großen Wettkämpfen Nervenstärke und arbeitete sich auf den 5. Rang vor. Der größte Trumpf der Schweizer – Jacques Lüthy – ging mit der Num-

Drei Medaillen

mer 12 ins Rennen. Die Ausfälle zweier seiner Kameraden bewirkten jedoch, daß er eine Spur zu stark auf Sicherheit fuhr, der elfte Rang und 1,38 Sekunden Rückstand auf die Spitze waren die brutale Auswirkung. Tags darauf vermochte Gaspoz seine Leistung zu bestätigen, mehr aber nicht. Schon bald rutschte sein Name an der Anzeigetafel aus den ersten fünf heraus.

Lüthy zeigte Nerven

Dann startete Jacques Lüthy als elfter. Wild entschlossen, seinen verschlafenen Lauf vergessen zu machen, attackierte er diesmal hemmungslos und fast hätte er das Unglaubliche noch geschafft! Nur 24 hundertstel Sekunden fehlten ihm in der Gesamtabrechnung zu einem Platz auf dem Siegerpodest. Beim Slalomstart steckte noch eine reichliche Portion Wut in Lüthys Knochen. So etwas sollte ihm nicht mehr passieren! Keine Rede mehr von Zurückhaltung: Beste Zwischenzeit, zweitbeste Schlußzeit im ersten Lauf! Würden die Nerven aushalten? Sechs Läufer spekulierten im 2. Lauf noch ernsthaft auf die ersten drei Plätze. Lüthy, der als Dritter auf die Strecke mußte, zeigte Nerven, fand den Rhythmus nicht sofort, kämpfte sich aber durch. Gegen die Zeiten von Stenmark und Phil Mahre war da zwar nicht anzukommen, aber Lüthy behielt eine Reserve von acht hundertstel Sekunden auf Christian Neureuther. Hans Enn, der im ersten Durchgang zeitgleich mit Lüthy auf Rang 2 gelegen hatte, realisierte eine um sechs Hundertstel langsamere Fahrt! Mit vier Zehnteln mehr wäre der Schweizer lediglich Achter geworden, so aber durfte das alpine Männerteam endlich jubeln: Bronze für Jacques Lüthy! Der einzige Trumpf im Damenteam war in den beiden technischen Disziplinen die junge 18jährige Erika Hess aus Grafenort in der Innerschweiz. Den ersten Riesenslalom-Lauf beendete sie an 4. Stelle, 0,08 Sekunden hinter der drittplazierten Christa Kinshofer, fast eine Sekunde hinter Hanni Wenzel. »Im zweiten Lauf interessieren mich vor allem die beiden vor mir liegenden deutschen Mädchen Epple und Kinshofer, die beiden Französinnen Pelen und Serrat, die mir im Nacken liegen, stören mich weniger«, bekannte die unbeschwert wirkende Erika. Doch die Unbeschwertheit wich, als am Entscheidungstag Fabienne Serrat gleich eine sehr gute Zeit vorlegte. Die Reaktion mißlang, die Attacke endete schon bald mit einem Sturz im Schnee. Die Erinnerung an dieses Mißgeschick verfolgte Erika Hess bis an den Start des zweiten Slalomdurchgangs. Diesmal lag sie an fünfter Stelle und mußte als erste auf die Strecke, wiederum trennten sie 0,08 Sekunden vom begehrten Edelmetall. Aber diesmal kam sie durch, diesmal hatte sie ein Schlußresultat aufzuweisen, das erst einmal unterboten sein wollte. Patrekejewa scheiterte an der vorgegebenen Zeit, Pelen stürzte, Wenzel und Kinshofer reüssierten. Rang drei, aber Maria-Rosa Quario bei der Zwischenzeit viel schneller unterwegs! Der Traum von der Bronzemedaille schien für Erika Hess ausgeträumt, als die Italienerin unmittelbar vor dem Ziel die Ski noch einmal quer stellte, der dritte Rang der Schweizerin blieb um drei hundertstel Sekunden bestehen! Für einen kurzen Moment bleibt der Sessellift am Whiteface Mountain stehen. Andreas Wenzel, Zweiter im Riesenslalom und unterwegs zum Slalomtraining, schaut zurück und hinunter zu seiner Schwester Hanni, der Zweiten der Abfahrt. Sie hat soeben im ersten Riesenslalomlauf der Damen Bestzeit gefahren. Auch Andreas, genannt »Andy«, hatte nach dem ersten Lauf geführt, mußte sich dann aber im zweiten noch Ingemar Stenmark beugen. Und so bestätigen sich die Blicke gegenseitig: Gut so, es läuft prima, aber es ist noch nicht der Sieg.

Eine Medaille pro 4000 Einwohner

Der zweite Lauf am folgenden Tag gelingt Hanni tatsächlich nicht mehr so gut, aber es reicht. Ein historischer Tag für das Fürstentum Liechtenstein, dieser 22. Februar: der erste Olympiasieg! Unglaublich, was dieser kleine Ski-Verband bei den alle zwei Jahre stattfindenden Welttitelkämpfen seit 1974 schon alles eingeheimst hat. Hannis Gold ist bereits die 15. Medaille! Bestzeit in beiden Läufen, Gold im Slalom, Gold in der Kombination (die nur für die Weltmeisterschaft gewertet wird), dazu Kombinationssilber für Bruder Andreas bei den Herren. Eine Olympiamedaille pro 6000, eine WM-Medaille pro 4000 Einwohner! Und Hanni Wenzel ist neben Eric Heiden der große Star dieser Winterspiele!

Bernard Thurnheer

31

Peter Müller, Sie sind Abfahrtsvierter, man sagt scherzeshalber, Sie hätten die »lederne« Medaille gewonnen. Ist es schlimmer, Vierter zu sein als irgendwo weit zurückzuliegen in der Rangliste?

Müller: Es ist bei jedem Rennen dasselbe: Einer lacht, zwei sind auch noch ganz zufrieden, und die andern vergessen diesen Wettbewerb so schnell wie möglich. Und ich bin jetzt halt der erste dieser letzten Sorte.

Thurnheer: Wieso hat es nicht zu mehr gereicht für Sie als zu diesem undankbarsten aller Plätze?

Müller: Ich habe im oberen Teil der Abfahrt einfach zu viele Fehler gemacht. Ich hatte da leider schon im Training so meine Probleme. Manchmal gelingt es einem eben, sich in dieser sehr steilen Partie durch die Tore zu schmuggeln, manchmal halt nicht. Heute ist es bei mir einfach nicht gelaufen. Es war nicht mein Tag. Das passiert jedem einmal.

Thurnheer: Man hat gesagt, wenn es schneie, dann schneie es für den Super-Gleiter Peter Müller, und es hat geschneit . . .

Ich habe das Rennen oben verloren

Müller: Ja, im unteren Teil mußte man höllisch aufpassen und in der Spur der andern bleiben, denn jede Abweichung davon, jeder Meter Fahrt im Neuschnee, hätte sich zeitmäßig sofort ausgewirkt. Diesen Abschnitt habe ich gut erwischt, da war ich ja auch bei den Besten, aber ich habe das Rennen oben verloren. Ich erwischte die dritte Kurve zu

tief und kam dadurch viel zu langsam in die Traverse. Dies hat mich schon bis zur oberen Zwischenzeit eine volle Sekunde gekostet. Daß ich dann im mittleren Streckenabschnitt fast noch einmal so viel verloren habe, das ist mir allerdings ein Rätsel.

Ein Ski namens »Hecht«

Thurnheer: Ist für Sie in Lake Placid eine kleine Welt zusammengebrochen?

Müller: Sicher nicht, wie gesagt, ich vergesse dieses Rennen so schnell wie möglich und rüste mich jetzt für das Weltcup-Abfahrts-Finale in Lake Louise. Das ist auf lange Sicht gesehen auch viel wichtiger für mich.

Thurnheer: Aber selbst ein solcher Erfolg kann doch einen Olympiasieg nicht aufwiegen?

Müller: Ich habe schon vor einem Monat in Wengen gesagt, daß für mich zum Beispiel der Sieg auf der Lauberhorn-Strecke mehr wert ist als der Olympiasieg. In Wengen wurde ich im ersten Rennen auch Vierter, im zweiten dann Sieger. Schade, es gibt hier kein zweites Rennen, durch das ich meinen vierten Platz »vergolden« könnte.

Thurnheer: Sie würden also auch in Wengen wieder den gleichen Ski fahren, denjenigen namens »Hecht«. Woher stammt dieser Name?

Keine Medaille an der Angel

Müller: Meine große Leidenschaft neben dem Skifahren ist das Angeln, und so kam mein Service-Mann auf die Idee, meine Skier nach einer Fischart zu benennen.

Neben dem »Hecht« gibt es da auch noch den »Hai«, die »Forelle« und so weiter.

Thurnheer: Nur eine Olympia-Medaille hat nicht an Ihrer Angel gezappelt! Als Sie durchs Ziel fuhren, da reichte Ihre Zeit immerhin noch zum zweiten Rang aus. Glaubten Sie in jenem Moment noch an einen Medaillengewinn?

Müller: Als ich mir bewußt wurde, wie groß mein Rückstand auf den späteren Sieger Leonhard Stock war, wußte ich, daß es sehr knapp werden würde. Jetzt hat es halt nicht gereicht. Es ist wie beim Fischen, man muß es nehmen wie es kommt.

Peter Müller
Bernard Thurnheer

»Nur« Vierter

Den ersten Doppelsieg in der Geschichte der Winterspiele konnten die österreichischen Abfahrer Leonhard Stock (Seite 33 und rechts) und Peter Wirnsberger (rechts unten) erringen. Stocks Kommentar: »Vor dem Start war ich nicht eine einzige Sekunde nervös... Dann habe ich mich in das Rennen gestürzt und alles gegeben.« Enttäuscht waren die schweizer und deutschen Rennläufer. Michael Veiths (links) Abschneiden ist nicht nur auf das angeblich schlechtere Material zurückzuführen. Und der Schweizer Peter Müller (unten) hatte an diesem Tag einfach Pech. Nur um 13 Hundertstel verpaßte er die Bronzemedaille und belegte den undankbaren vierten Platz

Der große Schweiger Ingemar Stenmark
(links oben) gewann am windigen und
kalten Olympiaberg Whiteface
den Riesenslalom vor dem Liechtensteiner
Andreas Wenzel (rechts) und Hans Enn
aus Österreich (links). Stenmark feierte
seine erste Goldmedaille mit den Worten:
»Ich bin glücklich, Olympiasieger zu sein.«
Und alle waren sich einig: Der wahre
Champion ist Olympiasieger geworden.
Enttäuschend war das Abschneiden
der schweizer Skistars. Zwei von vier
Schweizern tauchten in den Schnee.
Am Ende belegten Jacques Lüthy und
Joel Gaspoz die Plätze fünf und sieben

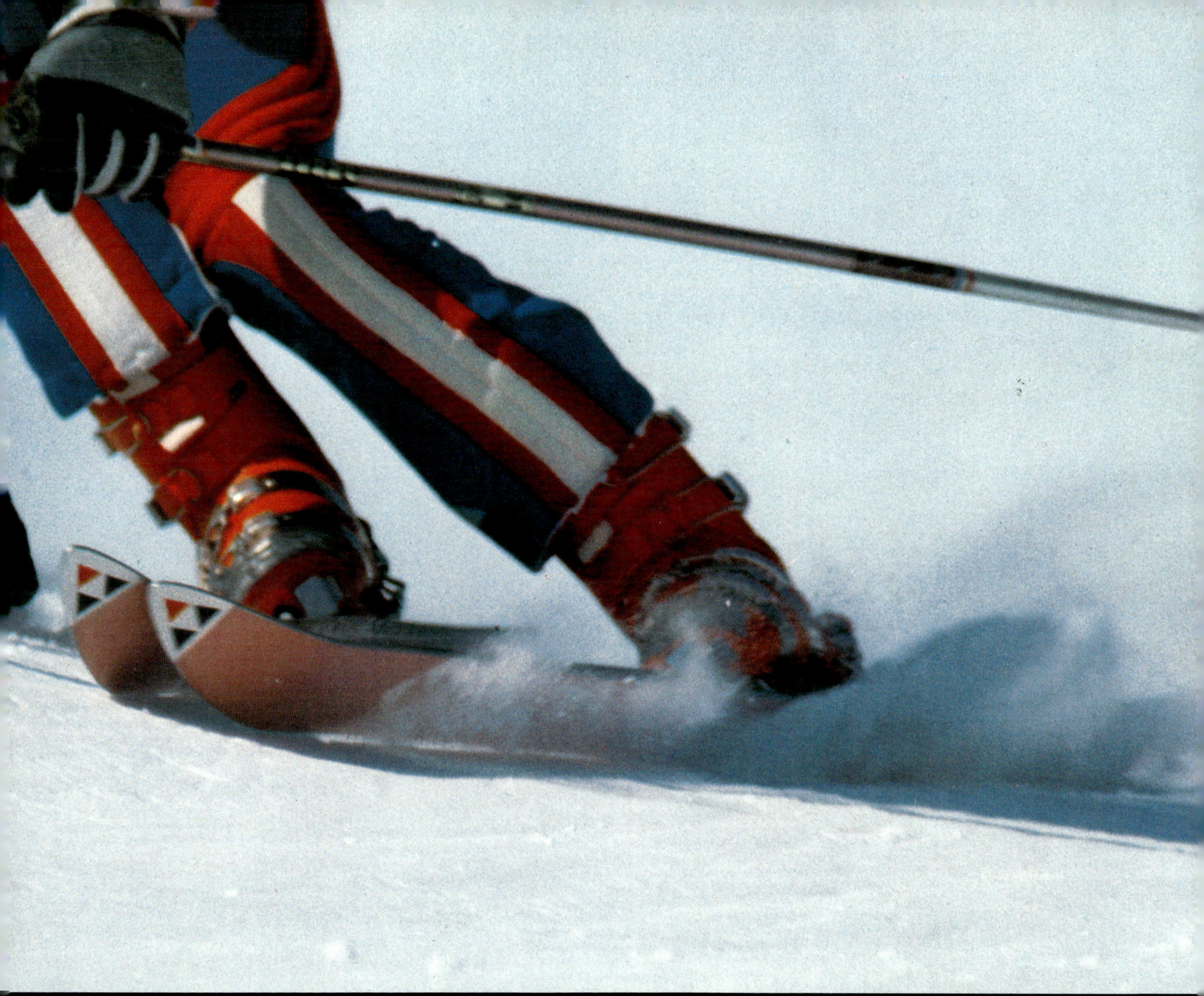

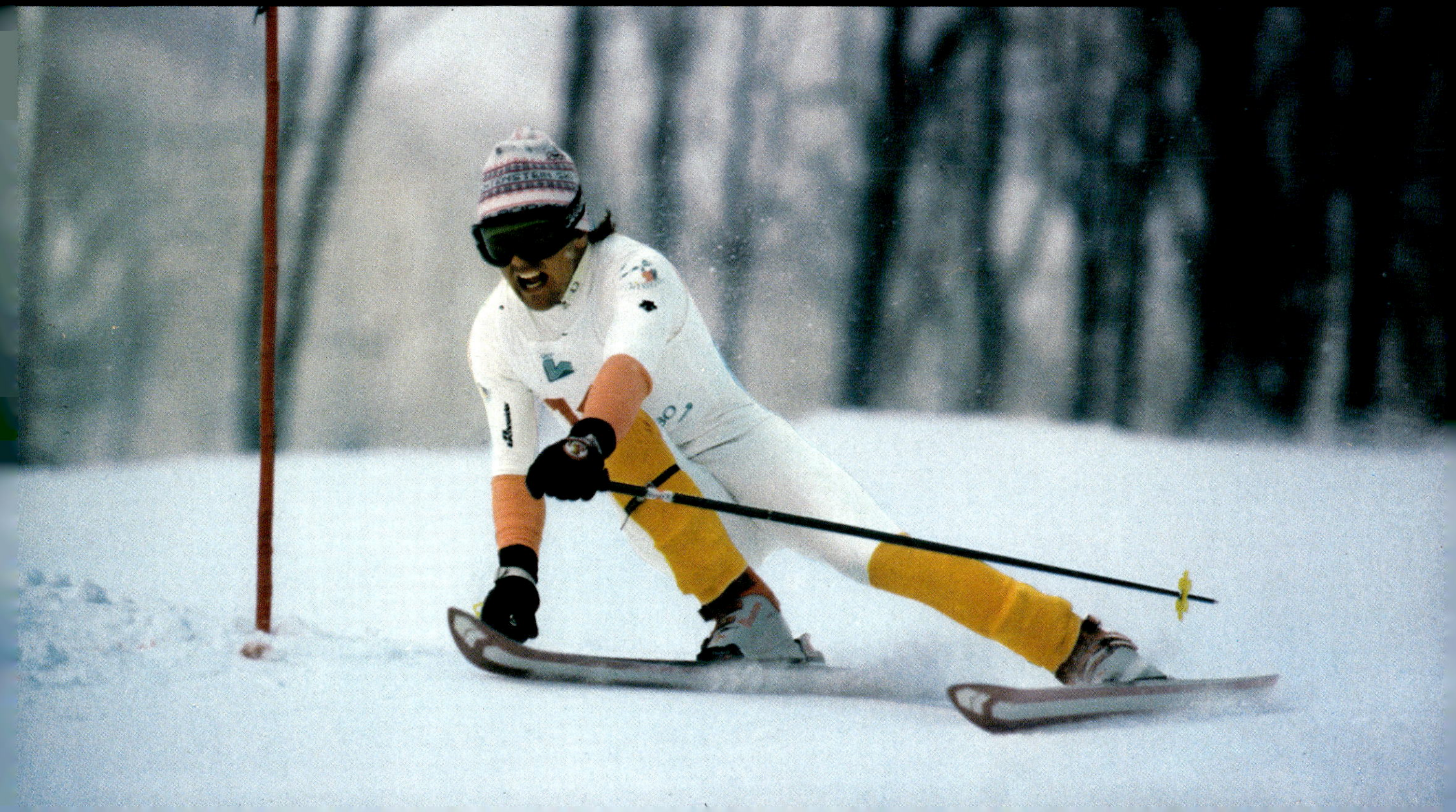

Gespannt wartet Ingemar Stenmark nach
seinem brillanten Lauf auf die Zeiten seiner Konkurrenten (links). Als dann die besten Läufer der
Weltelite die Zieldurchfahrt passieren, hat eine
unvergleichliche Karriere der letzten Jahre ihre
Krönung gefunden. Jeder andere Sieg als der des
Schweden wäre zwar möglich, aber nicht gerecht
gewesen. Ingemar Stenmark blieb damit in seinem

Olympia macht Namen, ändert Lebensläufe und schreibt Geschichten. Dieses Mal waren es die Spiele des Ingemar Stenmark, der alles zu verlieren und wenig zu gewinnen hatte. Sein Sieg war so oft prophezeit worden, daß Stenmark nur noch nach Lake Placid kommen mußte, um die Medaillen abzuholen. Davor standen aber noch die Läufe im Riesen- und im Spezialslalom. Beide gewann der eigenwillige Schwede souverän. Für viele andere, die sich in diesen Tagen an den steilen Hängen des Whiteface Mountain versuchten, waren Stenmarks Zeiten mehr als Maßstäbe. Erst kam er – und dann nichts mehr. Welten trennten ihn von seinen Mitkonkurrenten – wie dem Deutschen Sepp Ferstl (links)

Spezialdisziplin: Tanz durch einen Wald von
Stangen. Einen steilen Hang hinunter.
Zweimal 50 Sekunden höchster Anspannung
und Konzentration. Rhythmus, Kraft und Eleganz.
Ästhetik als Ergebnis jahrelangen Trainings.
Den schwierigen Steilhang in Lake Placid
wedelte, wie sollte es anders sein, Ingemar
Stenmark als Schnellster hinunter. Daß der
Amerikaner Phil Mahre (unten) Zweiter wurde,
kam einem Wunder gleich, denn vor einem Jahr
hatte er sich an gleicher Stelle einen kompli-
zierten Beinbruch zugezogen. Die Nägel
steckten noch im Bein.
Der Österreicher Hans Enn (ganz links) wurde
Dritter und der Liechtensteiner Andreas Wenzel
(links) bereicherte die Medaillensammlung der
Wenzels um olympisches Silber

»Es war vorbei, in etwas mehr als
hundert Sekunden war es vorbei.
Wochen-, monate-, jahrelanges Training
auf diesen einzigen Tag, auf diese
Stunde, auf diese hundert Sekunden,
waren vergebens. Aber ich fühlte keine
Bitternis, keinen Zorn, keine Enttäuschung darüber. Ich war gut vorbereitet,
hatte mich stark gefühlt, auch die
Motivation war da. Aber am Ende
fehlten für eine Medaille als krönenden
Abschluß aus einem guten Skisport-
Jahrzehnt acht Hundertstel...«
So Christian Neureuther nach seinem
fünften Platz im Spezialslalom

Ein großer Tag für eine große Rennläuferin: Annemarie Moser-Pröll (rechts) gewinnt die erste Goldmedaille. Jahrelang war sie der Konkurrenz davongefahren, aber bei Olympischen Spielen hatte es nie geklappt. Sie, die wie keine andere Läuferin die Abfahrtswettbewerbe der siebziger Jahre beherrschte, siegte vor der Liechtensteinerin Hanni Wenzel (oben) und der Schweizerin Marie-Theres Nadig (links).

Am windigen Whiteface Mountain hatte Marie-Theres Nadig allerdings Pech: Sie wurde im Schwung von einer Windbö erfaßt, gegen den Staketenzaun am Pistenrand abgetrieben und hatte Glück, daß sie überhaupt noch das nächste Tor erwischte. Die Bronzemedaille war nur ein kleiner Trost für sie. Enttäuschend waren die Plazierungen der hocheingeschätzten deutschen Mädchen. Keine kam unter die ersten zehn

Vor allem für das schweizer Team war das Ergebnis der Damen-Abfahrt – Annemarie Moser-Pröll (Mitte) war an diesem Tag nicht zu schlagen – eine herbe Enttäuschung: Nicht nur, daß Marie-Theres Nadig (rechts außen) »nur« auf dem dritten Platz landete, auch die anderen Rennläuferinnen konnten nicht überzeugen. Doris de Agostini (unten links und rechts) stand die Enttäuschung auf dem Gesicht geschrieben. Sie führte ihren 17. Platz darauf zurück, daß die Piste pickelhart gewesen und ihre Gleitfähigkeit »so überhaupt nicht zum Tragen« gekommen sei. Auch Irene Epple (rechts) schaute betrübt drein

Mit der drittbesten Zeit im zweiten Lauf
des Riesenslaloms gewann Hanni Wenzel
aus Liechtenstein olympisches Gold. Nach fast
einem Jahrzehnt steiler Karriere im alpinen
»Ski-Zirkus« holte sie sich die langersehnte
Medaille vor der deutschen Abfahrtsspezialistin
Irene Epple und der Französin Perrine Pelen
(unten). »Eine Nacht mit dem ersten Platz
zu schlafen, war nicht leicht«, lautete ihr
Kommentar nach dem Sieg.
Ihre Landsmännin Ursula Konzett hatte wenig
Glück: Der vom deutschen Trainer Günter
Osterrieder ausgeflaggte Kurs wies große
Tücken auf. Vielleicht wurde ihr auch der von
den ersten Läuferinnen tüchtig gefurchte
künstliche Schnee zum Verhängnis (links)

Böse Zungen bezeichnen den Weltcup als gigantische Spielwiese von Kommerz, Eitelkeit und Seelenlosigkeit. Die Kritiker des weißen Sports haben bei den Winterspielen in Lake Placid neue Nahrung erhalten. Hinter den Kulissen fand eine grandiose Schlacht um Material und Menschen statt, die das ewige »Friede-Freude-Eierkuchen-Gerede« als eiskalte Manipulation entlarvte. Aber in all dem Gerangel zwischen Geld und Kommerz kanteten und glitten olympische Profis den schwierigen Slalom-Hang hinab. Hanni Wenzel aus dem kleinen Liechtenstein und Irene Epple (GER) holten Gold und Silber im Riesenslalom. Sie konnten ihren Sieg bereits ausgelassen feiern (unten rechts), als Anja Zaradlav (YUG) noch mit den Toren und der Zeit kämpfte (rechts). Die Französin Perrine Pelen (unten) wurde Dritte

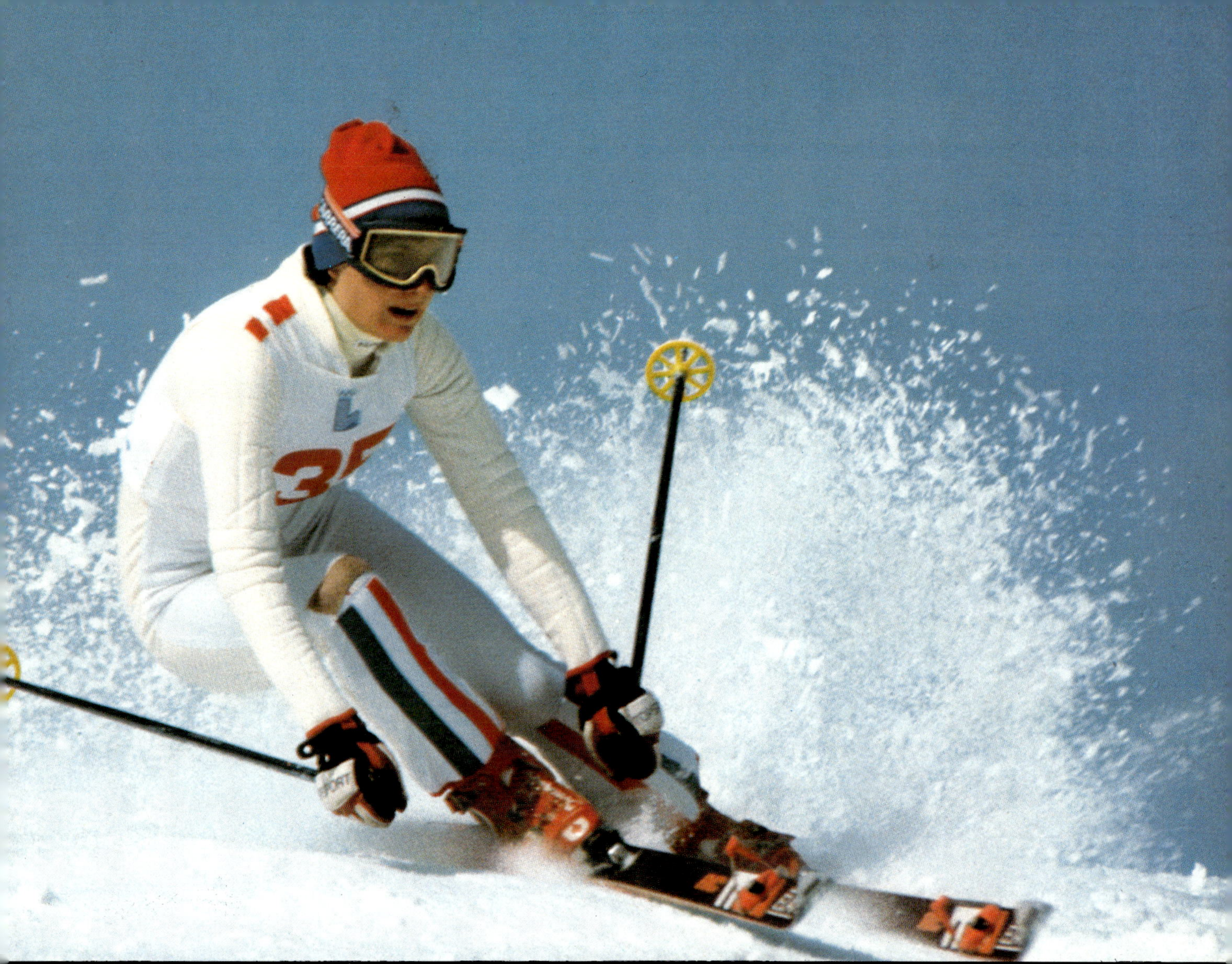

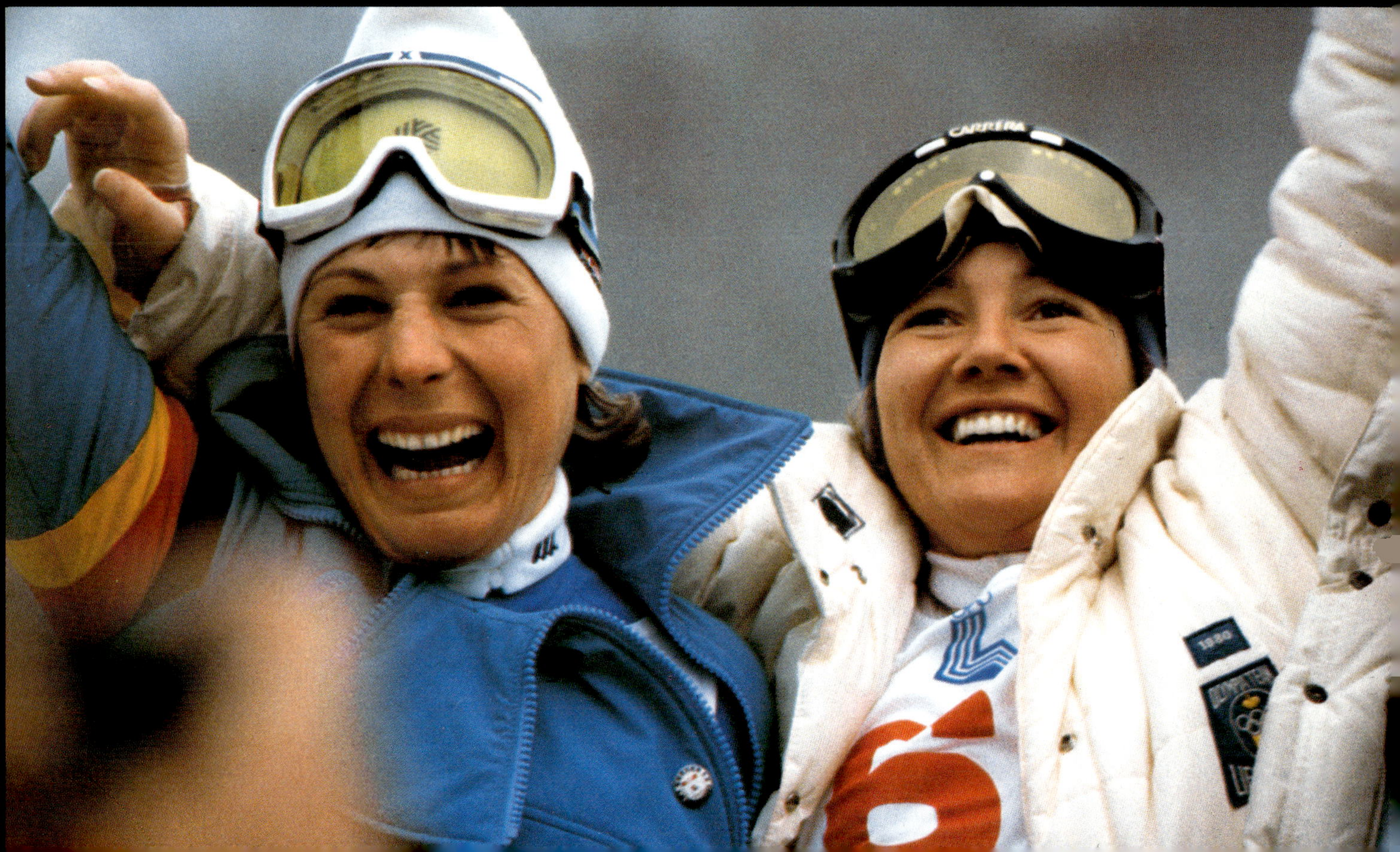
CARRERA

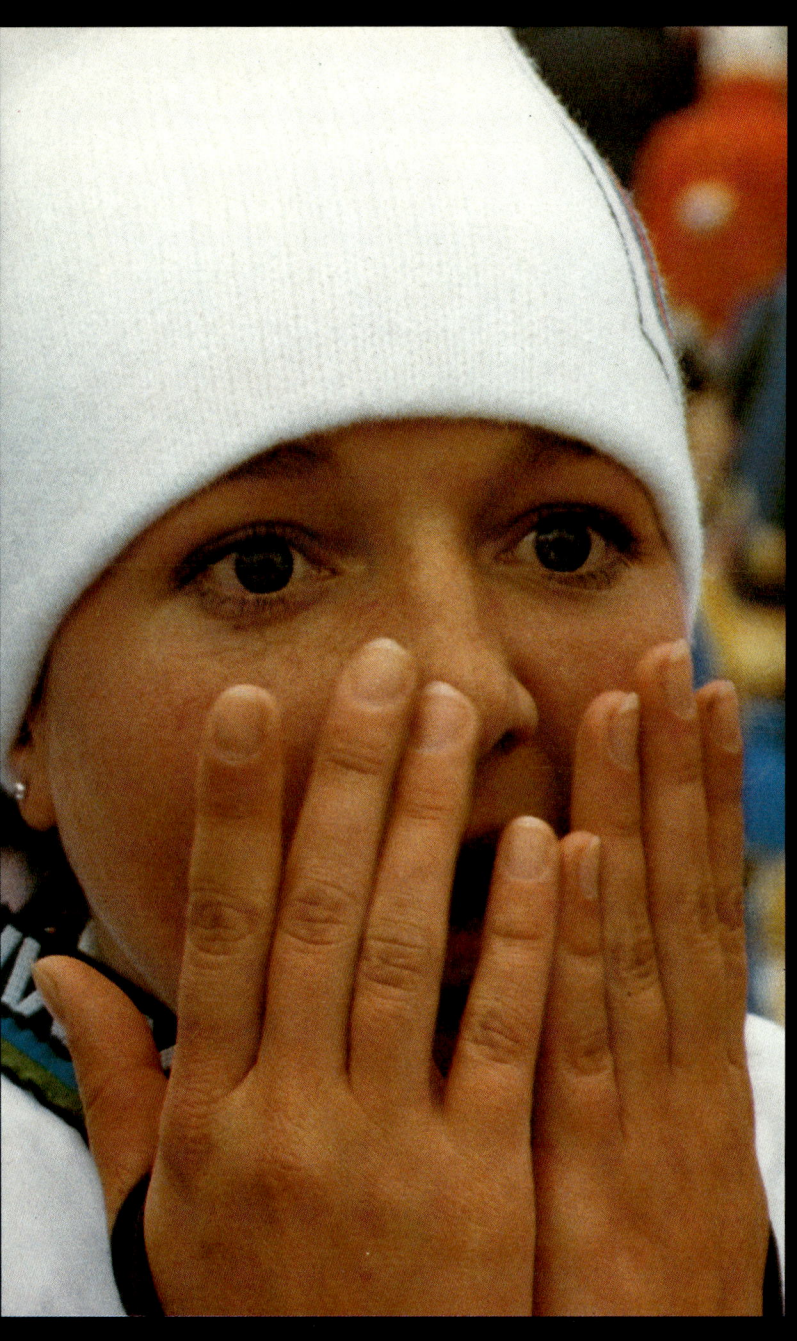

Christa Kinshofer, das blonde
Mädchen aus Miesbach in Oberbayern, kann es nicht fassen (oben):
Gerade ist die Schweizerin Sackl
gestürzt (rechts). Gespannt wartet sie
nun auf die anderen Läuferinnen.
Dann steht es endlich fest: Sie hat die
Silbermedaille im Spezialslalom
gewonnen. Elegant und mit dem notwendigen Mut zum Risiko, ohne den
man kein international besetztes Rennen
mehr gewinnen kann, hatte sie die
eng ausgeflaggten Tore umkurvt.
Im Ziel trennten sie allerdings rund
eineinhalb Sekunden von der Siegerin
Hanni Wenzel. Die Schweizerin
Erika Hess (folgende Seite)
wurde in diesem
spannenden Wettbewerb Dritte

Dokumentation

Langlauf Biathlon Nordische Kombination Sprunglauf

Bruno Moravetz:
Einsam in der Loipe
Georg Thoma:
Sie fliegen und sie laufen
Bruno Moravetz:
Wind, Wind

Von all den Läufern und Springern aus aller Welt waren für die olympischen Wettkämpfe eigentlich nur die Amerikaner mit dem neuen Element aus der Wasserleitung länger vertraut. Erst in der Woche vor dem Beginn der Winterspiele lernten sie alle diese neuen Wettkampfbahnen kennen: Abfahrtspisten und Slalomhänge, Sprungschanzen und Laufstrecken waren aus künstlichem Schnee geschaffen. Vor einem Vierteljahrhundert etwa, bei spätem Frost im kalifornischen Frühling, entdeckten Agraringenieure bei einer Panne die Schneekanonen: für die Besprühungsanlagen war aus irgendeinem Grund der Wasser- und Luftdruck zu hoch geschraubt worden, und es begann aus den Spritzdüsen auf Mandel- und Pfirsichblüten zu schneien.

Weil der Schnee nicht aus den Wolken kam...

Tüchtige Manager der Skiorte in der Sierra Nevada und in Colorado erfuhren von dem Mißgeschick, das sich ihnen zur Rettung der Skipisten bei Schneemangel anbot. Bei Frost werden nun Wasser und Luft unter hohem Druck in Düsen verwirbelt und über die Hänge geschleudert. Der Frost läßt den Wasserstaub gefrieren, auf nur wenige Sekunden währendem Flug entsteht feiner, mikrokörniger Schnee, allerdings mit geringer Kristallbildung, so daß die so hergestellte Schicht bald zu einer festen Masse zusammengebacken wird. Diese Schneeauflage hält bedeutend länger den unzähligen kratzenden Schwüngen von Skibegeisterten stand – die Skistationen, das Geschäft mit dem Skisport, die Beschäftigung der Skilehrer ist gesichert.

Als es in Lake Placid, am Whiteface Mountain, am Mount van Hoevenberg, am Intervale drei Wochen vor Beginn der Spiele immer noch nicht schneien wollte, ließen die Organisatoren nahezu hundert solcher Schneekanonen auffahren. Tag und Nacht sprühte der Schnee aus den Düsen über die Pisten, wurden riesige Schneehügel aufgetürmt, die kostbare weiße Masse ununterbrochen mit Lastwagen auf die Schanzen und Strecken gekarrt.

Schließlich fanden die Läufer und Springer, die Slalomartisten und Abfahrtsraser harte, feste Pisten und Spuren vor: doch dieser Schnee war nicht aus den Wolken gekommen, er war anders. Seine Kristalle hatten nur wenige Sekunden Zeit, um sich unvollständig, in Ansätzen zu bilden; anders als jene feinen Wunderwerke, die auch auf Lake Placid noch gelegentlich herabfielen, stundenlang durch kaum meßbaren Frost zur Erde segelnd, vielgestaltige, feine Kristalle, zart und luftig anzusetzen vermochten. Der Schnee für die olympischen Skiwettkämpfe brachte daher auch allen, den Läufern, Springern und Bergabfahrern manche Probleme.

Die Techniker der Skifabriken und die Wachsexperten probierten, experimentierten, zerbrachen sich den Kopf, bis sie der neuen Masse das eine oder andere Geheimnis entlockten. Denn der neue Laufbahnbelag bildete im nächtlichen Frost feine Kügelchen, mit wenigen scharfen Kristallen daran – und er enthielt keine Luft, wie gefallener Schnee. Die Kügelchen entpuppten sich als Schmirgelstaub, dem auch die am sorgfältigsten aufgetragenen Wachsschichten nicht lange standzuhalten vermochten; wie feine Reibeisen schmirgelte der Schnee das Wachs von den Belägen. Dazu kam gelegentlich natürlicher Schnee – ein Fleckerlteppich von unterschiedlicher Beschaffenheit ließ manchen Langstreckenläufer scheitern.

Langläufer litten Qualen

Einer der routiniertesten und erfolgreichsten Skilangstreckler, der Schwede Sven Ake Lundbäck, wurde eines der recht zahlreichen Opfer unbewältigter Schneeprobleme. Wie quälte er sich als Startläufer der schwedischen Staffel über die erste, zehn Kilometer lange Runde dieses dramatischen Rennens! Millionen sahen ihn auf den Fernsehschirmen in aller Welt – Sven Ake Lundbäcks, des Olympiasiegers und Weltmeisters vergangener Jahre, falsch gewachste Ski raubten ihm beim Kampf um das Vorwärtskommen, um das Dabeibleiben bei den immer weiter davoneilenden Konkurrenten die letzte Kraft. Ermattet, enttäuscht, zornig auch über die Unfähigkeit seiner Betreuer erreichte er den Wechselraum. Schweden, immer wieder gerade in dem auf Mannschaftsgeist, auf gemeinsame Leistung gestützten Staffellauf Sieger und Medaillengewinner, wurde geschlagen.

Auch die jungen Deutschen, ein Bayer, ein Schwarzwälder, ein Schwabe und ein Hesse, bei den

Einsam in der

Süddeutschen »der Preuße«, bezwangen die Schweden, als sie hinter den sowjetischen Laufathleten, den Norwegern und den Finnen zur Überraschung der gesamten Skisportwelt auf den vierten Platz vorstießen. Dabei hatten sie etwa dreißig Minuten lang sogar noch die Chance, eine Bronzemedaille zu gewinnen – erst sechs Minuten vor dem Ende des über zwei Stunden gehenden Rennens wurde der junge Schlußläufer, der 19jährige Jochen Behle aus Willingen in Waldeck, in Nordhessen am Südrand des Sauerlandes gelegen, von dem Riesen Juha Mieto aus Finnland doch noch eingeholt. Es war eines der dramatischsten Staffelrennen der olympischen Skisport-Geschichte, ähnlich jenem von Autrans bei den Winterspielen von 1968 in Grenoble: Damals hatte auf der letzten Strecke der Finne Eero Mäntyranta in einer atemraubenden Aufholjagd den sowjetischen Schlußläufer Wjatscheslav Wedenin eingeholt und ihm (ebenfalls kurz vor dem Ziel) noch die Bronzemedaille entrissen.

Mauerblümchen deutscher Skilanglauf

Jochen Behle aber hatte auf den Skilaufspuren, die wie ein Spinnennetz den sanft geneigten Nordabhang dieses Van-Hoevenberg-Hügels durchzogen, in den unberührten Wald aus Fichten und Birken und Eichen und Ahorn hineingeschlagen, schon im Rennen über 15 Kilometer keck und unbeschwert, fast vorwitzig, auf sich aufmerksam gemacht: er war nach einem Drittel des Rennens der Viertschnellste; als die Konkurrenz wachgerufen

wurde von den genau informierten Sprechfunkposten aus der eigenen Mannschaft und mancher den Laufrhythmus steigerte, das Tempo verstärkte, war er nach zwei Dritteln, nach zehn Kilometern, immer noch an neunter Stelle; schließlich wurde er Zwölfter, ausgepumpt nach einer Leistung, die diesen jungen Herrn Niemand in das Rampenlicht der internationalen Skilanglaufszene treten ließ.

Mancher Kritiker der insgesamt schwachen Vorstellungen deutscher Wintersportler auf dem olympischen Szenarium mokierte sich zwar darüber, daß ein zwölfter Platz mit einiger Freude registriert worden ist. Mancher Kritiker kennt nicht die unverändert heißen Bemühungen einer Schar junger Männer um Steigerung der Leistung in ihrem entbehrungsreichen Sport, in einem Sport, der in der Schaugesellschaft – genau betrachtet – ein kümmerliches Mauerblümchendasein fristet. Oder ist es gerecht, angesichts von Unsummen, die für windschlüpfige Bobschlitten einer exklusiven Eisröhrenrutscher-Gesellschaft zum Fenster hinausgeworfen wurden, die jungen Männer zur Verlängerung eines dringend notwendigen Trainings im Vorfeld der Olympischen Winterspiele einen sauer ersparten Tausend-Mark-Betrag selbst beisteuern zu lassen? Und dazu, daß die kalkulierte Gruppe um drei oder vier weitere Freunde vergrößert, die Basis des deutschen Leistungssports im Skilanglauf verbreitert wird?

Sie haben es im vorolympischen Herbst getan und keine Gazette, keine Fernsehschau hat davon Notiz genommen. So gesehen, war dieser zwölfte Rang des Jochen Behle

aus Willingen in Nordhessen (der seinen Tausender damals ebenfalls beigetragen hat) doch wohl aller Ehren wert: Schaut her, ich bin's! so stellte er sich vor – und mit seinen Freunden Peter Zipfel, Wolfgang Müller und Dieter Notz eroberte er dann auch noch den vierten Staffelplatz.

Skilaufendes Denkmal Juha Mieto

Die Wettbewerbe über 15 Kilometer und über 50 Kilometer wird so leicht niemand vergessen, dem es vergönnt war, sie im lichten Wald der Landschaft am Fuße des van-Hoevenberg-Hügels zu beobachten oder auf dem Bildschirm zu verfolgen. Da war der vor Kraft strotzende Juha Isaakii Mieto – daheim in dem Dorf Mieto bei Kurikka in Mittelfinnland –, ein skilaufendes Denkmal des letzten Jahrzehnts, wie ein Ebenbild des einstigen Skigottes Ullr durch die Spur gestürmt. An diesem Sonntag schien ihm endlich das Glück hold zu sein: nach Staffelgold vor vier Jahren wollte er nun endlich im 15-km-Lauf seine ganz eigene olympische Goldmedaille gewinnen, jene Medaille, die ihm bisher noch nicht vergönnt gewesen ist.

Viereinhalb Minuten nach ihm war der Schwede Thomas Wassberg gestartet, um sechs Jahre jünger als Mieto, ein Läufer, dem die Zukunft noch zu einem großen Teil gehören kann. Der Schwede jagte durch die Spur, wußte, daß es für ihn gegen Mieto um Sekunden, um Bruchteile vielleicht, gehen würde. Und als er dann mit langem Schritt, den Lauf mit der Kraft der Arme und langen Stockschüben noch erhö-

hend, die Lichtschranke im Ziel unterbrach, da zeigte die unbestechliche und so unmenschlich-sachliche Elektronik der Zeitnahme eine um nur eine hundertstel Sekunde kürzere Zeit des Laufes an: nach 15 000 Metern war Juha Isaakii Mieto, der nahezu zwei Meter hohe gewaltige Laufriese aus Finnland, geschlagen, um eine hundertstel Sekunde, um die Zeitspanne eines Wimpernschlags, vielleicht, um einen Augenblick.

Eine halbe goldene und eine halbe silberne Medaille

Er muß von dieser doch kaum meßbaren hundertstel Sekunde, umgelegt auf die Strecke mit 59 Millimeter etwa ein Schneeball, wie von einem Schlag getroffen gewesen sein. Doch er überwand die Bitternis, die Pein: der Riese beglückwünschte den Konkurrenten, den Jüngeren, Glücklicheren. Vielleicht teilen sie ihre Medaillen, lassen eine halbe goldene mit einer halben silbernen zusammenfügen – Olympiasieger aber ist Thomas Wassberg. Und vielleicht wird man in den zuständigen Gremien endlich die Unmenschlichkeit der hundertstel Sekunde erkennen und werten, vielleicht bestimmen, daß in Zukunft bis zu vier Hundertsteln, einem knapp halben Zehntel einer Sekunde, nur das registrierte Zehntel zählt. Schon vor acht Jahren, in der Bambuslandschaft auf der japanischen Insel Hokkaido, nahe Sapporo, war Juha Mieto um wenige Hundertstel im Kampf um die Bronzemedaille unterlegen, damals dem Norweger Ivar Formo. Im Skimarathon, der schweren Prüfung, bei zunehmender Kälte,

hatte Mieto schließlich seine letzte Chance, wohl vorbereitet, gut betreut auf der Strecke. Er lief und lief, kämpfte – und verlor wieder. Die Goldmedaille holte sich ganz überlegen Nikolaj Zimjatov, seine dritte – und Mieto blieb wieder die Silberne. Daß er sie noch gewann, schon weit zurück im Rennen, ist seinem Kampfgeist, seinem Willen zuzuschreiben. Der Riese war – trotz Medaille – der große Verlierer...

Nicht ganz so wie noch vor vier Jahren auf dem Hochplateau von Seefeld traten die sowjetischen Laufathleten in Erscheinung: zwar gewann Nikolaj Zimjatov die Goldmedaille im 30-km-Lauf und zum erstenmal für einen Sowjetläufer auch über 50 Kilometer; zwar gewannen sie auch im Staffelrennen Gold – doch über 15 Kilometer mußten sie sich bescheiden: ein Schwede, ein Finne, ein Norweger standen auf dem Podest der Medaillengewinner.

Quartett aus Oberwiesenthal

Bei weitem nicht so gut wie den Athleten aus der Sowjetunion, den Offizieren und Studenten, erging es den Läuferinnen. Für eine in nahezu einem Jahrzehnt bei Winterspielen und Weltmeisterschaften erfolgreichen Gruppe blieb nur eine von drei Goldmedaillen zu gewinnen: Raisa Smetanina wurde Olympiasiegerin im 5000-m-Lauf. Die beiden übrigen Goldmedaillen, im 10 000-m-Lauf und im Staffelrennen über 4 × 5-km holten sich die Mädchen und jungen Frauen aus dem Erzgebirge und aus Thüringen: Barbara Petzold, 24 Jahre alte Studentin der Medizin, aus

Oberwiesenthal am Fuße des Fichtelberges, der höchsten Erhebung im Erzgebirge gebürtig und dort, in einem der Leistungssportzentren des Skilaufs in der DDR zur Weltklasseläuferin gewachsen, wurde Olympiasiegerin über 10 Kilometer. Zusammen mit den beiden Zwanzigjährigen Marlies Rostock und Carola Anding sowie der wettkampferfahrenen und erfolgreichen Veronika Hesse-Schmidt schuf sie eine der so zahlreichen Überraschungen auf den Langstreckenspuren: das hervorragend vorbereitete, siegeswillige Quartett gewann Goldmedaillen, bezwang die etwas älteren Damen aus der Sowjetunion und alle Skandinavierinnen. In Oberwiesenthal ist gewiß freudig gefeiert worden...

Königliche Prüfung im Skisport

Feiern in dem Erzgebirgsort Oberwiesenthal konnten Jung und Alt auch schon einige Tage zuvor. Da war in dem wohl schwierigsten Kampf der Skisportler, in der Nordischen Kombination, dem zweifachen Wettbewerb aus Laufen und Springen zusammengewertet, der 27 Jahre alte Sportlehrer Ulrich Wehling zum drittenmal seit 1972 mit der Goldmedaille ausgezeichnet worden. Er war der beste in einer verhältnismäßig kleinen Schar von Athleten in diesem klassischen Wettkampf, den der Literat Günter Herburger, als Knabe und Jüngling gelegentlich in seiner oberschwäbischen Heimat darin geübt, eine »heterosarkastische Schizophrenie« genannt hat. Nun, der von manchen als Nonsens apostrophierte Kombinations-

60

Wettbewerb gilt als königliche Prüfung im Skisport. Und Ulrich Wehling, gegen jede gesellschaftspolitische Anschauung in seiner Heimat als Skikönig von Lake Placid ausgerufen, war der überragende, in Sprüngen und Lauf beste gleichwertige Leistungen erzielende Athlet. Er wird abtreten, nach diesem glanzvollen Sieg von der internationalen Skisportbühne.

Doch schon melden sich jüngere Athleten; einer, Uwe Dotzauer, gewann zwar keine Medaille, doch dürfte bei der bekannt sorgfältigen Übung dieser widersprüchlichen Prüfung in der DDR der am Wettkampftag 21 Jahre alt gewordene junge Mann in Wehlings Spur weiterlaufen und springen. Dagegen verblaßten die Jungmänner aus Bayern, der letztjährige Weltmeister der Junioren Hermann Weinbuch und der Dritte jenes Wettkampfes im Februar 1979, Hubert Schwarz, mit zu zaghaftem Bemühen ohne Erfolg. Es verblaßte auch der stämmige Schwarzwälder Urban Hettich, vor vier Jahren in Seefeld nach geradezu kaum erwarteter Über-Leistung noch Gewinner einer Silbermedaille. Im Sportverband der früheren Olympiasieger Georg Thoma und Franz Keller ist dieser Wettkampf, der im Kalkül der Medaillen-Bilanz erfolgshungriger Tabellentheoretiker zuvor einen festen Platz hatte, mit einem Schlag in unvorstellbare Tiefen abgerutscht. Überdenken will man die Mißernte und dennoch wohl kaum durchaus erforderliche Konsequenzen ziehen, meinen kritische Beobachter.

So alt wie das Brauchgerät Ski ist, so alt ist seine Verwendung als den Menschen zur Winterszeit behend machenden Jäger. Auf einer Steinzeichnung, wohl vor etwa 4000 Jahren gefertigt, ist die Jagd auf das Wild zur Winterszeit mit dem Gebrauch der Gleithölzer dokumentiert. Biathlon nannte man einen Sportwettkampf, bei dem ein Langstreckenlauf mit Schießen auf Scheiben verbunden ist. Biathlon wohl deshalb, weil es Pentathlon oder Dekathlon gab und gibt und weil wohl mancher Olympier dem Hellenischen sich verbunden fühlt. Doch Skijagd, Ski-Hunting, ist in letzter Zeit immer mehr ins Gespräch gekommen.

Skijagd auf eine Bronzemedaille

Skijäger im olympischen Wettbewerb – das müssen exzellente Langstreckenläufer sein und zugleich treffsichere Schützen mit dem Kleinkalibergewehr, hochtrainierte Athleten, denen es gelingt, den vom Lauf heftig gehenden Puls rasch zu senken, beim Schießen eine ruhige Hand zu haben. Die sowjetischen Athleten, mit dem seit einem Jahrzehnt überragenden Hauptmann Alexander Tichonov aus Sibirien, und die jungen, zielstrebig aufgebauten und vorbereiteten Läufer aus dem Erzgebirge und aus dem Thüringer Wald, aus den Medaillenschmieden dieses Sports in Zinnwald und in Oberhof, schienen eigentlich gekommen, die neun Medaillen (dreimal in drei Wettbewerben Gold, Silber, Bronze) sozusagen abzuholen. So war es dann auch: acht Medaillen gewannen diese beiden Mannschaften. Eine aber, die bronzene im Staffellauf über 4 × 7,5 Kilometer, holten sich die Skijäger aus Bayern und aus dem Sauerland: Franz Bernreiter, Hans Estner, Peter Angerer, der Zwanzigjährige, und Gerd Winkler liefen und schossen besser als Norweger, Finnen, Italiener, Franzosen, Österreicher. Es war ein Lohn für viel Vorbereitung, für viel Training, für guten Kampfgeist, für Zusammenhalt. Es war auch, ein bißchen, so etwas wie verspätete Anerkennung für die vor vier Jahren nur ganz knapp entgangene Bronzemedaille in Seefeld, als der Schlußläufer der DDR-Staffel beim letzten Schießen alles auf eine Karte setzte, in nur einer halben Minute (anstatt sonst etwa 50 Sekunden) die fünf Ziele traf und an dem Schlußläufer aus Bayern vorbei zum Medaillenerfolg gestürmt war. Sie freuten sich, die vier Männer, sie blieben jedoch bescheiden – und werden es auch weiter sein, wenn auch diese Leistung und der Gewinn der Bronzemedaille für manche Alibi-Erklärung in Sportführungs-Gremien herhalten müssen wird...

Bruno Moravetz

Bei drei aufeinanderfolgenden olympischen Winterspielen die Goldmedaille in einem der großen skisportlichen Wettkämpfe zu gewinnen, das ist überaus schwer: Innerhalb von acht Jahren also dreimal der Beste in einem Wettkampf zu sein im so schnellebigen Sport unserer Zeit, das ist noch keinem Athleten auf Ski gelungen. Bisher, bis zu diesen 13. Winterspielen. Da hat es einer geschafft, der vielleicht einzige Wettkämpfer des vergangenen Jahrzehnts, dem das zuzutrauen war: Ulrich Wehling aus dem Erzgebirge hat zum drittenmal nacheinander die Goldmedaille in seinem Wettkampf gewonnen. Und dieser Wettkampf ist wohl der allerschwierigste auf Schnee, vergleichbar vielleicht mit dem Zehnkampf der Leichtathleten und vielleicht mit dem modernen Fünfkampf. Denn die sogenannte Nordische Kombination, zusammengewertet an zwei aufeinanderfolgenden Tagen aus zwei völlig entgegengesetzten Sportarten – das ist der klassische Skisport-Wettbewerb, entstanden vor einem Jahrhundert in Norwegen, gepflegt durch die Jahrzehnte dieser hundert Jahre zunächst ganz besonders von den Norwegern, den Schweden, später den Finnen. Und deshalb nennen wir seit vielen Jahren, zur Ehre der einstigen Lehrmeister im Norden, den »Kombinierten Lauf« – wie sie dort sagen – die Nordische Kombination.

Ski-König Ulrich Wehling

Ulrich Wehling, der Sportlehrer aus Oberwiesenthal, der aus Halle an der Saale stammt, also aus einer Stadt, der durch die hervorragende Schulung in den Jugend-Sportschulen gegangen ist. Ulrich Wehling also hat in diesem schwierigen Wettkampf zum drittenmal die Goldene Olympia-Medaille gewonnen. Er ist damit im nordischen Skisport der eigentliche »Ski-König«, der überragende Athlet, jener Mann, der in die Skigeschichte eingehen wird als einer der ganz Großen.

Der Wettkämpfer in der Nordischen Kombination muß ein ausgezeichneter Springer sein, er muß also über Reaktionsschnelligkeit und Körpergefühl für den Flug durch die Luft verfügen, er muß aber auch von Kind an eine gute Portion an Mut, an Keckheit mitbringen. Dazu muß er, für den zweiten Teil des Wettkampfes, ein auf Ausdauer hochtrainierter Läufer sein, denn 15 Kilometer, bergauf, bergab, verlangen Zähigkeit und Organkraft, Selbstvertrauen auch und dennoch auf dem leichten Ski die notwendige Schnelligkeit und Geschicklichkeit. Das alles vereint in sich in hervorragendem Zusammenspiel dieser Ulrich Wehling, ein athletischer Typ, groß, muskelstark und dennoch elastisch, elegant in seinen Bewegungen.

Er war schon nach dem ersten Teil, dem Springen, in Führung gegangen – und das beruhigt. Ich weiß es von meinem Wettkampf, vor genau zwanzig Jahren, ebenfalls in Amerika – doch etwa 4000 Kilometer weiter westlich in der Sierra Nevada, im Tal der Indianerfrauen Squaw Valley –, wie wichtig es ist, schon aus dem Springen mit einem gewissen Vorsprung hervorzugehen. Das beruhigt, das gibt Selbstsicherheit für den zweiten Teil, für den Lauf. Denn der Skilanglauf hängt oft von soviel Unwägbarkeiten ab, von der Schneebeschaffenheit, vom richtigen Skiwachs auf den Laufflächen, so daß ein gewisser Vorsprung diese komplizierte Angelegenheit in einem besseren Licht erscheinen läßt.

Das Feld der Nordisch-Kombinierten

So war auch Ulrich Wehling in Lake Placid nach dem Springen klar der Favorit für die Gesamtwertung – und er wurde dieser Rolle mehr als gerecht: ein Olympiasieger, wie sobald wohl keiner nachrücken wird. Sein junger Landsmann Uwe Dotzauer, vielleicht jener, der ihn hätte gefährden können, lief viel zu langsam, um überhaupt noch eine Medaille gewinnen zu können. Konrad Winkler aus Wehlings Team machte die Sache perfekt, als er die Bronzemedaille eroberte. Doch beinahe war Wehling schließlich noch von einem Athleten aus Finnland gefährdet: Joukko Karjalainen lief am schnellsten von allen Kombinations-Wettkämpfern durch die 15 km lange Spur. Er war um 100 Sekunden schneller als Wehling, noch rund 18 Sekunden fehlten ihm zum Gesamtsieg. Da mußte man an Urban Hettich aus dem Schwarzwald denken, der 1976 beim olympischen Kombinations-Wettkampf in Seefeld ebenfalls einen großen Rückstand aufgeholt hat und – wie Karjalainen diesmal – noch die Silbermedaille gewann. Der damalige Überraschungsmann Urban Hettich kämpfte vergebens um ein ähnlich gutes Resultat, wie er es vor vier

Sie fliegen un

Jahren erzielt hatte: im Springen verlor er mit äußerst mäßigen Leistungen zuviel auf die Besten: er kam nur auf den 23. Platz und hätte, um an Wehling heranzureichen, um nahezu sechs Minuten schneller sein müssen. Aber ein solcher Rückstand ist doch nicht aufzuholen. Der Junior Hubert Schwarz aus Oberaudorf war nach dem Springen Dritter, doch er verlor im Lauf zuviel an Boden – er wurde Neunter in der Gesamtwertung.

Etwas betrübt mögen die Amerikaner gewesen sein. Uninformiert, vielleicht auch absichtlich im Unklaren belassen an der Sprungschanze, feierten sie Walter Malmquist nach dem Kombinations-Springen als Gewinner einer Silbermedaille. Im Triumphzug trugen sie ihn auf den Schultern von der Schanze davon, nicht wissend, daß es für die Einzel-Wettbewerbe in der nordischen Kombination keine Medaillen gibt. Die Ernüchterung muß recht groß gewesen sein, als dann am nächsten Tag, nach dem Lauf, auch für den Amerikaner Walter Malmquist das Resultat feststand. Er war im 15-km-Lauf um mehr als fünf Minuten langsamer als der Finne Karjalainen und erreichte in der Gesamtwertung den 12. Platz.

Ende einer Epoche

Ulrich Wehling wird nun nicht mehr in bedeutenden internationalen Wettbewerben antreten. Er beendet damit eine Epoche dieses Bereichs im nordischen Skisport, eine Epoche, die von ihm geprägt war: 1972, 1976 und jetzt, 1980, ist er Olympiasieger geworden, dazu 1974 Weltmeister und 1978 Dritter der Weltmeisterschaften – das hat es nicht gegeben zuvor. Wer weiß, wer sein Nachfolger werden wird, 1982 bei den nächsten Weltmeisterschaften? Vielleicht Uwe Dotzauer, der eine mögliche Medaille mit einem nicht überzeugenden Lauf verschenkte?

Juha Mieto
der große Verlierer

Nur eine hundertstel Sekunde nach 15 000 Metern – wie brutal ist eine solche Entscheidung, wie fast unmenschlich! Da ist der riesige Juha Mieto aus Finnland, der 4½ Minuten vor Thomas Wassberg zu dem einsamen Rennen startete, dem jungen Schweden davonrennen wollte – und schließlich wurde er um dieses Hundertstel einer Sekunde geschlagen, bekam er die Silbermedaille. Man sollte doch bei solch knappen Entscheidungen, sagen wir bis zu fünf Hundertsteln einer Sekunde, den beiden besten Läufern eine Goldmedaille geben. Welch winzige Unwägbarkeit mag da mitgespielt haben? War es vielleicht doch jene Szene auf der Strecke, als ein wesentlich langsamerer Läufer, einige Zeit vor Mieto gestartet und von diesem bald eingeholt, eine Weile die Spur nicht freigab (wie es eigentlich sein muß, wenn einer ruft und vorbeiwill!)? Mieto mußte jedenfalls die Spur wechseln, hinüberscheren in die parallelverlaufende zweite Spur – das kann dann durchaus mehr als eine hundertstel Sekunde ausmachen. Jedenfalls wurde Thomas Wassberg, der stille, nachdenkliche junge Mann aus Schweden, Sieger in diesem so dramatischen 15-km-Rennen.

Für die Deutschen war dieser Wettbewerb besonders spannend, ob sie ihn im Gelände am Fuße des van Hoevenberg-Hügels, außerhalb von Lake Placid, verfolgten oder daheim auf dem Bildschirm zu sehen bekamen. Ein 19jähriger aus Nordhessen, aus Willingen im Waldeckschen, schuf als »Geisterläufer« diese Spannung: Jochen Behle war nach 5 Kilometern Viertschnellster, nach 10 noch Neunter, um schließlich in seinem so eindrucksvollen ersten Auftreten auf der internationalen Langlauf-Szene den 12. Platz zu erobern – eine bewundernswert gute Leistung des kessen Jungen. 12 Kilometer weit rannte der sowjetische Meisterläufer Nikolaj Zimjatow, Olympiasieger zuvor über 30 Kilometer, dem jungen Behle hinterher, ehe er ihm den Startvorsprung von 30 Sekunden abgejagt hatte. Behle schockte die Konkurrenz, kaum einer in der bunten Schar der Trainer, Betreuer und auch der Läufer, der den Jungen vorher gekannt oder zur Kenntnis genommen hätte. Sie werden sich den Namen wohl merken müssen, wenn er mit dem gleichen Eifer wie bisher dabeibleibt. Auch im Staffelrennen über 4 × 10 Kilometer wurde Behle beachtet. Nachdem Peter Zipfel, Wolfgang Müller und Dieter Notz grandiose Rennen geliefert hatten, war Behle – an dritter Stelle gestartet – dem Riesen Mieto ausgeliefert. Mieto siegte im Kampf um die Bronzemedaille – doch das Quartett aus der Bundesrepublik Deutschland kam auf den vierten Platz.

Georg Thoma

63

sie laufen

Es war der Wind, der sie alle so sehr störte, der Wind, oft böig heftig, manchmal auch nur leicht wehend; immer aber unberechenbar um die hohen Anlauftürme, die beiden Schanzentische auf der Höhe des Intervale-Hügels wie im Ringelreihen sich drehend. Da packte er die kecken Burschen an, rücklings, tückisch, wenn sie wegsprangen, drückte sie herab; patschte ihnen beim nächstenmal plötzlich von vorn ins Gesicht, die Ski an den Füßen entgegenschlagend. Oder er verhielt sich sammelnd wieder zu einem hinterlistigen Streich, im Wald, ohne jede Regung, ein Luftloch lassend über dem Hügel, durch das sie hinabsackten, nur noch ausgeliefert der Schwerkraft.

Nur einer könne Sieger werden, dem die Nerven nicht versagten, im Warten auf die kleine Pause des blasenden Windes, im Lauern auf den Beginn neuen Entgegenwehens, meinte der so sehr erfahrene Trainer erfolgreicher schweizerischer Skispringer, der Deutsche Ewald Roscher.

Glückloser Jöggu

Vor acht Jahren war sein damaliger Musterschüler Walter Steiner beim Olympiaspringen von Sapporo, dem Wind ein Opfer, nur äußerst knapp an den Gewinn der Goldmedaille hingesprungen; nun sollte, diesem Walter Steiner ähnlich, etwas kleiner an Statur, wieder ein Schweizer, Hansjörg Sumi, nach der Goldmedaille greifen. Jöggu, wie sie ihn nennen von Kindesbeinen an, was er auch in Lettern auf dem Schutzhelm deutlich lesbar zu stehen hat, flog im ersten von zwei Siegesversuchen am weitesten und war somit auf dem Weg zum Olympiasieg.

Doch beim zweitenmal hatte sich der Wind verkrochen; Sumi wartete am Ablauf auf die Gelegenheit, noch einmal entgegenwehende Brise zu finden, getragen zu werden. Gedrängt vom Starter zögerte er, schob sich dann aber doch wohl zu bald in die steile Anfahrtsspur – und fiel, die Schwerkraft ohne Luftpolster nicht überwinden, ihre Wirkung nicht hinauszögern könnend in die Tiefe: der zweite Sprung mißlang, es fehlten um die 15 Meter an Weite – Sumi rutschte von der Spitze an die siebente Stelle. Der Schweizer Skispringer Hoffnung auf die endliche Goldmedaille, jahrelang angestrebt, erarbeitet, war wieder zunichte gemacht.

Skispringtalent des Jahrzehnts

Viele Tüchtige hatten sich empfohlen für die Siege auf den beiden Sprungschanzen. Seit zwei Jahrzehnten, nahezu, kann zweimal um Gold gesprungen werden: auf der Großen Schanze, die am Intervale Hansjörg Sumi, zunächst, danach den neuen Olympiasieger Joukko Törmänen auf 117 Meter, die Rekordweite nun, hinabtrug; auf der kleineren, der Normalschanze, die von Anton Innauer aus Österreich, dem Skisprungtalent des Jahrzehnts, alle anderen Konkurrenten deutlich überragend, gemeistert worden ist. Ziemlich genau an gleicher Stelle landete der Vorarlberger, Musterschüler des Meistertrainers Baldur Preiml, bei seinen beiden Sprüngen: 89 Meter zum ersten, 90 Meter zum zweiten und nach der Silbermedaille, die er auf dem Berg Isel über Innsbruck vier Jahre zuvor gewonnen hat, kam nun die Goldene als verdienter, erarbeiteter Lohn. Zur Stunde des Wettkampfes war er wieder, nach langer Zeit des Schmerzes von Verletzungen und Niederlagen, nur dem Ziel des Sieges hingegeben.

Sturz ins Unbeachtetsein

Verweht vom Wind, zerbrochen in der Hoffnung, wankelmütig, schien der in sich verkapselte Allgäuer Peter Leitner, ohne Öffnung zum Trainer, seinen Sport verlernt, Gekonntes verloren zu haben. Und auch die auf Sieg und Erfolg zuvor eingestellten Athleten aus den Kadern von Armee und Polizei in Thüringen und im Erzgebirge wurden zu einer erschreckend verschreckten Schar von Niemanden. Selbst die Silbermedaille des Manfred Deckert, geteilt mit dem Japaner Yagi auf der Normalschanze, täuscht nicht hinweg über einen tiefen Sturz ins Unbeachtetsein; Köpfe dürften danach verschwinden aus der Führungsspitze...

In einer Skihütte aber werden die langen, buntbemalten Flugkörper des Olympiasiegers Joukko Törmänen zur weiteren Erinnerung aufbewahrt: am Polarkreis, bei Rovaniemi, sind dort schon die Sprungski des Olympiasiegers Antti Hyvärinen und des einstigen Weltrekord-Skifliegers Tauno Luiro an der Wand aus roh behauenen Birkenstämmen befestigt. Schaut her, damit haben sie gesiegt...

Bruno Moravetz

Wind, Wind

Der einst als Wunderknabe gefeierte Toni Innauer aus Österreich
(rechts) gewann auf der 70-Meter-Schanze von Lake Placid
die Goldmedaille. Mit Weiten von 89 und 90 Metern behauptete
sich der Skiflugweltrekordler in dem Lotteriespiel, zu dem der
Wettbewerb auf Grund des böigen Windes wurde.
Gut plaziert endeten auch der Japaner Hirokazu Yagi, der
gemeinsam mit Manfred Deckert (GDR) die Silbermedaille gewann,
und sein Landsmann Masahiro Akimoto, der noch vor dem
Finnen Kokkonen und dem zweiten Österreicher Neuper
den vierten Platz belegte.
Auf der Großschanze rechtfertigte Österreichs Springerteam
den Ruf der großen Wintersport-Nation: Hubert Neuper gewann
(vorhergehende Seite) die Silbermedaille, Anton Innauer und
Armin Kogler landeten auf den Plätzen vier und fünf

In den Biathlon-Wettbewerben über 20 km dominierten eindeutig die Sportler aus dem Ostblock. Zwar konnten viele Aktive aus der Bundesrepublik, Österreich und der Schweiz mit ihren Langlauf-Leistungen überzeugen. Aber beim Biathlon kommt es auch und gerade auf die Ergebnisse im Schießen an. Hier hatten die anderen eine ruhigere Hand und unsere Athleten schossen meist daneben, obwohl im Training alles gut gegangen war. Es gewann der Russe Aljabjev (rechts) vor dem Ostdeutschen Frank Ullrich (unten).
Einen sensationellen Erfolg verbuchte die deutsche Mannschaft in der 4 x 7,5-km-Biathlon-Staffel. Nach einem mitreißenden Finish erkämpfte sie den dritten Platz.
In der Nordischen Kombination, dem klassischen Skisport-Wettbewerb, wurde Ulrich Wehling (GDR) zum dritten Mal hintereinander Olympiasieger.
Karl Lustenberger (SUI, rechts außen) belegte den 6. Platz

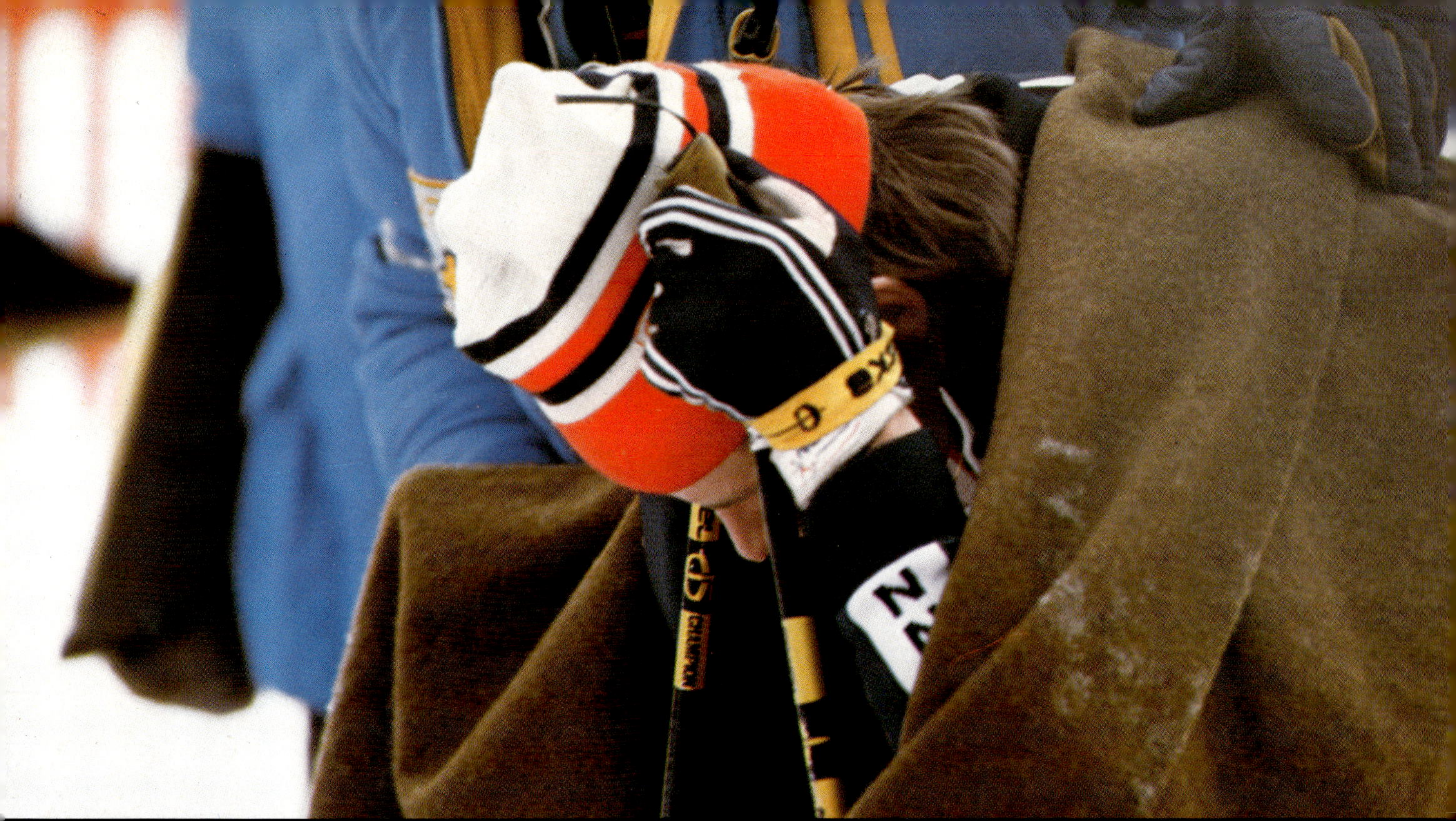

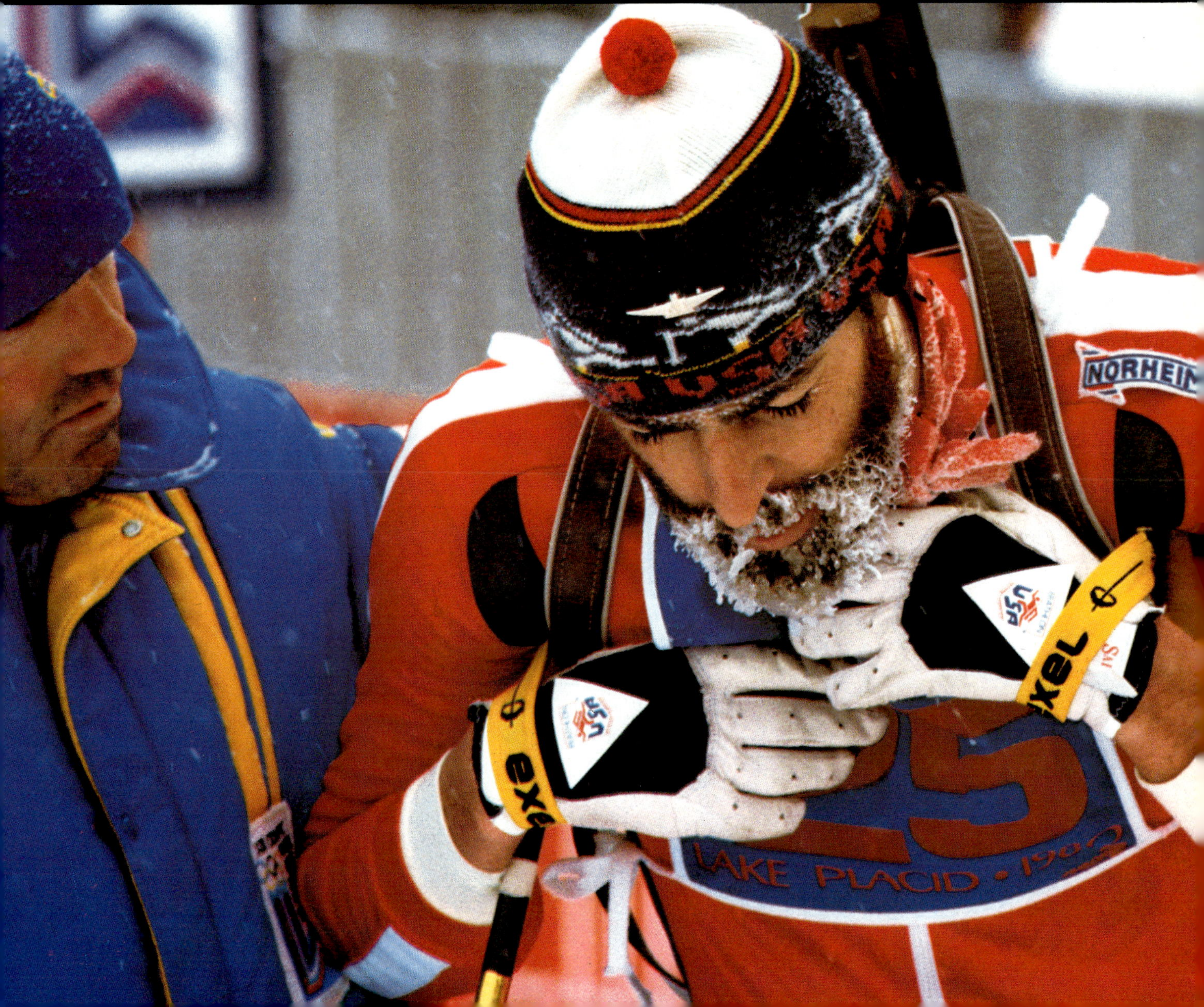
NORHEIM
25
LAKE PLACID

Der große Star in der Loipe war der Sowjetrusse Nikolaj Zimjatow. Er siegte über 30 und 50 km sowie mit der 4 x 10-km-Staffel. Beim 15-km-»Sprint« belegte er allerdings nur den »undankbaren« 4. Platz (unten rechts) vor seinem Landsmann Beljajew, der im 30-km-Lauf Elfter wurde (unten). In dieser Disziplin mußten sich die traditionell starken Skandinavier mit hinteren Plätzen zufriedengeben. Der Schwede Sven Ake Lundbäck (rechts außen), Olympiasieger und Weltmeister vergangener Jahre, wurde 17. hinter dem Norweger Per Knud Aaland (rechts). Nach den böigen Winden beim ersten Springen auf der Normalschanze, herrschte sechs Tage später auf der Großen Schanze zeitweise völlige Flaute. Der Schweizer Hansjörg Sumi, nach dem ersten Sprung der Gold-medaille nahe, wartete zwar im zweiten Sprung auf ein den Aufsprunghügel hinanstreichendes Lüftchen, doch in der unbewegten Luft sackte er zu bald ab und erreichte nicht die für eine Medaille benötigte Weite. Der seine Chance rigoros mit viel Können nutzende Finne Joukko Törmänen (folgende Seite) wurde Olympiasieger

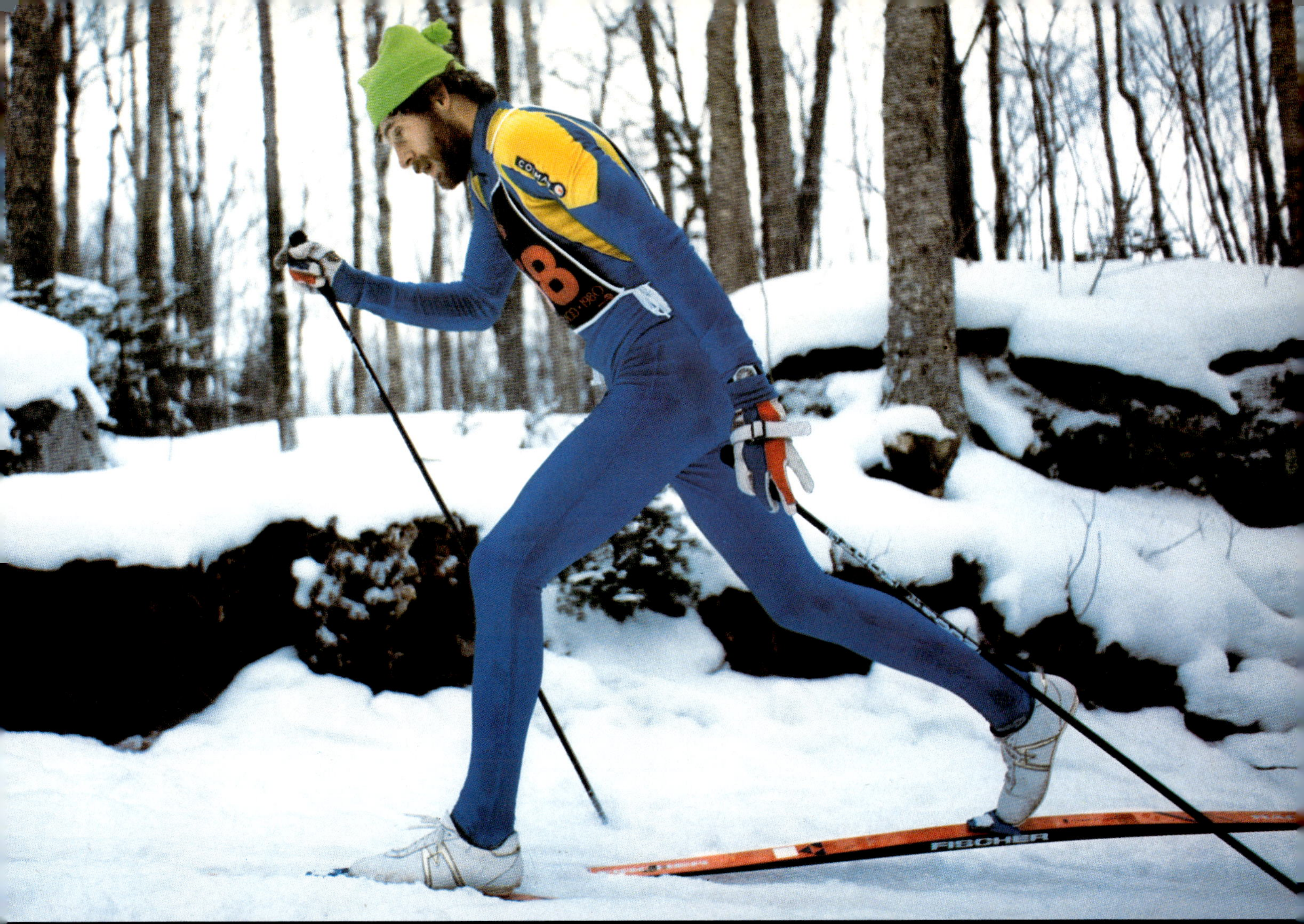
FISCHER

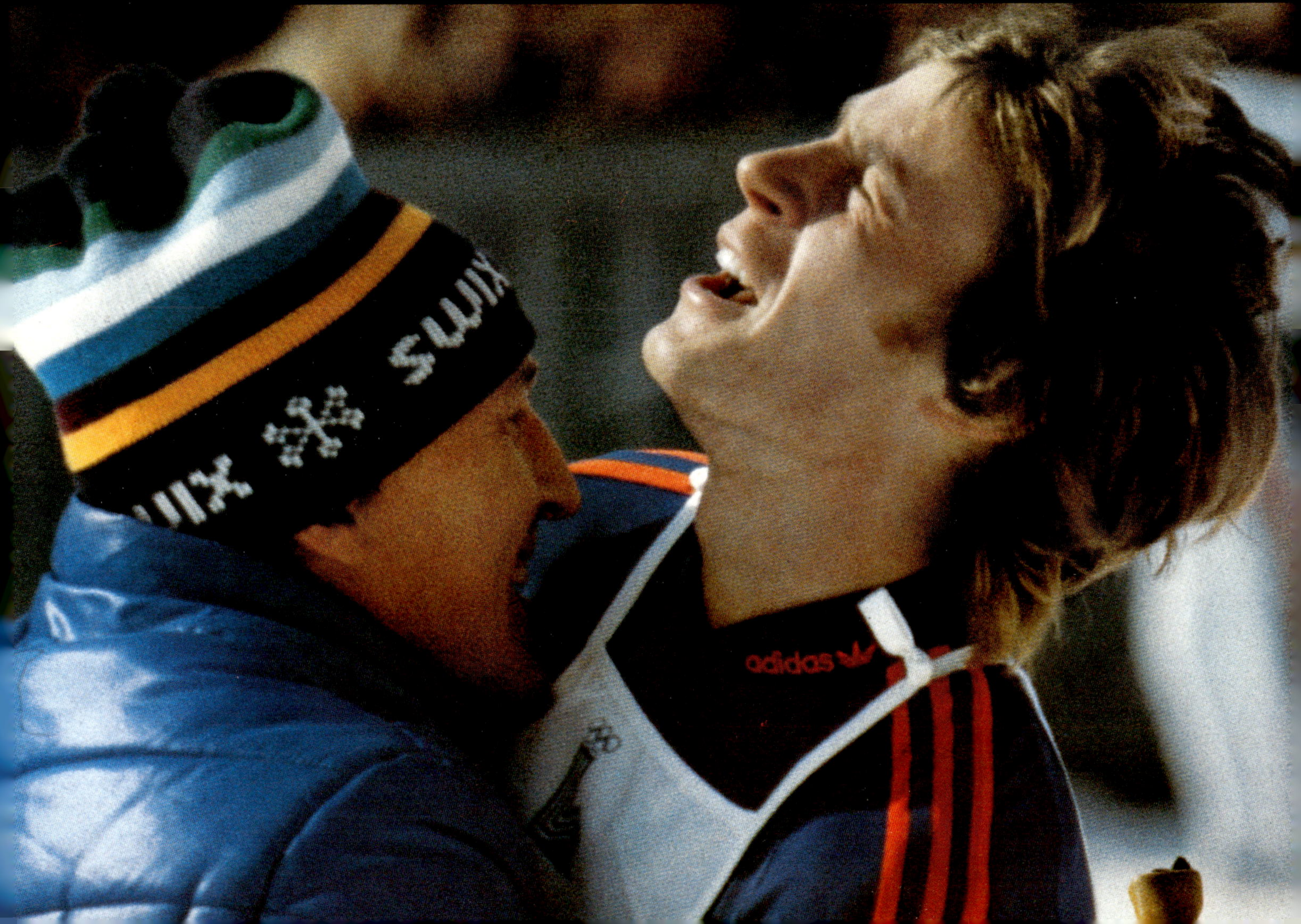
SWIX
adidas

Dokumentation
Bob
Rodel

Manfred Blödorn:
Formel I im Eiskanal
Erich Schärer/Josef Benz/Bernard Thurnheer:
Tollkühn

Die zahlenmäßig kleine Zunft der Bobfahrer und Rodler sorgte schon vor den Wettbewerben am Mount van Hoevenberg für die größten Schlagzeilen in der internationalen Presse. Bereits im Vorfeld der Olympischen Winterspiele tischten sie der Öffentlichkeit die ganze Bandbreite jener Probleme auf, die im Spitzensport mittlerweile längst zum Alltag gehören.

Neue Materialien und technische Weiterentwicklungen verunsicherten die Konkurrenz. Stürze und schwere Verletzungen im Training und im Wettkampf wiesen auf die Gefährlichkeit dieser Sportarten hin.

Favoritenstürze

Wer im Konzert der Weltbesten die erste Geige spielen will, darf den Griff in die Trickkiste des modernen Gladiatorentums nicht scheuen. Erlaubt ist alles, was unentdeckt bleibt oder geschickt vertuscht werden kann. So ist es nun mal – auch und gerade in den Eisröhren der Tempojäger auf und in ihren ratternden Hochgeschwindigkeitsgeschossen aus den Laboratorien der Aerodynamiker.

»Hier gewinnt nur der, der viermal sicher durchkommt«, prophezeite nach den zahlreichen Trainingsstürzen der DDR-Rodler Hans Rinn. Der erfolgreichste Athlet im Ein- und Doppelsitzer der letzten Jahre wurde selbst ein Opfer seiner eigenen Prognose. Der 1014 Meter lange Eiskanal stellte mit seinen 14 Kurven bei einer Maximalgeschwindigkeit von über 120 Kilometern in der Stunde höchste Anforderungen an das fahrerische Können sowie an die physische und psychische Belastbarkeit.

Gleich im ersten Lauf, einem Nachtrennen, erwischte es den Europameister Karl Brunner aus Italien. Nur gut 30 Sekunden dauerte die Jagd des Südtirolers auf den vorgelegten Bahnrekord des Goldmedaillen-Verteidigers Dettlef Günther aus der DDR, dann riß es ihn zweimal vom Rodel. Mit 43,199 Sekunden hatte der Olympiasieger von Innsbruck in seinem ersten Wettkampf nach einem Beinbruch während des Sommertrainings 1979 den Gegnern den Schneid abgekauft und sich souverän an die Spitze der nun noch verbliebenen 29 Fahrer gesetzt. Schon im zweiten Durchgang mußte sein Mannschaftskamerad Hans Rinn alles wagen, um noch in die Medaillenränge zu kommen. Sein Vorhaben scheiterte an fast der gleichen Stelle wie bei Karl Brunner.

Mit einem Vorsprung von über einer halben Sekunde vor dem Italiener Ernst Haspinger ging Dettlef Günther in die dritte Runde. Eine Rodelwelt trennte ihn von seinen Verfolgern, und trotzdem fuhr er wie von Angst verfolgt zu Tal. In der Zielkurve rutschte er von seinem Rennschlitten, verlor über drei Sekunden und fiel auf den neunten Rang zurück. An der Spitze lagen nun die sicher und verhalten fahrenden Athleten: Ernst Haspinger (Italien), Bernhard Glass (DDR) und Paul Hildgartner (Italien). Dahinter Anton Winkler aus Berchtesgaden, der von den Stürzen seiner Konkurrenten profitierte und sich vom siebten auf den vierten Rang vorschob.

Ruhig und besonnen absolvierte Bernhard Glass auch seinen letzten Lauf. Dann ging er wieder hinauf an den Start und schüchterte Ernst Haspinger ein: »Ich bin soeben Olympiasieger geworden. Jetzt schaue ich mir an, wie du auf die Schnauze fällst!« Der Südtiroler schwang sich als vorletzter Starter in die Eisröhre von Lake Placid, korrigierte laufend seinen Schlitten und schaffte es nicht einmal bis in die Omegakurve. 150 Meter vor dem Olympiasieg endete der Traum vom Gold – der fünfte Favorit begrub seine Hoffnungen auf dem vereisten Boden einer tückischen Olympiastrecke. »Freuen mußt du dich. Wer nicht fahren kann, der kann auch nicht gewinnen«, sagte Bernhard Glass zu Anton Winkler, der so überraschend hinter Paul Hildgartner noch die Bronzemedaille gewann.

Gleichklang von Harmonie und Fahrkunst

Bei den Doppelsitzern wiederholten Hans Rinn und Norbert Hahn aus der DDR ihren Erfolg von Innsbruck. Schon im ersten der beiden angesetzten Rennen rodelten sie mit 39,303 Sekunden die absolut beste Zeit aller Starter und demonstrierten auf perfekte Art und Weise den erfolgreichen Gleichklang von Harmonie und Fahrkunst in dieser Sportdisziplin. Die Italiener sicherten sich mit Peter Gschnitzer und dem Einer-Pechvogel Karl Brunner wiederum die Silbermedaille vor den Österreichern Georg Fluckinger und Karl Schrott. Anton Winkler/Anton Wembacher (Berchtesgaden) und die Zweiten von 1976, Hans Brandner/Balthasar Schwarm (Berchtesgaden/Ro-

Formel I im Eis

senheim), kamen als sechste und siebte Mannschaft ins Ziel.

Bis auf die Österreicherin Angelika Schafferer blieb der Einsitzer-Wettbewerb der Frauen von Stürzen verschont. Aber auch Dramatik und Spannung – wie bei den Männern – wollte nicht aufkommen. Zu überlegen und zu sicher brachte die Lettin Vera Sosulja ihren Schlitten in allen vier Rennen auf die Ideallinie, erzielte in jedem Lauf die Bestzeit und lag am Ende mit einem Vorsprung von 1,12 Sekunden vor der Welt- und Europameisterin Melitta Sollmann aus der DDR. Zum erstenmal in der olympischen Geschichte des Rennschlittensports ging die Goldmedaille an einen Sportler aus dem nicht-deutschen Sprachraum. Ingrida Amantowa bestätigte mit dem dritten Rang, daß die Aktiven aus der Sowjetunion den internationalen Anschluß in dieser Sportart gefunden haben.

Ein Fehler am Start des ersten Rennens brachte die Vizeweltmeisterin Elisabeth Demleitner aus Schlehdorf um die mögliche Silbermedaille. »Das Nachfassen mit der Hand beim Abstoßen und der anschließende Fahrfehler kosteten zwei Zehntelsekunden«, rechnete die Architektin vor. So konnte sie sich trotz guter Zeiten nur vom sechsten auf den undankbaren vierten Platz vorschieben.

Die drückende Übermacht der weiblichen und männlichen Sportsoldaten der DDR aus Oberhof und Oberwiesenthal scheint nach den Ergebnissen von Lake Placid dahin. 1972 gewannen sie in Sapporo acht von neun möglichen Medaillen, vier Jahre später in Innsbruck immerhin noch fünf. Am Mount van Hoevenberg blieben nur zweimal Gold und einmal Bronze.

Ein entmutigter Scherbenhaufen

Der Nervenkrieg um olympisches Gold in den Bob-Disziplinen spaltete vor allem das Lager der Fahrer aus der Bundesrepublik. Ein von den Ingenieuren der Opel-Werke für rund eine Million Mark völlig neu konstruierter Bob erwies sich zunächst als Wunderfahrzeug, dann als Bumerang. Bis auf den Piloten Anton Mangold bekam niemand dieses Geschoß so recht in den Griff. Und ausgerechnet er wurde bei den Qualifikationsrennen von Kollegen und Funktionären ausgebootet – weil die Chancengleichheit nicht mehr gegeben war. Als dann mit Stefan Gaisreiter am 26. Januar bei den Zweierbob-Europameisterschaften in St. Moritz einer der ganz großen Medaillen-Anwärter fast zu Tode stürzte und seinen Rücktritt erklärte, trat nur noch ein entmutigter »Scherbenhaufen« die Reise in die USA an.

Über 60 Trainingsstürze zeigten dort auf der »schnellsten Bobmeile der Welt« die Gefährlichkeit dieser Sportart auf. Am Ende ging gottlob noch einmal alles gut – bis auf zwei Unfälle bei den Viererbobs. Erich Schärer aus der Schweiz gegen die Roboter-Piloten aus der DDR, der Tüftler und Bastler gegen die Staatsamateure und Olympiasieger von 1976: das war die Ausgangsposition am Start des 1557 Meter langen Eiskanals mit seinen 16 Kurven, der Geschwindigkeiten bis zu 150 Stundenkilometern zuläßt.

Im Zweierbob setzten sich der fünf- malige Weltmeister Schärer und sein Bremser Josef Benz noch mit deutlichem Vorsprung an die Spitze und verwiesen Germeshausen/Gerhardt sowie die alten Olympiasieger Nehmer/Musiol auf die Plätze.

In der Viererbob-Konkurrenz aber mußte sich der begüterte Immobilienkaufmann aus Zürich der geballten Kraft dieser zu einer Mannschaft geformten DDR-Truppe beugen. Erst im letzten Lauf gelang es Erich Schärer, sich am zweiten DDR-Bob mit Horst Schönau an den Steuerseilen vorbeizuschieben und die Silbermedaille zu gewinnen.

Gaisreiter-Ersatz Peter Hell und Bremser Heinz Busche und die Opel-Fahrer Georg Großmann und Alexander Wernsdorfer hielten sich dezent im Hintergrund. Der achte und der zwölfte Platz überzeugte Bundestrainer Wolfgang Zimmerer von der Wahrheit: »Wir haben ganz einfach versagt!« Großmann, der sein Gefährt nie beherrschte und in der schwierigen Zick-Zack-Kurve zweimal fast aus der Bahn getragen wurde, zog daraufhin seine Nominierung für den Viererbob zurück. Peter Hell auf dem siebten und Alois Schnorbus auf dem zehnten Rang vollendeten das Debakel der Deutschen. Der sportliche Tiefpunkt dieses Verbandes ist erreicht. Ob es wieder einen Weg nach oben gibt, muß bei amateurhaft wirkenden Trainern und Funktionären bezweifelt werden. Mit Hoffnungen allein ist noch niemand Olympiasieger geworden.

Manfred Blödorn

rich Schärer, ein souveräner Sieg im Olympischen Zweierbob-Wettbewerb. Hatten Sie tatsächlich keine Probleme?

Schärer: Doch! Im zweiten der vier Läufe, in dem wir ja auch nicht die beste Zeit fuhren, klappte es gar nicht wunschgemäß. Zum Glück konnten wir die 0,43 Sekunden in den zweiten Tag retten, das war doch eine große Beruhigung.

Thurnheer: Konnten Sie also gut schlafen zwischen den beiden Wettkampftagen?

Schärer: Selbstverständlich! Vor fünf Jahren hätte ich vielleicht noch Beruhigungsmittel gebraucht, aber solcherlei Probleme kenne ich eigentlich schon lange nicht mehr. Was soll man sich denn da selbst noch nervös machen, das schadet ja nur, und der nächste Tag kommt so oder so.

Thurnheer: Sorgen hätten Sie sich wohl auch eher vor Beginn der Olympischen Spiele machen müssen, als Sie sowohl bei den Schweizer- wie auch bei den Europameisterschaften geschlagen wurden.

Präzise Steuerbewegungen

Schärer: Mein Ziel waren einzig die Olympischen Spiele, waren gute Zeiten auf dem Bobrun am Mount van Hoevenberg in Lake Placid. Allein darauf habe ich meine ganze Saison eingerichtet, für diesen Wettkampf war ich ausschließlich motiviert, die Niederlagen vorher haben mich überhaupt nicht gestört, die Bahn hier stellte ja auch ganz andere Probleme.

Thurnheer: Welche Probleme meinen Sie?

Schärer: In Sankt Moritz zum Beispiel sind die Kurven voll ausgebaut und rund und rhythmisch zu fahren. Hier jedoch ist die Bahn viel schneller, viele Richtungsänderungen sind nur angedeutet, und dies erfordert präzise, schnelle Steuerbewegungen.

Thurnheer: So präzis waren sie, daß Sie, Sepp Benz, es sich als Bremser erlauben konnten, im vierten Lauf noch vor der Zielkurve die Hand zum Zeichen des Sieges in die Luft zu strecken...

Benz: Wir hatten ja nach dem dritten Lauf schon über eine Sekunde Vorsprung, und ich nahm mir schon am Morgen vor, dies bei einer guten vierten Fahrt zu tun. Erich erwischte wieder alle heiklen Stellen vortrefflich, und so wußte ich nach Kurve fünfzehn, daß wir den Olympiasieg in der Tasche hatten. Die Amerikaner sind schließlich die Nummer eins im Showbusiness, die sehen doch so etwas gerne.

Thurnheer: Und Sie Erich Schärer, sahen Sie das auch gerne?

Schärer: Ich habe es gar nicht bemerkt. Aber die Fahrt verlief so einwandfrei, daß dies natürlich auch dem Sepp nicht verborgen bleiben konnte.

Thurnheer: Also kein leichtsinniges Risiko?

Benz: Ich hatte schon das Gefühl, daß es den Schlitten leicht ins Schleudern gebracht hat, aber ich hatte die Hand ja schnell wieder unten, und mehr als eine unwesentliche Touche an der Seitenbande konnte deswegen ohnehin nicht passieren.

Thurnheer: Knallen jetzt, am Abend Ihres Triumphes, die Champagnerpfropfen?

Schärer: Nein! Morgen früh um neun Uhr beginnt das Viererbob-Training. Auch in diesem Rennen haben wir uns gewisse Ziele gesetzt...

Pakete und Geld

Thurnheer: Heißt das mit andern Worten: Kein Tropfen Alkohol?

Benz: Ich habe zwei Büchsen Bier getrunken, damit Sie bei der Doping-Kontrolle endlich bekamen, was sie wollten...

Thurnheer: Und was bekommen Sie für diesen Olympia-Sieg zum Beispiel von Ihrem Arbeitgeber, der Schweizer Post, für die Sie ja täglich in Zürich Pakete und Geld austragen?

Benz: Pakete und Geld. Aber nicht für mich, sondern zum Austragen. Sicher werde ich als Olympiasieger auf noch mehr Verständnis stoßen, wenn es darum geht, einmal einen zusätzlichen freien Tag fürs Training zu erhalten. Im übrigen werde ich für meine Tour in den ersten Tagen nach meiner Rückkehr wohl doppelt so viel Zeit benötigen wie sonst. Das war schon nach früheren Olympia-Medaillengewinnen und Weltmeisterschaftstiteln so. Plötzlich reden die Leute gern und lang mit ihrem Briefträger...

Josef Benz / Erich Schärer
Bernard Thurnheer

Tollkühn

Auf der schwierigen Rodelbahn am
Mount van Hoevenberg setzten die
DDR-Rodler ihre internationale Erfolgsserie
fort. Sie teilten sich die Medaillen lediglich
mit den Fahrern aus der UdSSR und Italien.
Eine Bronzemedaille gewann der
Berchtesgadener Anton Winkler im Einsitzer.
Er profitierte allerdings vom Sturz des
Südtirolers Ernst Haspinger, dem vor dem
letzten Lauf die Goldmedaille sicher schien.
Im Doppelsitzer sorgten die Österreicher
Fluckinger/Schrott für eine faustdicke
Überraschung. Sie vereitelten zusammen
mit ihren italienischen Konkurrenten
Gschnitzer/Brunner einen DDR-Doppelsieg.
Bei den Damen konnte die kleine Russin
Vera Sosulja in die Phalanx der DDR-
Rodlerinnen einbrechen und die
Goldmedaille erringen

Vor allem das Fahrerlager aus der Bundesrepublik litt unter dem Nervenkrieg der Bobfahrer. Ein von den Ingenieuren der Opel-Werke für fast eine Million Mark neu entwickelter Zweier-Bob erwies sich als vollkommener Fehlschlag. Das Duo Grossmann/Wernsdörfer kam mit der völlig neuartigen Technik nicht zurecht und landete abgeschlagen auf einem der hinteren Plätze (rechts). Hans Hiltebrand und Walter Rahm (oben) konnten mit ihrem Bob Schweiz I gegen ihre Landsleute Schärer/Benz und die DDR-Fahrer Nehmer/Musiol (links) nichts ausrichten. Sie erreichten einen ehrenvollen vierten Platz

Gleichmäßig wie ein Uhrwerk holten Schärer/Benz (links) im schwierig zu fahrenden Eiskanal von Lake Placid in allen vier Läufen die besten Zeiten im Zweierbob heraus, obwohl Erich Schärer nicht der beste Starter ist (links außen). Mit ihm gewann einer der erfahrensten Piloten endlich die langersehnte Goldmedaille – was ausgiebig gefeiert wurde (oben).
Auch im Viererbob war Erich Schärer erfolgreich. Mit zwei glänzenden letzten Läufen konnte er einen Doppelerfolg der DDR-Bobs verhindern. Hinter Meinhard Nehmer belegte er den zweiten Platz (folgende Seite)

Dokumentation
Eishockey

Stehend brachten in der randvollen Eishockey-Halle von Lake Placid die Zuschauer Ovationen, »Standing Ovation«, nennt man das in den USA. Soeben hatte der Amerikaner Eruzione mit einem satten Schlagschuß das Siegtor über die UdSSR - Eishockey - Stars erzielt. Mit viel Geschick und noch mehr Kampfgeist hatten die Boys aus Minnesota ihren knappen Vorsprung verteidigt. Dieser Sieg war mehr als eine Eishockey-Sensation. Er war zugleich eine Abrechnung. Die Politik hatte den Puck fest im Griff.

Erinnerungen an Nedomanski und Co.

Unwillkürlich erinnerte dieser Bravoursieg der Amerikaner an eine andere bittere Niederlage der sowjetischen Eishockey-Stars. Vor rund elf Jahren besiegte das ČSSR-Team die Sowjets und wurde Weltmeister. Auch damals war Politik im Spiel. Ein halbes Jahr zuvor, am 21. August 1968, hatten die Truppen des Ostblocks die Tschechoslowakei besetzt und dem Prager Frühling ein Ende gesetzt. Nun spielten sich Nedomanski und Co. ihre Wut vom Leib. Militärisch hatte das kleine Land der riesigen Übermacht nichts entgegenzusetzen, aber auf dem Eis konnten die Tschechoslowaken zeigen, was sie von dem provokativen und ungewollten Einmarsch hielten. Die politische Bevormundung durch den großen Bruder im Osten wurde per Schläger und Puck kompensiert. Es hat wohl selten so gefeierte Weltmeister gegeben wie damals.

Auch in der Eissporthalle von Lake Placid spielte die Politik mit. Die Vehemenz, mit der die Amerikaner ans Werk gingen, resultierte unter anderem aus der politischen Großwetterlage. Der Einmarsch sowjetischer Truppen ins blockfreie Afghanistan hatte die Gemüter so erhitzt, daß selbst hartgesottene Eishockeyspieler davon angesteckt wurden.

Ohnmächtig hatten die Amerikaner mitansehen müssen, wie rund 20 Botschaftsangehörige in Iran über Monate gewaltsam festgehalten und als Politgeiseln mißbraucht wurden. Ähnlich hilflos reagierten die Amerikaner auf die Besetzung des strategisch wichtigen Afghanistan.

Wohl nie zuvor in der nun doch immerhin auch schon über 200 Jahre währenden amerikanischen Geschichte war diesem Volk so drastisch vorgeführt worden, wo die Grenzen ökonomischer und militärischer Macht sind. In Vietnam hatte man noch in offener Feldschlacht verloren, in Afghanistan verwies der Großmachtbruder aus dem Osten durch List und Tücke den amerikanischen Moloch in seine Schranken.

Es mag vielleicht dieses Gefühl der Ohnmacht gewesen sein, das die Spielzüge der US-Eishockeyboys beflügelte. Sie wollten der von allen Fachleuten favorisierten sowjetischen Mannschaft zeigen, was sie, die Amerikaner, leisten können, wenn es darauf ankommt.

Die technische Überlegenheit der Sowjets glichen sie durch frühzeitiges Attackieren und diszipliniertes Spiel aus. Grandios harmonierten ihre Spielzüge, hinreißend war ihre Begeisterung und vorbildlich ihr

kämpferischer Einsatz. Sie spielten um nichts als um den Sieg, mit der notwendigen Unbekümmertheit und jener Portion Selbstvertrauen, die Voraussetzung großer Leistungen ist.

In der Eissporthalle von Lake Placid feierte an diesem Abend der Sport Triumphe. Was sich da zwei Stunden lang auf dem Eis abspielte, war ein Fest. Nichts erinnerte mehr an Carter gegen Breschnew, an Afghanistan oder Kalten Krieg.

Eishockey-Welten standen sich gegenüber

In einem äußerst fairen Spiel, das sportliche Höhepunkte setzte und zweifellos das beste des gesamten Turniers war, standen sich zwei Eishockey-Welten gegenüber. Auf der einen Seite die taktisch versierten und technisch brillanten sowjetischen Eishockey-Spieler, deren Stärken vor allem im blinden Verständnis liegen. Sie rekrutieren sich fast ausschließlich aus den sowjetischen Paradeclubs, spielen auch im Verein seit Jahren zusammen und bereiten sich systematisch auf jede Weltmeisterschaft und jedes olympische Turnier vor.

Alles sprach also für ihren Erfolg. Doch die College-Boys aus dem Mittleren Westen waren von ihrem Coach Herb Brooks systematisch von der Außenwelt abgeschirmt worden. Er hatte mit seinen talentierten Spielern hart gearbeitet und aus einer Herde von Individualisten eine harmonische Mannschaft geformt. »Wir sind eine Familie, kein Team der Stars«, hatte er immer wieder betont. Und seinen Jungs hatte er vor dem Spiel gegen die Sowjetunion gesagt: »Ihr könnt

Das Spiel der S

den Augenblick nutzen und Geschichte schreiben, ich erwarte von jedem 60 Minuten Kampf bis zum Umfallen.«

Ein hinreißendes Match

Und sie spielten grandios und hinreißend. Von Beginn an zeigte sein junges Team unbändigen Einsatz, jeder kämpfte für sich selbst und für die anderen. Sepp Herbergers Fußballehrformel »Elf Freunde müßt ihr sein« hatten sich die Amerikaner offensichtlich gut gemerkt. Demgegenüber konnte das sowjetische Team seine Stärken nicht ausspielen. Die Männer aus Moskau und Leningrad wirkten, als trügen sie Steine an den Schlittschuhen. Ihren Aktionen fehlte die Leichtigkeit früherer Tage. Das immer wieder bewunderte blinde Kombinationsspiel hatte Seltenheitswert. Und auch der sogenannte »Wundersturm« konnte nicht überzeugen. Das war nach der großen Niederlage von 1969 gegen die Tschechoslowakei die wohl größte Schlappe für das sowjetische Eishockey.

Selbst als das sowjetische Team im ersten Drittel zweimal in Führung gegangen war, gelang den US-Boys der wichtige Ausgleichstreffer. Sekunden vor Ende des ersten Spieldrittels das 2:2. Dies muß dem hohen Favoriten offenbar einen Schock versetzt haben. Denn zum zweiten Drittel kam nicht mehr Stammtorwart Tretjak aufs Eis, sondern Myschkin. Er war gut, vereitelte gleich zwei Riesenchancen der Amerikaner. Aber sein Gegenüber, Jim Craig, war noch besser. Er wurde der große Rückhalt des amerikanischen Teams. Man

sagt ja, daß der Torwart beim Eishockey der wichtigste Mann sei und gut die Hälfte der Spielstärke einer Mannschaft ausmacht. Wohl selten ist dies deutlicher geworden. Jim Craig avancierte durch eine ganze Reihe von Glanzparaden zum vielumjubelten Volkshelden. Als Johnson den 3:3-Ausgleich erzielte und wenig später Eruzione, nach einem Fehler von Myschkin, die Amerikaner erstmalig in Führung brachte, behielt er die Nerven. Craig sorgte für die notwendige Ruhe in der Abwehr und gab seinen Vorderleuten damit die moralische Aufrüstung, die notwendig ist, um auch Drangperioden unbeschadet überstehen zu können.

In den letzten Minuten wurde dann das Eisstadion zum Tollhaus. Frenetisch feuerten die fähnchenschwingenden Amerikaner ihre Landsleute auf dem Eis an. Dann die Sirene. Aus! Sieg! Die Sowjets waren vom Eishockey-Thron gestürzt worden.

Euphorie und Ovationen auf der einen, Trübsal auf der anderen Seite. Der amerikanische Präsident Jimmy Carter ließ es sich nicht nehmen, seinen Stars in der Eismanege, direkt vom Weißen Haus aus, zu gratulieren: »Wir Amerikaner sind sehr stolz, daß Sie gerade die Russen geschlagen haben. Die Mannschaft hat einen Teil dessen wiedergegeben, wofür wir Amerikaner einstehen.« Daß Jimmy Carter seine Mannen auch noch zu Kaffee und Kuchen ins Weiße Haus einlud, ist fast selbstverständlich, angesichts dieser nationalen Euphorie. Und ein schwacher Präsident inmitten so starker und strammer Männer macht sich in den USA immer gut. Man stelle sich nur das

Bild vor: Breitschultrige Männer bei Kaffee und Kuchen – in gepflegter Konversation mit ihrem großen starken Mann, dem Präsidenten. Nach dem Spiel der Spiele war nicht nur der Erdnußfarmer aus Georgia, der dann Präsident wurde, glücklich. Eine ganze Nation triumphierte. Dieser Sieg wurde von vielen wie ein Sieg der Freiheit und des Individualismus über den Kollektivismus gefeiert. Die Videobänder der Fernsehanstalten liefen in den Tagen danach heiß – so oft mußten sie die sieben Treffer zum Sieg wiederholen. Eric Heiden, der Ausnahmeathlet dieser Spiele, hatte, in Fernsehminuten gemessen, bestenfalls Bronze gewonnen.

»God bless America.« Amerika hatte Flagge gezeigt. Das Land der unbegrenzten Möglichkeiten hatte gesiegt, nicht das mit der vermeintlich besseren Moral.

Leistungsschwund der ČSSR

Nur wenige Tage zuvor hatten die Amerikaner im Spiel gegen die ČSSR für eine weitere Sensation gesorgt. Die 20 Studenten aus Minnesota zerrissen sich vor Ehrgeiz und jagten selbst in aussichtslosen Situationen hinter dem Puck her. Das 7:3 drückte mehr als alle Spekulationen die Krise und den Leistungsrückgang der ČSSR-Spieler aus. Bereits bei der Weltmeisterschaft 1979 hatten die Tschechen hoch mit 11:1 gegen ihren großen Rivalen Sowjetunion verloren. Ein Ergebnis, das sonst deutschen Eishockeyteams beschieden war, wenn sie gegen einen der Eishockeygiganten spielen durften.

Zur Zeit verfügen die wegen ihrer spielerischen Brillanz gerühmten

Tschechoslowaken über keinen herausragenden Spieler. Der Zusammenhalt in der Mannschaft fehlt. Ohne ihn ist in diesem schnellen Spiel nicht zu gewinnen. Sogar in läuferischer Hinsicht, früher eine ihrer Stärken, waren die Tschechen den Amerikanern unterlegen.

Beckenbauer auf dem Eis

Allerdings ist zu bedenken, daß die ČSSR-Mannschaft einen ihrer Besten nicht einsetzen konnte: Ihr überragender Stürmer Martinec (144 Tore in 263 Länderspielen) hatte einen Handbruch erlitten und konnte in Lake Placid nicht spielen. Trainer Karel Gut zu dieser Malaise: »Unsere Aussichten waren ohnehin nicht rosig. Nun sind sie noch viel schlechter geworden.«
Daß der Kampf um die olympischen Medaillen im Eishockey ohne den Weltmeisterschaftszweiten ČSSR stattfinden würde, war zwar nach dem Spiel gegen die USA noch Spekulation, doch spätestens nach der sensationellen Niederlage gegen den Angstgegner Schweden stand fest, daß die Tschechen mit ihrem Eishockey-Latein am Ende waren. Die 2:4-Niederlage gegen die Schweden hatte alle Hoffnungen auf olympisches Metall im frenetischen Jubel der Zuschauer untergehen lassen – die Spieler um Trainer Karel Gut hatten ihr Waterloo erlebt.
Immerhin zeigten die Tschechen im Spiel um den fünften Platz nochmals ihre spielerische Brillanz. Gegen Kanada führten sie mit Grandezza vor, was ihnen über Jahre hinweg die Bewunderung in der Eishockey-Welt eingetragen hatte:

Sie kontrollierten das Spiel von Beginn an und überzeugten durch gekonntes Kombinationsspiel.
Doch die Fachleute werden trotz aller Erklärungen noch lange darüber rätseln, wie ein Weltklasseteam in so wenigen Jahren aus dem Eishockey-Rampenlicht verschwinden konnte. Spieler gibt es in der ČSSR genug und auch an guten und gleichwertigen Gegnern mangelt es nicht. Was fehlt, ist, neben den bereits zitierten eins, zwei, drei »Beckenbauers auf dem Eis«, eine systematische Förderung der Talente. Vor allem organisatorisch scheint da einiges im argen zu liegen. Vielleicht ist es aber auch der Blick nach Westen, der viele Eishockey-Stars nur noch an eines denken läßt – nämlich an den Tag, an dem sie die Freigabe für ein mehrjähriges Profigastspiel in der Bundesliga oder sonstwo erhalten, wo für harte Deutsche Mark oder Dollar geschwitzt und gecheckt wird.
Ähnliche Probleme haben auch die Schweden und Finnen, denen ihre besten Spieler immer kurz nach Olympischen Spielen oder Weltmeisterschaften weggekauft werden. Ohne diesen Ausverkauf ihrer Stars gäbe es mindestens vier annähernd gleichwertige Mannschaften im Welteishockey.

Der Langeweile ein Ende bereitet

Dieses Eishockey-Turnier könnte neue Akzente gesetzt und der Langeweile und Einseitigkeit früherer Weltmeisterschaften und Olympischen Spiele ein Ende bereitet haben. Vielleicht ist dem Abonnementssieger Sowjetunion

mit der neuen US-Mannschaft ein ernsthafter Konkurrent erwachsen. Aber wie man das Eishockey-Geschäft kennt – und in den USA ist es Business und sonst gar nichts – werden Jim Craig und seinen Mannen gutdotierte Profiverträge ins Haus stehen.
Das »Wunderteam« von Lake Placid, die »Helden der Nation«, fielen 24 Stunden danach auseinander. Da kämpfte wieder jeder gegen jeden und nicht mehr einer für alle und alle für einen. Die Bosse aus der Eishockey-Profiliga werden schon dafür sorgen, daß die Eishockey-Großmacht UdSSR wieder und weiter wird siegen können.

Eishockey-Touristen

Den Chronisten obliegt es noch festzuhalten: Die deutsche Mannschaft nahm auch an diesem Turnier teil, fiel aber nur im ersten Spiel auf, als sie – hochfavorisiert – gegen Rumänien mit 6:4 verlor. Um die Medaillen ging es danach für die deutschen Eishockey-Touristen, die immerhin in Innsbruck 1976 Bronze gewonnen hatten, nicht mehr.
Aber Dabeisein soll ja nach Pierre de Coubertin alles sein.

Frank Grube/Gerhard Richter

Das deutsche Eishockey-Team konnte die hochgesteckten Erwartungen nicht erfüllen. Bereits nach dem ersten Spiel waren alle Hoffnungen zerronnen, die Bronzemedaille von Innsbruck '76 zu verteidigen. Die Rumänen besiegten die konfus spielenden Deutschen völlig verdient mit 6:4

Ein Eishockey-Wunder:
Die entfesselt stürmenden
US-Boys aus Minnesota
entzauberten die hoch-
favorisierten Tschechen vor
über 7000 begeisterten
Zuschauern mit 7:3. Über
Jahre dominierten die sowjetischen und tschechischen
Spieler über die internationale
Konkurrenz. Doch die wegen
ihrer spielerischen Brillanz
bewunderten Tschechen
haben den Zenit ihres Könnens
überschritten. Die Amerikaner
glichen ihre technische
Unterlegenheit durch Einsatz
und Kampf aus. Sie legten
während des gesamten Spiels
ein rasantes Tempo vor,
dem die CSSR-Mannschaft
nicht folgen konnte

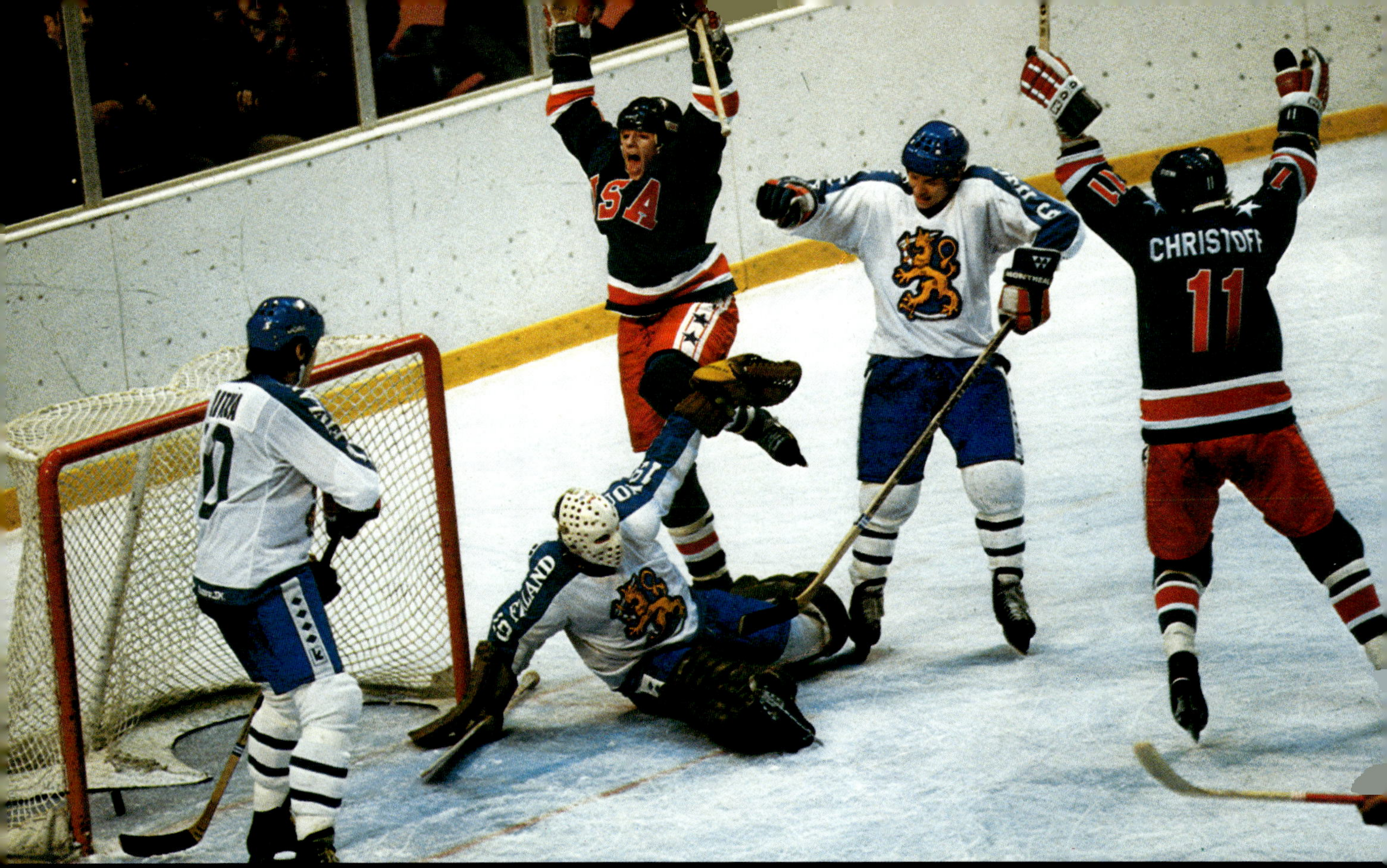
CHRISTOFF
11

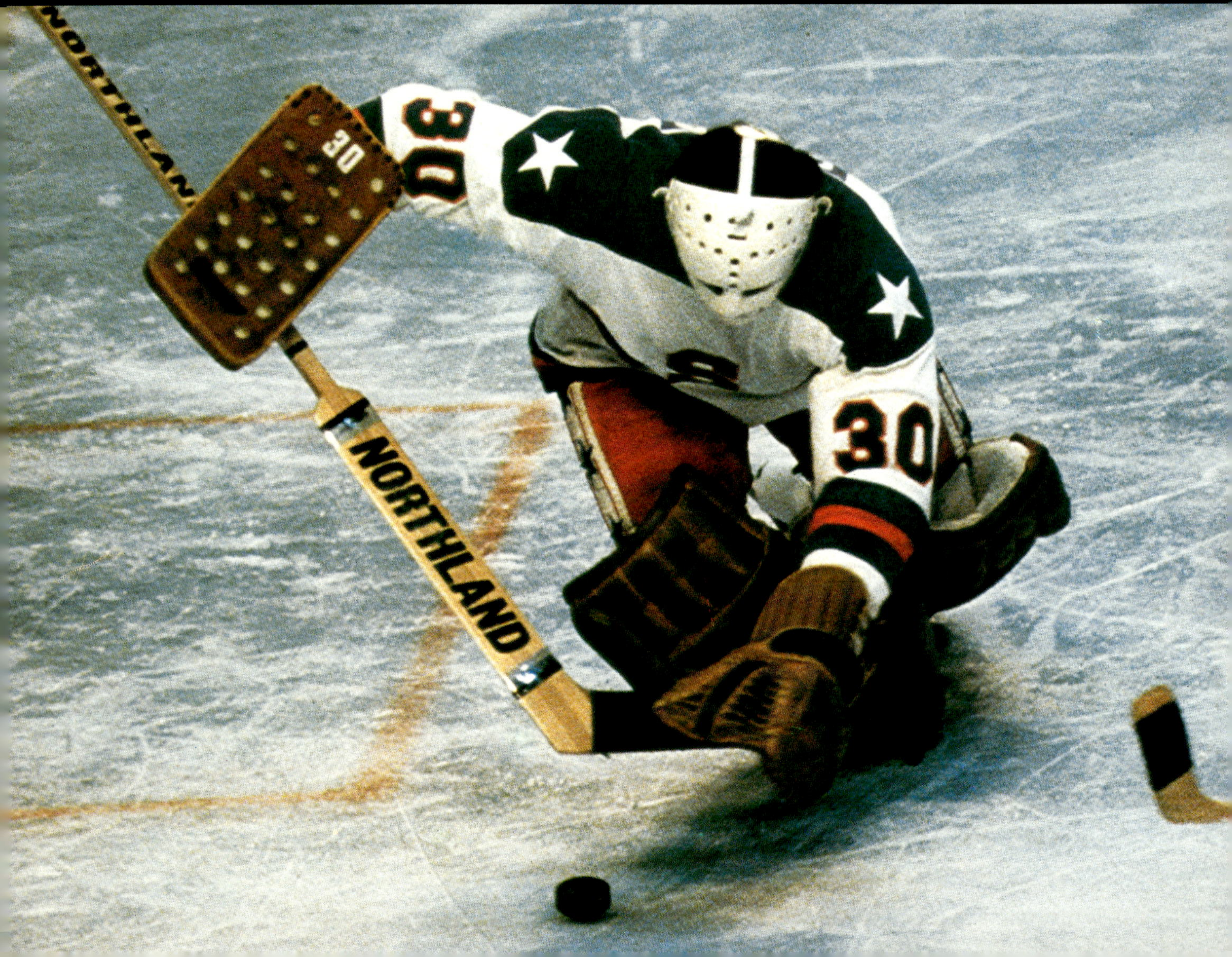
NORTHLAND
30

Die Sensation dieser Spiele war der knappe 4:3 Sieg des amerikanischen Eishockey-Teams über die als hohe Favoriten eingeschätzten Sowjets. Deren technische Überlegenheit glichen die Amerikaner durch frühzeitiges Attackieren und diszipliniertes Spiel aus. Torwart Craig war der große Rückhalt (oben und links).
Das Stadion glich nach diesem »Spiel der Spiele« einem Tollhaus (folgende Seite). Zwei Tage danach siegten die breitschultrigen Männer aus Minnesota gegen die Finnen (links oben) und gewannen Gold

Dokumentation
Eisschnellauf

Als das Heiden-Festival wurden die Eisschnelllauf-Wettbewerbe in der ganzen Welt angekündigt. Und es waren nicht nur amerikanische Journalisten, die von den beiden sportbesessenen Geschwistern Beth und Eric olympische Alleingänge erwarteten. Der 21jährige größere Bruder war diesen psychologisch aufgebauten Belastungen wesentlich besser gewachsen als seine um ein Jahr jüngere Schwester. Mit der Bürde der unschlagbaren Favoritin wurde sie nicht fertig. Statt der erwarteten zwei Goldmedaillen kehrte sie nur mit einmal »Bronze« ins elterliche Haus in Madison/Wisconsin zurück. Dabei hatte sie in den Jahren zuvor alle geschlagen, die später in Lake Placid vor ihr waren.

Mehr Freude werden Vater und Mutter Heiden an ihrem Sohn gefunden haben, der zum Superathleten der XIII. Winterspiele wurde. Nur ihr Landsmann, der Schwimmer Mark Spitz, holte 1972 in München mehr Goldmedaillen als der Wintersportler Heiden. Doch mit seinen fünf Goldmedaillen wurde Eric Heiden nicht nur der Star der Spiele von 1980, sondern auch der erste Athlet, der bei Winterspielen so erfolgreich war. Durch seine Kraft, sein Talent, seine Intelligenz und seine innere Bereitschaft zur Leistung schaffte Heiden diesen Superlativ von Lake Placid.

Sensation durch die Niederländerinnen

Die Konkurrenzen begannen mit dem 1500-m-Rennen der Damen. Als Sensation wurde das Ergebnis unter Fachleuten bezeichnet. Nicht die 20jährige Amerikanerin Beth Heiden kontrollierte die Konkurrenz. Es waren zwei junge Damen aus den Niederlanden, die für tagelangen Gesprächsstoff sorgten. Die 29jährige Annie Borckinck und die um elf Jahre jüngere Ria Visser holten Gold und Silber. Keiner, aber auch wirklich keiner, hatte mit einem solchen Ausgang gerechnet. Der dritte Rang der DDR-Läuferin Sabine Becker wurde als »normal« eingestuft.

Die einzige deutsche Läuferin, die am Start war, spielte im Konzert der Großen keine Rolle; Sigrid Smuda aus München konnte nur den 21. Platz belegen.

»Nur« ein Weltrekord

In diesem Rennen blieben 17 Läuferinnen unter dem bestehenden olympischen Rekord. Auch auf allen anderen Strecken wurden diese Bestmarken unterboten. Ein Beweis, wie intensiv im Eisschnellauf gearbeitet wurde, wie gut aber andererseits auch in Lake Placid die Verhältnisse waren. Der Inzeller Eismeister Nicolaus Gräbeldinger präparierte zwei Wochen lang den glatten Belag und machte ihn rekordfähig. Nur der von allen Seiten einfallende Wind verhinderte, daß nicht ein weiterer Weltrekord gelaufen wurde.

Auch am zweiten Tag konnte sich die kleine Exweltmeisterin aus den Vereinigten Staaten nicht behaupten. Die Studentin der Medizin konnte an ihre großen Erfolge von 1977/1978 und 1979, als sie die Beste in der Welt wurde, nicht anknüpfen. Im 500-m-Rennen schaffte Beth Heiden mit dem 7. Rang genau die gleiche Plazierung wie zuvor über 1500 Meter. Enttäuschung machte sich beim amerikanischen Publikum breit, das, wie man weiß, leicht zu begeistern ist, dessen Stimmung aber schnell von dem einen in das andere Extrem umschlagen kann. Wäre ihr Bruder Eric nicht gewesen, an dessen Erfolgen sich auch Beth mitfreuen konnte, dann hätte sie sich sicher Buhrufe des Publikums gefallen lassen müssen.

Über diese Distanz gewann die ehemalige Eiskunstläuferin Karin Enke aus der DDR, die in West Allis bei den Sprint-Weltmeisterschaften zum ersten Mal auf sich aufmerksam machte und die erst vor zwei Jahren mit dem Eisschnellauf begonnen hat.

Dort oben im Norden Amerikas wurde sie knapp eine Woche vor Beginn der olympischen Wettbewerbe überraschend Weltmeisterin. Ihre Sprintqualitäten bestätigte sie dann auch in Lake Placid. Sie gewann das 500-m-Rennen vor der Amerikanerin Leah Mueller und der sowjetischen Läuferin Natalia Petrusewa. Die 24jährige Moskauerin unterstrich damit ihre gute Form in diesem Winter. Erst vier Wochen zuvor hatte sie sich im norwegischen Hamar den Weltmeistertitel im Vierkampf geholt.

Endlich Gold für Norwegen

Noch erfolgreicher war die Petrusewa dann auf der 1000-m-Strecke. Sie gewann ganz überlegen die Goldmedaille. Geschlagen auf dem zweiten Rang landete wiederum die Amerikanerin Leah Mueller, die jetzt ihre Karriere beendet.

42 Zentimeter

Ihr Mann Peter Mueller, der ebenfalls die Schlittschuhe mit den 42 cm langen, messerscharfen Schneiden an den Nagel hängen will, ging sogar gänzlich leer aus bei diesen Winterspielen. Über 500 m hatte er sich gar nicht erst qualifizieren können, im 1000-m-Lauf kam er über einen fünften Platz nicht hinaus. Gerade auf dieser Distanz hatte er sich eine Chance ausgerechnet, denn noch im Januar hatte er im Ausscheidungsrennen in Davos seinen Landsmann Eric Heiden geschlagen. Und schließlich war er ja auch der Titelverteidiger, der Goldmedaillengewinner von Innsbruck 1976. Peter Mueller, einer von vielen Favoriten, die sich nicht plazieren konnten.

Bleibt für den 1000-m-Lauf der Damen noch nachzutragen, daß die 17jährige Silvia Albrecht einen achtbaren dritten Platz belegte, die dritte Medaille für die Damenriege aus der DDR. Das hervorragende Abschneiden der Athletinnen aus der DDR unterstrich am Schlußtag der Damenwettbewerbe noch einmal die 19jährige Oberschülerin Sabine Becker aus Ost-Berlin. Sie lief die zweitbeste Zeit im 3000-m-Lauf. Siegerin wurde die Norwegerin Eva Jensen, die damit ebenfalls ihre zweite Medaille gewann. Gemeinsam mit Beth Heiden hatte sie die Konkurrenz eröffnet. Beide schenkten sich nichts und legten großartige Zeiten vor, die offensichtlich die folgenden 28 Gegnerinnen so schockten, daß keine mehr an diese Leistungen herankam. Gold für Norwegen! Das erste Gold bei diesen Spielen für dieses traditionsreiche Land der Wintersportarten wie Langlauf, Skispringen und Eisschnellaufen.

An diesem Schlußtag wurde dann auch noch Beth Heiden mit Edelmetall dekoriert. Sie gewann die Bronzemedaille. »Nur« die Bronzemedaille, wird sie gesagt haben. Denn mit Sicherheit hatte sie wesentlich mehr erwartet, und wohl auch die amerikanische Öffentlichkeit. Diesem psychologischen Druck hatte sie nicht standgehalten.

Blei in den Beinen

Enttäuschend bei den Damenwettbewerben war das Abschneiden der Läuferinnen aus der Sowjetunion. Auch die beiden Medaillen von Petrusewa machen das Bild nicht freundlicher. Nach den Zeiten, die zuvor gelaufen und uns gemeldet worden waren, haben wohl alle Experten mehr und besseres erwartet. Das Abschneiden der bundesdeutschen Sportlerinnen ist so überraschend nicht. Weder Monika Pflug, Sigrid Smuda oder Brigitte Flierl haben versagt. Keiner hatte mehr von ihnen erwartet, obwohl Gräbeldinger extra von den Amerikanern nach Lake Placid geholt worden war, um Inzeller Eisverhältnisse herzustellen. Der »Heimvorteil« brachte den deutschen Läuferinnen jedoch keinen olympischen Ruhm.

Größte Befürchtungen hegten die Anhänger von Eric Heiden vor dem kurzen Sprintrennen. Ein einziger Schrittfehler würde den Traum vom olympischen Gold zunichte machen können. Doch der Amerikaner bewies zum ersten Mal in diesen Tagen von Lake Placid seine Nervenstärke. Im direkten Vergleich mit dem sowjetischen Sprintmeister Jewgenij Kulikow »explo-

dierte« der 185 cm große Amerikaner – wie die Athleten es nennen – und bezwang seinen stärksten Konkurrenten in einem mitreißenden Finish. Kulikow, der Goldmedaillengewinner von Innsbruck, war zwar der schnellere Starter, aber die größere Kraft und die schnellere Schrittfrequenz hatte der neunmalige Weltmeister aus Wisconsin, der damit den Grundstein für seinen außergewöhnlichen Erfolg legte. Hinter Kulikow war der dritte Rang des Niederländers Lieuwe de Boer schon eine kleine Überraschung. Schließlich aber bestätigte er die gute Gesamtform seines Teams.

Programmgemäßer Verlauf

Eric Heiden – einer der Ausnahmeathleten dieser Spiele – war auch über die 1000-m-Distanz nicht zu bezwingen. Er deklassierte seine Konkurrenten. Genau wie über die 500-m-Distanz mußte er auch in dieser Disziplin als erster aufs Eis. Sein Gegner Gaetan Boucher aus Kanada gab sich erst auf den letzten 100 Metern geschlagen. Beide durchliefen die zweieinhalb Runden schneller als alle nachfolgenden Akteure. Gold und Silber wurden also gleich zu Beginn der Konkurrenz vergeben. Frode Rönning aus Norwegen gewann Bronze, eine Bestätigung seiner Leistungen im Vorfeld Olympias. Ebenfalls eine Bronzemedaille erhielt der Moskauer Wladimir Lobanow, der auf die hundertstel Sekunde die gleiche Zeit wie Rönning hatte. Der einzige Läufer aus der Bundesrepublik Deutschland kam schon im zweiten Bogen zu Fall. Mehr als seinen 20. Platz hatte keiner erwartet.

Fazit der ersten beiden Rennen: Keine Überraschung – programmgemäßer Verlauf.

Ein Opfer des hohen Anfangstempos

Über die 5000-m-Strecke hatte der Norweger Tom Erik Oxholm eine glänzende Zeit vorgelegt, an der sich Eric Heiden orientieren konnte. Er begann den Lauf zunächst langsamer als der Norweger. Doch ab etwa der Hälfte des Rennens wurde der Amerikaner immer besser, stärker, schneller! Im Ziel war Eric Heiden über drei Sekunden schneller als Oxholm.

Aufregung unter den rund 5000 Besuchern gab es, als Europameister Kai Arne Stenshjemmet eine tolle Fahrt hinlegte und bis 1000 Meter vor dem Ziel schneller war als der Amerikaner. Doch der Norweger wurde ein Opfer seines Tempos. Er hatte nicht mehr die Kraft, seine Schnelligkeit auch noch über die letzten 400 m zu halten. Nur eine knappe Sekunde trennte Stenshjemmet von Heiden und damit von der Goldmedaille. Jubel für Heiden von den Fans, viel Beifall aber auch für die beiden Norweger, die Silber und Bronze errangen.

Zum erfolgreichsten Wintersportler aller Zeiten wurde der 185 cm große und 98 kg schwere Superathlet, als er sein viertes Gold im 1500-m-Lauf gewann. Dieser Ausnahmeathlet, der zunächst mit dem Eishockeyspielen seine sportliche Karriere begonnen hatte, aber schon als 14jähriger auf die 42 cm langen Kufen überwechselte, hatte bis zu diesem einmaligen Rekord seit drei Jahren kein internationales Rennen mehr verloren.

Der Norweger Jan Egil Storholt war an diesem Tag als erster am Start. Temperaturen über dem Gefrierpunkt und die relativ hohe Luftfeuchtigkeit schienen den Läufern das Leben schwer machen zu wollen. Doch die vorgelegte Zeit des Skandinaviers verriet schon, daß zumindest Heiden eine Superzeit würde laufen können. Im unmittelbaren Vergleich mit Kai-Arne Stenshjemmet, der ihm ja auch schon auf der 5-km-Distanz so sehr zugesetzt hatte, steigerte sich Heiden so sehr, daß er in den Bereich des gültigen Weltrekords vorstieß. Sein Vorsprung vor dem Norweger war über eine Sekunde trotz eines schweren Schrittfehlers, der ihn fast stürzen ließ. Stenshjemmet wurde von der Begeisterung der Zuschauer, die Heiden bei dieser »Fahrt« frenetisch anfeuerten, mitgezogen. Zum zweiten Mal bei diesen Spielen wurde er mit Silber dekoriert. Mit Terje Andersen erzielte ein weiterer Norweger das heiß begehrte olympische Edelmetall.

Herbert Schwarz spielte in diesem Rennen eine unerwartet gute Rolle! Am Ende langte es sogar für Rang 12. Die beste Leistung eines bundesdeutschen Eisschnelläufers in Lake Placid!

Weltrekord auf der Marathonstrecke

Der viermalige Sprintweltmeister, der dreimalige Weltchampion im großen Vierkampf, der Weltrekordhalter im 1000-m-Rennen und in der Punktewertung des Sprintervierkampfes schien fähig und in der Lage, nun auch über die längste Distanz der Eisschnelläu-

fer, den 10 000 Metern, der Beste zu werden.

Und am Schlußtag der Wettbewerbe lieferte Heiden sein Meisterstück. Das Los wollte es, daß er erneut nach dem Norweger Tom Erik Oxholm laufen konnte. Damit mußte sein härtester Rivale ein zweites Mal den Maßstab setzen. Das tat er mit einer großartigen Leistung. Der 19jährige Student aus Larvik blieb im Duell gegen den Amerikaner Michael Woods nur 2,3 Sekunden über dem bestehenden Weltrekord. Wollte Eric Heiden gewinnen, mußte er praktisch einen neuen Weltrekord laufen. Sein Partner war der bisherige Schnellste auf dieser Marathon-Strecke, der Sowjetrusse Viktor Leskin. Lange Zeit war der 26jährige Student aus der Nähe von Gorki ein starker Partner. Er führte sogar auf dem ersten Drittel. Doch dann bekam Heiden von seiner Trainerin Diane Holum das Zeichen: forcieren. Sofort beschleunigte er und demonstrierte sein ganzes Können noch einmal eindrucksvoll vor den 8000 Besuchern, die ihn enthusiastisch feierten und zur fünften Goldmedaille antrieben. Am Ende lief er um 6,20 Sekunden schneller durchs Ziel, als Leskin am 3. April 1977 auf der Hochgebirgsbahn in Alma Ata bei seinem Weltrekord. Gegenüber dem Norweger Oxholm war er in diesem Rennen gar um 8,5 Sekunden besser.

Auf die Minute topfit

Wer wollte diese Marke unterbieten? Wer hatte überhaupt die Kraft und das Können dazu? Aber noch warteten 21 Athleten auf ihren Auftritt.

75 Minuten später versuchte es der 28jährige Niederländer Piet Kleine. In Innsbruck vor vier Jahren war er der Beste über die 10 km gewesen, im 5000-m-Lauf hatte er sich damals die Silbermedaille geholt. In dieser Saison hatte er noch keine herausragenden Leistungen gezeigt. Doch was hat das zu besagen. Große Sportler mit so langer Erfahrung wissen ihr Trainingsprogramm richtig zu dosieren. Für sie haben gute Zeiten im vorolympischen Rennen nur zweitrangige Bedeutung. Piet Kleine war auf die Minute topfit. Mehr als die Hälfte des Rennens absolvierte er schneller als Eric Heiden. Mühe hatte er dann zwischen 6000 und 8000 Metern. Doch drei Runden vor dem Ziel zog er noch einmal an. Offenbar hatte er seinen toten Punkt überwunden, den jeder Langstreckenläufer im Rennen irgendwann einmal spürt. Sein junger Partner – der Schwede Tomas Gustafson – konnte ihn bei diesem Angriff auf die Medaillenränge nicht unterstützen. Er lag schon bald weit zurück. Kleine schaffte zwar nicht das Wunder – aber das Kunststück. Er konnte Heiden nicht gefährden, Oxholm aber verdrängte er von dem »silbernen« Platz. Dem Norweger blieb wie im 5000-m-Rennen nur Bronze.

Ein Mark Spitz auf Kufen

Dieses Rennen war ein phantastischer Abschluß der Eisschnellauf-Wettbewerbe von Lake Placid. Eric Heiden lief bei seinem Weltrekord einen Rundendurchschnitt von 34,37 Sekunden. Sein Stundendurchschnitt betrug 42,450 Kilometer. Damit bestätigte er der Welt eindrucksvoll seine Ausnahmestellung. Die Konkurrenten spielten dagegen oftmals nur eine Statistenrolle. Doch auch das Können der Sportler aus Skandinavien, den Niederlanden und der UdSSR hätte – ohne Heidens Superläufe – ausgereicht, um diese Wettbewerbe zu einem Erlebnis werden zu lassen. Das mag die Distanz aufzeigen, die zwischen dem Amerikaner und den anderen Läufern der Weltelite bestand.

Dank der Geschwister Heiden und der zweifachen Silbermedaillengewinnerin Leah Mueller-Poulos, die zusammen acht Medaillen gewannen, besitzen die USA das bisher stärkste Eisschnellaufteam, das je bei olympischen Spielen angetreten ist. Hinzu kommen noch Mike Woods, Peter Mueller, Daniel Immerfall sowie die Schwestern Sarah und Mary Docter, die diesmal zwar keine Medaille gewannen, die aber durchaus mithalten konnten und immer für eine Überraschung gut sind. Dieser sensationelle Erfolg der amerikanischen Eisschnelläufer wird umso beachtenswerter, wenn man weiß, daß es in diesem Land nicht einmal 4000 Eisflitzer gibt.

Auch ein Eric Heiden wird Schwierigkeiten haben, den Eisschnellauf in Amerika aus seinem Mauerblümchendasein zu befreien. Dieser Mark Spitz auf Kufen wird aber neue Freunde und weitere Talente für diesen schönen Sport gewinnen. Er hat den Eisschnellauf quasi über Nacht in Amerika berühmt gemacht. Jetzt haben die Illustrierten und das Fernsehen Eric Heiden entdeckt, und nun hat er nicht nur fünf Goldmedaillen, sondern auch die besten Chancen, diese Goldmedaillen in klingende Münze zu verwandeln. Die vor den Spielen von ihm geäußerte Sorge, daß sein Gesicht in seiner Heimat niemand kenne, braucht er sicherlich nicht mehr zu haben.

Waterloo für die sowjetischen Läufer

Der sowjetische Eisschnellauf-Verband mit seinen über 500 000 Mitgliedern erlebte hingegen trotz des Sieges von Natalia Petrusewa über 1000 Meter in Lake Placid sein Waterloo.

Jedes Jahr wieder lassen die Fabelzeiten, die von der Höhenbahn bei Alma Ata gemeldet werden, aufhorchen. Aber erst wenn die sowjetischen Wunderläufer sich dann auf Flachlandbahnen gegen die Weltelite behaupten müssen, weiß man, was die gemeldeten Rekorde wert waren.

In Lake Placid jedenfalls triumphierten Amerikaner, Skandinavier, Niederländer und Ostdeutsche öfter über die sowjetischen Läufer, als es diesen lieb sein konnte. Ein erster, ein zweiter und zwei dritte Ränge waren dieses Mal ihre ganze Ausbeute.

Fritz Klein

Speed skating war das neue Zauberwort der Amerikaner bei den 13. Olympischen Winterspielen, denn nur dieser Sportart verdanken es die Gastgeber, daß sie im Medaillenspiegel den Rang 3 einzunehmen vermochten. Sieben Medaillen konnte die USA hier für sich verbuchen, aber nur fünf, nämlich die fünf Goldmedaillen des amerikanischen Superstars Eric Heiden, wurden in der ganzen Welt registriert. Der 21jährige Medizinstudent aus Madison gewann einfach alles, was es im Eisschnellaufen bei Olympischen Spielen zu gewinnen gibt. Fünf Strecken standen auf seinem Programm, 500 m, 1000 m, 1500 m, 5000 m und 10 000 m. Und fünfmal wurde er für seine Laufzeit mit einer Goldmedaille belohnt. Das war vor ihm noch nie einem Wintersportler gelungen.

Erste Goldmedaille aufs Eis gelegt

Der Auftakt der Heiden-Symphonie war die 500-m-Distanz, also die Sprintstrecke der Eisschnelläufer. Übrigens die einzige Disziplin, von der Experten glaubten, daß Eric Heiden verwundbar wäre und die Goldmedaille noch nicht für ihn aufs Eis gelegt sei. 8000 begeisterte Zuschauer waren bei strahlendem Sonnenschein zum Eisoval gepilgert, um das Duell von Eric Heiden mit dem russischen Weltrekordhalter und Olympiasieger von 1976, Jewgenij Kulikow, zu verfolgen. Doch nur für kurze Zeit lag die knisternde Spannung im Stadion von Lake Placid, denn bereits im

ersten Paar standen sich die beiden Rivalen Heiden und Kulikow gegenüber, und nach 38,03 Sekunden war schon alles vorbei. Obwohl Kulikow, auf der Innenbahn startend, mit seinen typischen, kurzen, schnellen Sprintschritten auf den ersten 100 Metern dem etwas schwerfällig wirkenden Eric Heiden um fünf zehntel Sekunden davonzog, hatte er nach der ersten Kurve nicht mehr die geringste Chance gegen den geborenen Mittelstreckenläufer Eric Heiden. Nachdem der 1,86 m große Amerikaner seine 86 kg Körpergewicht voll beschleunigt hatte, spielte er auf den letzten 300 Metern sowohl seine übermenschliche Kondition als auch seine perfekte Technik so maximal aus, daß der Russe erst fünf Meter hinter ihm mit 38,37 Sekunden den Zielstrich überqueren konnte. Damit waren Gold und Silber schon vergeben.
Überraschungen gab es noch für die weiteren Plazierungen. So ging die Bronzemedaille an den Holländer Lieuwe de Boer, der einen der großen Favoriten, Frode Rönning aus Norwegen, auf den vierten Platz verwies. Hatte Eric Heiden eine Woche vor den Olympischen Spielen als frischgebackener Sprintweltmeister noch gesagt, »mein Gesicht kennt hier in den USA kaum einer, denn von uns Eisschnelläufern nimmt bislang kaum einer Notiz«, so änderte sich dies über Nacht.

Wie ein lautloses Uhrwerk

Als am nächsten Tag die 5000-m-Strecke gestartet wurde, wartete man nur, bis der Name Eric Heiden aufgerufen wurde, und kaum waren

das Startkommando »on your marks – ready« und der Startschuß verhallt, da feuerte das gesamte Stadion nur einen Läufer an und alle Kameras verfolgten nur einen Mann, das war Eric Heiden. Wie ein Uhrwerk zog der Amerikaner präzise seine Runden, völlig lautlos setzte er seinen Schlittschuh auf der Außenkante auf, glitt jeweils sechs, sieben Meter in tiefer Hocke auf einem Bein dahin, um dann der Pendeltechnik entsprechend kraftvoll mit der Innenkante wieder abzustoßen. In seinem Schlepptau lief auch der Europameister Kai Arne Stenshjemmet aus Norwegen olympischen Ehren entgegen. Bereits nach den ersten acht Läuferpaaren stand fest: Gold für Eric Heiden, Silber für Stenshjemmet und Bronze für dessen Landsmann Tom Erik Oxholm.

Mit schlafwandlerischer Sicherheit

Zwei Goldmedaillen besaß Eric Heiden nun schon und jetzt kamen erst seine beiden Lieblings-Disziplinen, nämlich die 1000 m und die 1500 m. Er, der seit vier Jahren auf diesen beiden Strecken unschlagbar war, konnte mit schlafwandlerischer Sicherheit an den Start gehen, denn er war bisher so überragend auf den Mittelstrecken, daß er sich nahezu jeden Fehler leisten konnte und dennoch gewinnen würde. Ein Punkt, der ihm hier absolut zugute kam.
Denn während er die 1000 m vom ersten bis zum letzten Schritt perfekt hinter sich brachte, passierte ihm beim 1500-m-Rennen ein elementarer Fehler, der jeden anderen Läufer aus dem Rennen gewor-

Die Heiden-Sy

fen hätte. Ausgangs der zweiten Runde lag Eric Heiden etwas zu schräg in der Kurve, knickte seinen linken Fuß etwas zu stark ab, so daß das Leder seines Schlittschuhs das Eis streifte, seine Fahrt plötzlich abgebremst wurde und Eric das Gleichgewicht verlor. Aber mit artistischer Gewandtheit konnte er sofort das Gleichgewicht wieder finden und im Bruchteil einer Sekunde hatte sich sein Laufrhythmus eingependelt.

Seine Zeit von 1:55,44 Minuten bedeutete wieder einmal olympischen Rekord und die vierte Goldmedaille. War bei den 1000 m die Silber- und Bronzemedaille noch an die Sprinter Gaetan Boucher aus Kanada und die drittplazierten Frode Rönning aus Norwegen und den Russen Wladimir Lobanow gegangen, so gewannen bei den 1500 m die norwegischen Langstreckenläufer Kai Arne Stenshjemmet Silber und Terje Andersen Bronze. Der einzige deutsche Eisschnelläufer, der in Lake Placid am Start war, der Inzeller Herbert Schwarz, blieb ebenfalls unter der magischen Zwei-Minuten-Grenze mit 1:58,59 Minuten; er belegte den 12. Platz.

Volksfest für die Amerikaner

Die 10 000-m-Distanz, das letzte Rennen, bildete den absoluten Höhepunkt der Heiden-Symphonie. Dieser Lauf wurde zum Volksfest für die Amerikaner. 9000 Zuschauer drängten sich in das Stadion, wollten wenigstens einmal ihren Superstar erleben. Die Sprechchöre Tausender begleiteten den neunfachen Weltmeister auf dem Weg zu seiner fünften Goldmedail-

le. Die Krönung des Heiden-Festivals war jedoch die Laufzeit. In 14:28,13 Minuten, mit neuer Weltrekordzeit, hatte sich Eric Heiden sein fünftes Gold erkämpft.

Der Beifall seiner Landsleute wollte kein Ende nehmen, die endlich Begeisterung für das Eisschnellaufen gefunden hatten. Die USA war die stärkste Eisschnellaufmacht geworden, obwohl es in diesem Land nicht mehr als 4000 Schnelläufer gibt; die UdSSR im Vergleich hat 500 000 Aktive. Silber und Bronze gingen an den Holländer Piet Kleine und Tom Erik Oxholm aus Norwegen.

Das letzte Wort über Eric Heiden sprach Eric Heiden selbst: »Ich habe fünf Goldmedaillen gewonnen, weil ich härter trainiere als alle anderen und weil mir dieses Training Freude bereitet, einfach Spaß macht.« Das ist also Erics Erfolgsgeheimnis. Sicherlich kommt aber auch noch hinzu, daß Eric Heiden einen idealen Körperbau hat und in Diane Holum, der Olympiasiegerin über 1500 m von Sapporo, eine erstklassige Trainerin.

Die Damen boten Überraschungen

Weitaus abwechslungsreicher als bei den Herren ging es bei den Damen-Wettbewerben zu. Hier gab es all die Überraschungen, die im Sport meist nur bei Olympischen Spielen die Regel sind, wo sich Sportler durch ihre Euphorie und ihren Tatendrang plötzlich aus ihrer bisherigen Anonymität herausheben und in ihrer Leistung für einen Moment über sich selbst hinauswachsen.

So begann das Favoritensterben

schon auf der ersten Strecke, den 1500 m. Während die Favoritentips die Läuferinnen Beth Heiden, die Schwester von Eric Heiden, sowie die Russin Natalia Petrusewa und die Ex-Weltmeisterin Sylvia Burka aus Kanada auf das Siegertreppchen stellten, gewann völlig überraschend die 28jährige Holländerin Annie Borckinck die Goldmedaille. Ähnlich wie der spanische Goldmedaillen-Slalomläufer Fernandez Ochoa 1972 in Sapporo, sprang die kleine Holländerin in Lake Placid über ihren eigenen Schatten und distanzierte die gesamte Weltelite. Von Borckincks Leistung angesteckt, wuchs auch ihre Landsmännin Ria Visser über sich hinaus und gewann die Silbermedaille.

Aber nicht nur Gold und Silber waren eine Überraschung, denn auch die 19jährige Sabine Becker, Gewinnerin der Bronzemedaille aus der DDR, gehörte nicht zu den Favoritinnen.

Erträumte Goldmedaille

Ohne Respekt vor einer Weltmeisterin wie Beth Heiden oder Natalia Petrusewa ging die Norwegerin Björg Eva Jensen die 3000 m, die längste Strecke der Damen-Wettbewerbe, mit weltrekordverdächtigen Rundenzeiten an. Sechs Runden lag sie unter dem bisherigen Weltrekord, erst auf den letzten 600 m ging ihr dann doch etwas die Kraft aus, aber dennoch brachte ihr die Zeit von 4:32,13 Minuten die bis dahin nur erträumte Goldmedaille ein.

Erhard Keller

Die einzigen wirklichen Amateure hier sind die Leute vom Organisationskomitee.«

Diesen Kommentar hörte man von der offiziellen DDR-Delegation zu den teilweise chaotischen Verhältnissen in Lake Placid.

»Willkommen Welt – wir sind bereit.«

Das Motto dieser Olympischen Spiele prangte auch auf einem Schild an der Eishalle in Lake Placid. Am Morgen des Eröffnungstages war dazugeschrieben: »Hoffentlich«.

»Er sieht aus wie ein reinrassiges Rennpferd, aber er ist störrisch wie ein Maulesel.«

Beth Heiden über ihren Bruder Eric, der fünf Goldmedaillen gewann.

»Jetzt muß er laufen, keiner kann ihm helfen.«

Bruno Moravetz (ZDF) beim Siegeseinlauf von Thomas Wassberg (15 km Langlauf).

»Der Kurs war mir zu eckig.«
Frank Wörndl, Ski-Rennläufer.

»Ich freue mich, daß Wassberg gewonnen hat. Er läuft für die gleiche Ski-Firma.«

So der deutsche Langläufer Jochen Behle in einem ZDF-Interview nach dem 15-km-Langlauf.

»Vom Charakter her ist das Lake-Placid-Team eines der besten. Aber die Mannschaft ist einfach zu brav, um Weltklasse zu sein.«

Walther Tröger, Chef de Mission der westdeutschen Mannschaft.

»Gerade bin ich Olympiasieger geworden. Und jetzt gehe ich wieder hinunter und schaue mir an, wie du auf die Schnauze fällst.«

Bernhard Glass, Olympiasieger im Rodel-Einsitzer, zu seinem italienischen Kollegen Ernst Haspinger, nachdem Glass im letzten Durchgang Bestzeit erzielt hatte, und Haspinger auf seinen Start wartete. Haspinger stürzte wirklich. Dadurch wurde Glass Olympiasieger.

»Was wollen Sie, ich bin tausend Meilen ohne Probleme gereist, um hierherzukommen. Schwierig waren nur die letzten paar hundert Meter.«

Der trockene Kommentar einer Zuschauerin aus Florida, die im Verkehrschaos rund um die Eröffnungsfeier steckengeblieben war.

»Dieser Sieg ist die Verwirklichung der amerikanischen Ideale.«

Jimmy Carter nach dem sensationellen Sieg der Amerikaner über das sowjetische Eishockey-Team.

»Im Ziel hätte ich fast einen Bremsfallschirm gebraucht.«

Karin Enke nach ihrem Olympiasieg im 500-m-Eisschnellauf.

»Weg da, die Deutschen kommen!«

Empfehlung eines Ordners an der Bobpiste, nachdem der bundesdeutsche Zweier zuvor in der Zick-Zack-Kurve ein tiefes Loch in die Bahn geschlagen hatte. Prompt riß der Schlitten im nächsten Lauf an gleicher Stelle wieder eine tiefe Riefe in die Bahn.

»Wir sind gut gefahren, doch die Zeiten waren nicht entsprechend.«

Sepp Lenz, Rodel-Bundestrainer.

»A Taxi war ma liaba!«

Antwort eines österreichischen Trainers an der Bobstrecke auf den freundlichen Hostessenwunsch »Have a nice day«.

»Das ist doch kein Buch, das einen Schönheitspreis gewinnen will.«

Der Herausgeber Gerhard Richter.

»Aber 'ne Zeitung ist's doch auch nicht.«

Der Hersteller Helmut Müller zu der Frage, ob zwei Leerzeilen aufgefüllt werden sollten oder nicht.

»War Neureuther Fünfter?«
Frage der Herausgeber.

»Ist egal! Nur bitte morgen nicht verbessern.«
Die Hersteller.

Der Ausnahmeathlet Eric Heiden (vorhergehende Seite) gewann auf allen fünf Strecken im Eisschnellauf der Herren die Goldmedaille. Das war vor ihm noch keinem Wintersportler gelungen. Wie ein Uhrwerk zog der Amerikaner in bestechender Technik seine Runden.
Bei den Wettbewerben der Damen fehlte eine so herausragende Athletin. Über die Sprintstrecke von 500 Meter gewann Karin Enke (GDR, folgende Seite) die heißumkämpfte Goldmedaille.
Der Ehrgeiz, zu gewinnen, verführt zuweilen zu allzu risikoreichem Lauf. Ein Sturz, der alle Hoffnungen auf eine gute Endzeit zunichte macht, kann die Folge sein (links).
Vor allem in den technisch schwierigen Kurven zeigt es sich, wer ein Meister auf den Kufen ist (unten). Hier entfaltet der Eisschnellauf seine ganze Ästhetik und Dramatik

Dokumentation
Eiskunstlauf

Geschafft! Aus dem Lautsprecher tönte die Stimme, die alle Zweifel beseitigte, die noch in der Seele des jungen Mannes genagt haben mochten; jener Satz, der ihn endlich aus diesem seltsamen Schwebezustand zwischen Traum und Wirklichkeit herausholte – es war wahr geworden: »Sieger im olympischen Eiskunstlauf-Wettbewerb der Männer und Gewinner der Goldmedaille: Robin Cousins, Großbritannien!«

Robin Cousins tat den letzten Sprung, den ihm das Programm an diesem Abend abverlangte – er hüpfte auf Schlittschuhen vom Eis auf das mit Teppich bezogene Podest, und in der Aufregung sprang er ein bißchen zu kurz. Fast wäre er, im Augenblick seines größten Triumphes, Sekundenbruchteile vor der olympischen Siegerehrung in der ausverkauften Eishalle von Lake Placid, der Länge lang hingeschlagen. Es ging gerade noch gut.

Nachfolger von John Curry

Das Publikum lachte, die beiden Mitstreiter neben ihm lachten, Robin Cousins lachte – es war das einzige Straucheln gewesen, das er sich an diesem Abend ungestraft erlauben durfte. Er spürte es ebenso wie die mehr als achttausend Menschen in der Halle. Im befreienden Lachen löste sich die Verkrampfung, die Spannung eines Wettbewerbs, der an diesem Abend drei Stunden, für Robin Cousins aber Jahre gedauert hatte. Für diesen Augenblick hatte er gelebt und gearbeitet, seit er das erste Mal auf Schlittschuhen stand. Ei-

nen Monat zuvor hatte der 22jährige in Göteborg zum erstenmal in einem großen internationalen Wettbewerb gesiegt, in der Europameisterschaft. Da war ihm klargeworden, daß er es tatsächlich schaffen konnte, das Ziel zu erreichen: Nachfolger seines großen Landsmanns und Vorbilds John Curry zu werden. Wie 1976 in Innsbruck durch Curry fiel 1980 durch Cousins das olympische Gold an Großbritannien. Es war die einzige Medaille, die die Briten in Lake Placid überhaupt gewannen.

Die vermaledeite Pflicht

Dabei hatte es gar nicht gut angefangen. In der vermaledeiten Pflicht hatte Robin Cousins beinahe schon alle Chancen verspielt. In der Pflicht, in der sich die meisten großen Eiskunstläufer eingeengt und vergewaltigt fühlen, in der Schlittschuhlauf nicht zelebriert, vielmehr beinahe pedantisch nach Strich und Faden exerziert werden muß, hatte er schon fast den Anschluß verloren. Bei einer Figur, die sinnigerweise Schlangenbogen-Schlinge genannt wird, der dritten Pflichtfigur des Programms, verlor Robin Cousins auf seinen stärksten Konkurrenten, den ehemaligen Welt- und Europameister Jan Hoffmann aus der DDR, fast einen ganzen Punkt. Mit Platzziffer 34 und 41,84 Punkten lag Cousins nach Abschluß der Vormittagsmusterung vor leerem Haus und adleräugigen Preisrichtern nur auf dem vierten Rang hinter Hoffmann (11/44,76) und den beiden Amerikanern Charles Tickner (18/43,76) und David Santee (27/43,04).

Im sogenannten Kurzprogramm,

jenem Mittelteil der dreigeteilten Eislauf-Entscheidung, der weder Fisch noch Fleisch, weder Kür noch Pflicht ist, und deswegen von allen beinahe noch mehr gehaßt wird als die reine Pflicht, mußte die Vorentscheidung fallen. In dieser zweiminütigen Vorführung, in der nach Musik und in eigener künstlerischer Gestaltung bestimmte vorgegebene Kürübungen abzuleisten sind (Sprungkombination, Doppel- und Dreifachsprünge, Pirouetten, Schrittpassagen), ließ Robin Cousins zum erstenmal ahnen, daß jeder, der Olympiasieger werden wollte, an seiner Leistung Maß zu nehmen hätte.

Präsentiert wie ein Frühlingsstrauß

Die zwei Minuten Robin Cousins auf dem Eis waren ein Erlebnis, die Offenbarung eines künstlerischen und sportlichen Talents ohnegleichen – jedenfalls ohne Konkurrenz in Lake Placid. Robin Cousins gelang bei dieser Kurzkür schier alles, die Sprünge, hoch und sicher, die Schrittkombinationen, die hohen und wirbelnden Pirouetten, alles fehlerlos und scheinbar auch mühelos im Rhythmus einer sehr glücklich ausgewählten Musik. Eine heiterstimmende, fröhlichmachende, ganz schwerelose Darbietung, präsentiert wie ein Frühlingsstrauß. Trainer Carlo Fassi, bei jedem Auftritt einer seiner Schützlinge selber mit Händen und Füßen dabei, geriet vor Freude fast aus der Fassung, das Publikum dankte mit Ovationen, und sogar die Preisrichter waren beeindruckt.

In der Notenreihe für den künstlerischen Ausdruck gab es neben

Lutz, Toe-loop

achtmal 5,9 einmal auch die 6,0, gezogen von der Kanadierin Alice Pinos. Es war die einzige Traumnote »Sechs«, die in Lake Placid 1980 vergeben wurde.

Duell zweier Schulen

Fehlerfrei, wenn auch längst nicht so leicht und locker wie Cousins, lief auch Jan Hoffmann. Er verteidigte seine Führung, aber der Engländer verkürzte den Abstand auf nur noch 1,04 Punkte, der in der Kür durchaus wettzumachen war. Das Duell, der Zweikampf zweier unterschiedlicher Schulen, ja fast zweier Welten des Eiskunstlaufs, hatte sich angebahnt: Cousins gegen Hoffmann. Noch hatten die Amerikaner die Hoffnung, ihr Landsmann Charles Tickner, Weltmeister von 1978, werde in den Kampf eingreifen können, doch diese Hoffnung wurde mehr und mehr zur Illusion. Tickner patzte im Kurzprogramm an einer entscheidenden Stelle, bei der Sprungkombination. Zwar macht das Kurzprogramm insgesamt nur 20 Prozent des gesamten Wettbewerbs aus (Pflicht 30, Kür 50 Prozent), doch gerade, weil die zwei Minuten so schnell vorbei sind, keine Fehler wettgemacht, kein ungünstiger Eindruck korrigiert werden kann, ist Fehlerlosigkeit hier so wichtig. Die englische Preisrichterin Sally Ann Stapleford, wie sehr viele Preisrichter einäugig immer dann, wenn es um den Vorteil des eigenen Landsmanns geht, zog in der Note für den technischen Wert bei Tickner gar nur eine 5,0 – drei Zehntel schlechter als die nächstniedrige Wertung im Jury-Kollegium. Solche Gefälligkeits- besser: Un-

gefälligkeitswertungen sind aus dem internationalen Preisrichtergeschäft offenbar nicht auszurotten; man jubelt sich hoch, man jubelt sich runter, zieht Noten nach dem Motto: hilfst du meinem Läufer, helfe ich deinem. In Lake Placid blieb solches Manipulieren in erträglichem Rahmen, kein Eiskunstläufer wurde ernstlich benachteiligt oder bevorteilt. Ein Skandal fand nicht statt, und das ist für dieses Gewerbe schon fast ein Kompliment.

Hoffnungsvoller Rudi Cerne

Hoffmann (9/85,92) vor Cousins (26/84,08) und Tickner (83/88,96) – in dieser Reihenfolge, die noch alles offenließ, traten sie an zur entscheidenden Kür. Insgesamt noch 16 Konkurrenten, darunter an dreizehnter Stelle auch der deutsche Meister Rudi Cerne aus Herne, ein Mann, der die Eislauftechnik glänzend beherrscht, der elegant und sicher zu laufen versteht, der mit jedem Sprung, einzeln oder dreifach, in jeder Schrittpassage Begabung und hohes Talent erkennen läßt und der nur ein einziges Handikap hat, das ihn bisher am weiteren Vordringen in internationaler Preisrichter-Wertschätzung gehindert hat: seine schwachen Nerven. Rudi Cernes Vorstellung in Lake Placid war nicht schlecht, von einigen leichten Patzern abgesehen sauber und ansehnlich. Wenn ich nur wüßte, sagte er, wie ich das anstellen soll, so gut zu werden wie der Cousins; trainieren tu ich schließlich genausoviel, mindestens. Für ihn blieb es am Ende beim 13. Platz. Die Kür, die er zum

Abschluß zeigte, war die beste, die ihm je gelungen ist, mit vier dreifachen Sprüngen und mehreren Doppelaxeln. Ein Sturz gegen Ende beim dreifachen Toe-loop war nichts als ein kleiner Schönheitsfehler, für den guten Gesamteindruck kein Abstrich mehr, für die Wertung belanglos. Rudi Cerne, zur Zeit Bundeswehrangehöriger, hat durchaus das Zeug, auf der Eislaufleiter ein paar entscheidende Sprossen höher zu klettern, und das Erlebnis Lake Placid war für ihn gewiß förderlich. Die Eislauf-Union nominierte ihn, obwohl er sich bei der Europameisterschaft wegen Krankheit nicht qualifizieren konnte. Die Herren brauchten ihren Entschluß nicht zu bereuen. Die Auslosung zur Kür fügte es, daß Robin Cousins, der große Favorit, unmittelbar vor Jan Hoffmann aufs Eis mußte, als erster in der Gruppe der sechs Besten. Danach Igor Bobrin, der Russe, dann hintereinander die drei Amerikaner Scott Hamilton, David Santee und Charles Tickner, eine Startreihenfolge wie geschaffen für Amerikas begeisterungsfähige Fans im mit 8500 Zuschauern prall gefüllten Fieldhouse.

Wahrer Eiskunstlauf

Robin Cousins lief eine ausgezeichnete Kür. Zwar kam er beim dreifachen Rittberger mit beiden Beinen auf, aber drei andere dreifache Sprünge stand er sauber, vor allem: er sprang sie mit beinahe majestätischer Weite und Höhe. Aber diese Sprünge sind ja immer nur ein Teil, ein wichtiger, aber nicht allein entscheidender Teil in der Kür des Robin Cousins. Hat man bei vielen

anderen Läufern das Gefühl, daß sie im Grunde mit der Zeit zwischen zwei Sprüngen wenig anzufangen wissen, gewissermaßen Eiskunst im Leerlauf produzieren, ist es bei Cousins gerade umgekehrt: seine Kunst, die wahre Kunst des Eislaufs, zeigt sich vor allem zwischen den Sprüngen, dann, wenn er Elemente des Tanzes, der Musik, des Balletts und des Sports so verbindet, daß seine Vorführung wie aus einem Guß erscheint, mit einem Wort: gestaltet.

Das Publikum klatschte mit, hingerissen und begeistert, nahezu während der gesamten Kür, vor allem während der fabelhaften Schrittpassagen. Ein großer Eistänzer, dieser Robin Cousins. Das zeigte sich vor allem, als er, nach einem tollen Butterfly, in den langsamen Teil hinüberglitt. Hier, in den lyrischen Passagen einer Kür von sehr hochentwickelter moderner Choreographie, fühlt sich Cousins gleich seinem Vorbild Curry erst richtig in seinem Element. Als er mit einer hoch eingesprungenen Sitzpirouette die fünfminütige Vorstellung abschloß, flogen Blumensträuße aufs Eis, ein Fan warf seine Mütze hinterher.

Handwerksmeister auf dem Eis

Eislauf à la Cousins hat für jedes Publikum einen geradezu verführerischen Reiz. Preisrichter freilich haben auch auf die sportlichen Schwierigkeiten zu sehen und auf den sportlichen Wert. Deswegen war, als die Noten dafür gezogen waren, noch keineswegs klar, ob Cousins gewonnen hatte. Im Durchschnitt gab es 5,8. Für den künstlerischen Eindruck dann allerdings nahezu geschlossen 5,9. Dennoch: als Jan Hoffmann aufs Eis kam, war die Goldmedaille für ihn noch greifbar.

Aber er hatte es schwer nach diesem Vortrag, der das Publikum voll überzeugt hatte, obwohl Robin Cousins selber mit sich nicht ganz zufrieden war: »Ich hätte noch besser sein können«, sagte er, »ich weiß es wohl.« Hoffmann, in einem weinroten Anzug, ein Läufer im Alter von 25 Jahren und schon in Grenoble 1968 als kleiner Junge dabei, 1974 einmal Weltmeister, aber immer noch auf der Jagd nach der ersten olympischen Medaille, packte in seine Kür hinein, was nur hineinzupacken war. In einer schier atemlosen Vorstellung folgte Brocken auf Brocken aus dem eindrucksvollen Repertoire seiner dreifachen Sprünge – da fehlte nichts, das war eine komplette Sammlung höchster Schwierigkeitsgrade. Und es konnte niemand übersehen: Jan Hoffmann ist ein Meister auf dem Eis. Freilich: ein Handwerksmeister, der seinen Job mit höchster Präzision und Perfektion betreibt, aber ein Künstler mitnichten. Die Versuche, Musik zu interpretieren, gerieten bei Hoffmann, wie sie in solchen Fällen immer geraten – ein bißchen rührend hilflos, einstudiert, vorgeführt ohne den rechten Glauben und die rechte Einsicht in ihre Notwendigkeit. Eine Kür, getragen von Athletentum, aber ohne einen Hauch von Genie.

Als Jan Hoffmann in die Arme seiner Trainerin Jutta Müller zurückkehrte, perlte ihm der Schweiß von der Stirn. Er hatte alles gegeben und alle Kraft gelassen. Nun mußten die Richter entscheiden.

Sie entschieden für Cousins, und es war eine richtige Entscheidung, wenn der Eiskunstlauf seinen Namen zu Recht trägt und Musik dabei mehr sein soll als ein Anhaltspunkt für den Zeitplan der Sprünge. Silber für Jan Hoffmann – das war immer noch eine angemessene Belohnung. Charles Tickner war mit Bronze der Dritte. Und das amerikanische Publikum, das im allgemeinen vom Wintersport recht wenig, vom Eislauf aber sehr viel versteht, war mit den Preisrichtern voll einverstanden.

Wohleinstudierte Kür

Im Wettbewerb der Damen wurde Trainerin Jutta Müller, die seit Jahren in der DDR Talente kultiviert und mit bestem Erfolg großzieht, entschädigt: das Gold, das Jan Hoffmann versagt blieb, fiel für die Trainerin am Ende doch noch vom Himmel – in den Schoß der 19jährigen Europameisterin Anett Pötzsch aus Karl-Marx-Stadt. Das Mädchen Anett, ein etwas herber, sportlicher Typ, ist in ihrer Art und in ihrem Verständnis vom Eiskunstlauf ihrem Landsmann Jan Hoffmann verwandt, was heißt, daß auch ihre Stärke das Handwerklich-Sportliche, weniger das Künstlerisch-Geniale ist.

Doch Anett Pötzsch hatte das Glück, in ihrer Konkurrenz keinen Robin Cousins zu haben oder eine Gegnerin ähnlichen Schlages und Temperamentes. Linda Fratianne, die Italo-Amerikanerin, die diese Rolle hatte spielen sollen, blieb in der sportlichen Leistung ein bißchen hinter den Erwartungen zurück. Ansonsten fehlte in ihrer Kür nichts – von der geschickt ausgesuchten Musik (»Carmen« in allen Variationen) bis zur großen Gestik war alles bedacht und wohleinstudiert, was geeignet war, die schwarzhaarige Linda einem schon im voraus hingerissenen Publikum und den Damen und Herren des Preisgerichts als bezaubernde Person und ideale Olympiasiegerin vorzuführen.

Anett Pötzsch, schon seit der Pflicht in Führung, die sie auch im Kür-Kurzprogramm nicht verlor, trat mit 1,6 Punkten Vorsprung zur letzten Runde an. Hinter ihr (11/85,80) folgten Linda Fratianne (21/84,20) und Dagmar Lurz, die Deutsche Meisterin aus Dortmund, mit 83,44 Punkten in einer Position, die genügen mußte, die Bronzemedaille zu behaupten.

Favoritin Linda Fratianne

Wie Robin Cousins bei den Männern, hatte auch Favoritin Fratianne in der Spitzengruppe der Kürläuferinnen den ersten Startplatz. In der Halle hingen Transparente (»We love Linda«); gleichsam auf den Händen ihrer amerikanischen Landsleute schwebte Linda aufs Eis, selbstbewußt, Charme versprühend, mit einem Wort: ein Star. Schon nach der ersten blitzsauberen Pirouette raste die Halle, und zu den Melodien George Bizets rauschte Linda, in jeder Faser siegesbewußt, von Klatschmärschen begleitet, durch die Sprünge und Passagen ihrer Kür. Drei Butterflys, hintereinander aufs Eis geschmettert am Ende der vier Minuten, waren wie drei Funken am Pulverfaß: die Eishalle von Lake Placid schien zu explodieren. Achttausend Menschen standen

auf wie ein Mann und brachten Linda Fratianne stehend Ovationen dar. Eislauf war für Minuten unterbrochen – es wurde nur noch Linda veranstaltet.

Die Preisrichter waren nicht in gleicher Weise hingerissen. Noten zwischen 5,6 und 5,8 für den technischen Wert, im Durchschnitt um ein Zehntel höher für den künstlerischen Eindruck, machten dies deutlich. Doch das Publikum in seiner Verzückung nahm dies kaum wahr – es feierte Linda als Siegerin. Ein bißchen zu früh, wie sich herausstellte. Denn Anett Pötzsch, sehr blaß um die Nase, aber voll konzentriert und von den Ovationen für ihre Rivalin keineswegs eingeschüchtert, stand ihr Programm durch. Ein grundsolides Programm, mit mehreren dreifachen Sprüngen, hohen und höchsten Schwierigkeiten und ohne jeden Patzer. Als das Preisrichter-Kollegium zusammenrechnete, ergaben sich noch 0,7 Punkte Plus für die junge Dame aus Karl-Marx-Stadt. Ein zweifellos verdienter Sieg, wenn auch kein Meilenstein des Eiskunstlaufs. Das Niveau bei den Damen war allgemein ein paar Stufen unterhalb der Ebene des Wettbewerbs der Herren.

Erschöpfte, aber siegreiche Dagmar Lurz

Dagmar Lurz hielt fest, was sie sich erhofft und erträumt und schon im einleitenden Pflichtprogramm, ihrer Stärke, beherzt angepackt hatte: die Bronzemedaille. Mit einer Kür, in der – nach dem dreifachen Rittberger zu Beginn – nahezu alles klappte. Dagmar Lurz hat im letzten Jahr ihrer Karriere etwas ge-

lernt, was für den Erfolg wichtig ist, nämlich Zorn in Leistung umzusetzen. Die Tatsache, daß ihr nach schwachen Leistungen bei der Deutschen Meisterschaft die eigenen Anhänger eine Bronzemedaille bei Olympia schon fast nicht mehr zugetraut hatten, hat sie geärgert und beflügelt. Sie ist mit Trotz gelaufen, erstaunlich gut. »Besser kann ich nicht«, sagte sie, als alles vorüber war. Man darf es ihr glauben. In die vier Minuten ihrer Kür hat sie alles investiert, was ihr zur Verfügung stand, und am Ende war sie völlig fertig, so erschöpft, daß sie den Weg von der Mitte der Eisfläche nach der Abschiedspose fast nicht mehr geschafft hätte.

Dagmar Lurz ist die erfolgreichste bundesdeutsche Läuferin der letzten 25 Jahre. Die Bronzemedaille ist ein schöner Abschluß ihrer Karriere, die nach den Weltmeisterschaften im März in Dortmund zu Ende geht.

Einer der Höhepunkte des Abends war die zu Recht mit hohen Wertungen bedachte Kür der Schweizerin Denise Biellmann. Seit einigen Jahren springt von ihren Kürvorträgen der gewisse Funke auf das Publikum über. Auch sie vereint excellentes sportliches Können mit tänzerischer Musikalität. Ihre herausragenden Kürleistungen bringen sie bei internationalen Meisterschaften meist von schlechten Pflichtplazierungen noch weit auf die vorderen Plätze. Gelänge es ihr – bei nicht verändertem Bewertungssystem –, diesen Mangel auszugleichen, könnte sie zu den Großen im Eiskunstlauf gehören.

Aloys Behler

Nach den beiden Abenden des Paarlaufs und des Eistanzes in Lake Placid gibt es auch nicht den leisesten Zweifel mehr: das Eistanzen, Jahrzehnte hindurch nur am Rande geduldetes und ungeliebtes Kind des Eiskunstlaufs, hat bei diesen Olympischen Spielen des Jahres 1980 den Paarlauf in den Schatten gestellt. Noch in der ersten Hälfte der siebziger Jahre wäre jeder verlacht worden, der diese Entwicklung vorausgesagt hätte. Gewiß hatte es vorher schon einige aufsehenerregende Eistanzpaare gegeben, allen voran die Engländer Diane Towler/Bernhard Ford mit ihrem Einfallsreichtum der Schritte und Drehungen und oft verblüffenden Figuren. Sie hatten auf dem Eis fortgeführt, was die großen englischen Tanzpaare auf dem Parkett begonnen hatten – exakte Bewegungsformen in erstaunlicher Vielfalt. Zur künstlerischen Darbietung freilich hatten sie bei aller technischen Perfektion den Eistanz noch nicht entwickelt.

Ballett auf dem Eis

Dieses Verdienst gebührt den sowjetischen Paaren, denen ab 1970 die Weltmeisterschaften zufielen. Sie siegten mit einer solchen Überlegenheit, daß es selbst in der von Grund auf vergifteten, von Fehlurteilen – wissentlichen oder auf Unkenntnis beruhenden – überwucherten Welt der Preisrichter zu einhelligen Sprüchen kam. Ludmilla Pachomowa/Alexander Gorschkow, später Irina Moissejewa/Andrej Minenkow transferierten den Ballettstil des Bolschoij-Theaters

auf das Eis. Plötzlich blühte das Eistanzen an den Abenden der Kür auf. Nicht mehr die Vielfalt der Figuren dominierte, nicht mehr die Verblüffung über die immer neuen Formen, sondern die Anlage des Tanzes, die Haltung und Schönheit des Paares. Jetzt erst entfaltete sich der ganze Zauber des Tanzes auf dem Eis: wunderbarer Fluß der Bewegung, Werben des Mannes um die Frau. Höhepunkte waren nicht länger die schnellen Schrittfolgen zu den peitschenden Rhythmen des Quickstep und des Charleston wie bei den englischen Tanzpaaren. Jetzt lag der Akzent vor allem auf den langsamen Passagen des Kürtanzes. In ihnen wurden Schritte und Drehungen geboren, bei denen der Eindruck entstand, daß sie im Augenblick des Laufs allein von der Musik eingegeben waren. Und bei einigen wahrhaft unvergeßlichen Tänzen von Ludmilla Pachomowa und Alexander Gorschkow war eine vorher nie erreichte Einheit von Musik und Bewegung entstanden.

Enttäuschende Sieger

Als Pachomowa/Gorschkow 1976 abtraten, beherrschten Irina Moissejewa/Andrej Minenkow die Szene, bis ihnen in Natalia Linitschuk und Gennadij Karponossow ein erst ebenbürtiges, ab 1978 zumindest nach Auffassung der Preisrichter auch überlegenes Paar erstand. Es ging als hoher Favorit in die olympische Entscheidung in Lake Placid, gewann auch die Goldmedaille und – enttäuschte doch sehr. Denn einmal war der Sieg vor dem ungarischen Paar Krisztina Regöczy/Andras Sallay bei Platzziffer 13 der Russen gegenüber 14 der

Ungarn doch nur hauchdünn, vor allem aber zeigte der Abend der Kür, daß es 1980 kein überragendes Paar mehr gibt. Es dominierten in Lake Placid auch nicht etwa die drei Paare, die die Medaillen errangen, sondern es stellten sich in dieser Disziplin, in der es erst zum zweiten Male um olympische Medaillen ging, acht nahezu gleichwertige Paare vor und auch die beteiligten restlichen drei enttäuschten keineswegs. Ganz im Gegensatz zum Paarlauf konnte in Lake Placid im Eistanzen keine Rede von einem deutlichen Leistungsgefälle im Teilnehmerfeld sein: Alle elf Paare bewiesen vor allem in der abschließenden Kür, daß sie ein Recht hatten, am olympischen Kampf teilzunehmen. Das ist ohne Beispiel in der langen olympischen Geschichte des Eiskunstlaufs.

Ungerechte Wertungen

Um so schwerer wiegt einmal mehr das Unvermögen der Preisrichter. Entweder sie hatten im Kürtanz nicht den Mut, bereits beim zweiten Paar, das das Eis betrat, die berechtigten hohen Noten zu ziehen, oder sie waren der Meinung, daß die erst Jahrzehnte geübte Praxis, man müsse sich im Eiskunstlauf erst einmal über Jahre »hochdienen«, noch immer zu Recht bestünde. Denn anders sind die Noten von durchschnittlich 5.3 bis 5.4 für den Inhalt und von 5.4 bis 5.5 für die Ausführung für das sowjetische Paar Natalia Bestemjanowa/Andrej Bukin einfach nicht zu verstehen! Es ist unmöglich, daß die Preisrichter nicht gesehen haben, was da geboten wurde!
Was dieses Paar, nach den Pflicht-

Im Schatten d

tänzen und dem Spurenbildtanz nur auf dem neunten Rang, in der Kür leistete, hätte im Inhalt nur mit Noten von 5.6 und in der Ausführung mit 5.7 bis 5.8 ein gerechtes Urteil gefunden. Kein einziges Paar, auch nicht Linitschuk/Karponossow oder Moissejewa/Minenkow oder Regöczy/Sallay liefen in jeder Sekunde der vier Minuten so sehr im Einklang mit der Musik. Kein anderes Paar brachte so viel Originalität auf das Eis. Keine andere Läuferin vermochte so unterschiedliche Empfindungen wie kecken Überschwang, träumerische Verliebtheit, rauschhaftes Verströmen im Tanz so überzeugend auszudrücken wie die junge Russin. Dieses rothaarige Mädchen mit dem Temperament und der Geschmeidigkeit einer nur mühsam gezähmten Wildkatze verkehrte das ungeschriebene Gesetz eines jeden Tanzes, das Werben des Mannes um seine Partnerin, ins Gegenteil: Sie war es, die warb, umschmeichelte, umgarnte und dabei alle Künste der Körpersprache spielen ließ. Wie ungerecht die Wertung für dieses Paar war, erwies sich im Laufe des Abends noch oft, ganz besonders bei den Kanadiern Lorna Wighton/John Dowding und bei dem amerikanischen Meisterpaar Stacey Smith/John Summers, die für technisch schlechtere, einfallslose, künstlerisch mittelmäßige und recht ausdruckslose Kürtänze um mehrere Zehntel höher bewertet wurden. Bestehen konnten außer den drei Paaren in den Medaillenrängen – immer gemessen an Bestemjanowa/Bukin – tatsächlich nur noch Jayne Torvill/Christopher Dean, die in Exaktheit und Einfallsreichtum die große Tradi-

tion der britischen Eistanzpaare fortsetzten.

Den besten Kürtanz des Abends brachten überraschend nicht die sowjetischen Paare Linitschuk/Karponossow und Moissejewa/Minenkow, sondern die Ungarn Krisztina Regöczy/Andras Sallay. Ihre originellen Schritte und Drehungen, technisch erstaunlich exakt dargeboten, wurden mit Recht mit der höchsten Wertung bedacht. In der insgesamt ausgezeichneten Kür fiel noch ganz besonders ihr brillanter Tango »Jalousie« heraus, in dem sie unnachahmlich die Musik in Bewegung umsetzten.

Freilich, was da von den führenden Paaren so vollendet auf das Eis gezeichnet wurde, war bei allen das Ergebnis härtester und sehr langer Arbeit. Keines der besten Paare, das sich in Lake Placid dem entzückten Publikum vorstellte, hat nicht zumindest zehn bis fünfzehn Jahre eines meist täglichen Trainings hinter sich – auch in der Leistungsgesellschaft von heute noch immer ein schrecklicher Preis für olympischen Ruhm, nicht vielmehr für Wohlstand und Reichtum, zu dem der Sieg oder ein vorderer Platz auf olympischem Eis erst das Tor weit öffnet...?

Das Münchner Paar Henriette Fröschl/Christian Steiner endete nach gerechter Wertung auf dem zehnten Platz, ließ nur das österreichische Geschwisterpaar Susi und Peter Handschmann und die Engländer Karen Barker/Nicky Slater hinter sich. Aber für sie gilt eben auch das Urteil für die gesamte Konkurrenz: hier brachten auch die Zehnten noch eine gute Leistung, die die Teilnahme in Lake Placid rechtfertigte.

Ein ähnlich gutes Urteil kann leider für den Paarlauf dieser Spiele nicht gefällt werden. Die Schuld daran tragen freilich nicht die elf Paare, die nach dem Nichtantreten von Babilonia/Gardner noch übrigblieben. Die Schuld an der bedauerlichen Entwicklung des Paarlaufs in den letzten Jahren tragen zweifellos die Preisrichter. Da sie aus unerfindlichen Gründen lediglich die Schwierigkeiten bewerten und ihnen Originalität, Musikalität, Harmonie, Schönheit der Bewegung und Ausstrahlung offensichtlich wenig bedeuten, ist der Paarlauf in eine Sackgasse geraten. In Lake Placid zeigte sich das so erschreckend wie kaum je zuvor: hohe und höchste Schwierigkeiten bei den meisten Paaren, aber kein Eiskunstlauf, zu dem eben mehr gehört als das Aneinanderreihen von Sprüngen, Schritten und Hebungen.

Paarlauf in der Sackgassse

Vielleicht hätte alles doch etwas anders ausgesehen, wenn es zum erhofften Zweikampf der Weltmeister von 1979, Tai Babilonia/Randy Gardner mit dem nach einjähriger Pause wieder angetretenen erfolgreichsten Paar des letzten Jahrzehnts Rodnina/Saizew gekommen wäre. Denn dann hätten sich die Preisrichter wenigstens bei diesen beiden Paaren zwischen Eiskunstlauf und Sport entscheiden müssen. Ihre Wertungen hätten – ähnlich wie vor anderthalb Jahrzehnten beim Zweikampf zwischen Kilius/Bäumler und den Protopopows – entweder der Ausstrahlung, Harmonie und Schönheit einer Kür den Vorzug geben müssen oder aber dem Tempo, der Sprungkraft

s Eistanzes

und der Schwierigkeit eines Programms.

Nun, dieser entlarvenden Prüfung, gleichsam der Gretchenfrage des gesamten Eiskunstlaufs unserer Tage, wurden sie durch den Startverzicht des amerikanischen Meisterpaares enthoben. Es wird wohl nie mit unumstößlicher Gewißheit gesagt werden können, was Randy Gardner bewogen hat, Sekunden vor dem Beginn des Kurzprogramms den olympischen Start abzusagen. Nur er und die schöne, immer etwas sphinxhafte Tai und ihr Trainer wissen, was ihn dazu veranlaßte. Mag sein, daß es die Verletzung war, die offiziell als Grund angegeben wurde. Aber die Vermutung muß erlaubt sein, daß entscheidender als die doch wohl nicht allzu schwere Verletzung von Randy Gardner die Sorge war, den Wert der im Vorjahr in Wien in Abwesenheit von Rodnina/Saizew gewonnene Weltmeisterschaft durch eine Niederlage in Lake Placid zu mindern. Natürlich wußten die beiden, daß ihre Chance, den am höchsten dotierten Revuevertrag aller Zeiten zu erhalten, auf dem olympischen Eis auf das höchste gefährdet war. Auch darin ist ja Olympia unendlich weit von den hier und dort noch immer existierenden, aber weltfernen Vorstellungen der olympischen Träumer entfernt ...

Es fehlte die Brillanz

Mit dem Startverzicht des Paares, das noch am ehesten der Vorstellung vom idealen Paarlauf, einem Lauf voller Schönheit und Harmonie, voller Einfallsreichtum und Musikalität entspricht, war der Weg für einen neuerlichen Sieg von Irina Rodnina und Alexander Saizew frei. Es zeigte sich dann auch, daß eine tempogeladene Kür mit schwierigen, über die gesamte Eisfläche verteilten Schrittkombinationen, mit guten aber keineswegs überragenden Sprüngen und Sprungkombinationen und Hebefiguren genügte, um Irina nach zehn Weltmeisterschaften ihren dritten Olympiasieg zu bringen. Sie und ihr Eislaufpartner, mit dem sie seit fast fünf Jahren auch verheiratet ist, haben verdient gewonnen, an einstige überragende Läufe haben die dreißigjährige gewiß bewundernswerte Sportlerin und ihr drei Jahre jüngerer Mann in Lake Placid aber nicht anknüpfen können.

Die Stärke ihrer Kür lag auch diesmal im Tempo, in der Häufung der geschickt variierten Hebesprünge, im sehr gut nebeneinander gesprungenen Doppel-Axel. Aber da diese Elemente ihres Laufs nicht ganz die Brillanz von einst aufwiesen, da die Explosivität fehlte, wurde stärker noch als früher sichtbar, daß beide keine Tänzer auf dem Eis sind. In den Pausen zwischen den zahlreichen Sprüngen und den schwierigen, sehr exakt gelaufenen Schrittkombinationen sah man eben überdeutlich, daß Irina Rodnina, dieses Energiebündel und Wunder an Sprungkraft nicht weich laufen kann, daß ihr, der Natur und Willenskraft so viel für ihre Eiskarriere mitgegeben haben, alle weichen fließenden Bewegungen fremd sind. Da konnte die Musik in einigen Takten noch so süß locken – Irina schmilzt nicht dahin, läßt sich nicht ein in ruhige fließende Bewegungen. Nur weiter, schnell wieder etwas anderes, schnelleres, zündenderes, scheint in solchen Momenten ihre Parole, hinweg aus einer Sphäre, die ihr sichtbar Unbehagen bereitet. Die langsamen Teile – selten genug in ihrem Lauf – sind auch nach der Pause und der Geburt ihres Kindes Fremdkörper geblieben.

Es gab keinen Fehler in dieser Kür – aber es sprang auch niemals der Funke auf die Zuschauer über, obwohl diese an den Abenden des Paarlaufs und des Eistanzes durchaus gewillt schienen, aus der sonst in Lake Placid so oft beobachteten Reserve herauszugehen. Einmal mehr machte das böse Wort von der »eiskalten Perfektion« ihres Laufs die Runde. Es war darum geradezu tröstlich zu sehen, wie ergriffen, wie »menschlich« Irina später bei der Siegerehrung war. Sie kann ja weinen und lachen, dachte man, wie schön wäre es, wenn etwas davon in ihren Lauf einflösse!

Originalität, aber keine Ruhe

Die Silbermedaille fiel an Marina Tscherkassowa/Sergej Schachrai. Die erst fünfzehnjährige Marina ist im letzten Jahr mehr als 20 Zentimeter gewachsen. So ist aus dem Kind-Mann-Paar bei den Weltmeisterschaften 1979 in Wien zur Freude aller, denen das Mißverhältnis der Körpergröße in den letzten Jahren Unbehagen bereitete, ein recht harmonisches Paar geworden. Zu ungarischen Volksweisen war ihnen oder ihrem Trainer Stanislaw Shuk viel Originelles eingefallen. Ihr Lauf enthielt sehr sichere und hohe Einzelsprünge, vielleicht die besten Hebesprünge, alles gut im Einklang mit der Musik

116

gelaufen. Die Wertung zwischen 5.7 und 5.8 war voll berechtigt.

Daß auch sie sich, von kleinen Modifikationen abgesehen, an Rodnina/Saizews Eishüpfer-Stil orientieren, wer vermag es ihnen zu verdenken? So gerieten auch ihnen die langsamen Teile nicht, trotz ungleich besser gewählter Musik. Auch wenn die Geigen noch so süß sangen – kein Sich-Wiegen im Tanz, keine Ruhe, keine Inspiration durch den Charakter der Musik.

Den dritten Rang belegten mit schwächerer Punktzahl allein durch die Majorität der dritten Plätze die DDR-Meister Manuela Mager/Uwe Bewersdorff vor dem gleichwertigen dritten sowjetischen Paar. Das deutsche Paar zeigte ein schwieriges Programm mit phantastischem Wurf-Axel, ausgezeichneten Einzelsprüngen wie dem Doppel-Axel und dem Doppel-Lutz. Es unterlief ihm in seiner etwas ruhelosen Kür, die in manchen Passagen hastig wirkte, kein einziger größerer Fehler. Die niedrige Wertung des sowjetischen Preisrichters – 5.5 und 5.4 – war gewiß nicht verdient. Die 5.6 und 5.7, die sie im Durchschnitt erhielten, entsprachen ihrer guten Leistung weit besser.

Nach dem Kurzprogramm hatten Marina Pestowa/Stanislaw Leonowitsch noch vor ihnen gelegen. Das einzige noch verbliebene in der Größe sehr ungleiche Paar – 1,47 m und 1,76 m! – war absolut gleichwertig. Vielleicht dachten die Preisrichter, als sie dieses Paar mit ihrer Entscheidung auf den undankbaren vierten Platz verwiesen, an die recht unglückliche sechsfache Sprungkombination, bei der

ihm – notwendigerweise, denn sechs aneinandergereihte Sprünge sind ein Unding! – die Kraft ausging.

Klassischer Paarlauf

Cathleen und Peter Carruthers, jenes Paar, das bei den Meisterschaften der USA Babilonia/Gardner nur knapp unterlegen war, endete auf dem fünften Rang. Die beiden Amerikaner liefen eine hervorragende Kür, die mit durchschnittlich 5.5 eher noch unterbewertet wurde. Sie brachten alle Schwierigkeiten des modernen Paarlaufs: die achtzehnjährige Cathleen flog bei den geworfenen Sprüngen so hoch und weit wie kaum eine andere, das Tempo lag sehr hoch, ihre Sprungkombinationen waren – abgesehen von Rodnina/Saizew – die einzigen, bei denen Schwung und Sprungkraft bis in die jeweils letzten Sprünge ausreichten. Hinzu kam, daß dieses Paar in stärkerem Einklang mit der Musik lief als alle anderen Paare. Und – sie hatten keine Angst, in den langsamen Phasen der Kür »nur« schön zu laufen. Es war eine der sportlichsten Kürdarbietungen an diesem Abend und doch zugleich auch ein Tanz auf dem Eis – Paarlauf, wie er immer sein sollte.

In der Synthese von sportlichem und schönem, gleichsam »klassischem« Paarlauf kamen ihnen die Stuttgarter Tina Riegel und Andreas Nischwitz nahe. Die beiden wiederholten allerdings nicht ihre glänzende Leistung von den Europameisterschaften. Nachdem Andreas Nischwitz die erste Sprungkombination auf dem Hosenboden beendet hatte, schlichen sich weite-

re Fehler beim dreifachen Toe-Loop und beim dreifachen Wurf-Axel ein. Die Fehler minderten nicht nur den Eindruck, sie bewirkten auch, daß dieses heute schon sehr gute und steigerungsfähige Paar nach dem ersten Fehler nicht mehr die Eleganz und Ausstrahlung erreichte, die in Göteborg so fasziniert hatten. Zwischen ihnen, die Achte wurden, dem vor ihnen liegenden amerikanischen Paar Franks/Boticelli und den Sechsten, Bäß/Thierbach aus der DDR, besteht in der Leistung kein nennenswerter Unterschied. Eine nicht ganz gerechte Wertung im Kurzprogramm und die schwächere Tagesform von Lake Placid gegenüber der Europameisterschaft entschieden im olympischen Kampf über diese Plätze.

Befriedigt hat der Abend des Paarlaufs niemanden. Stärker als je war zu beobachten, daß die Sucht, möglichst viele Schwierigkeiten in den fünf Minuten der Kür unterzubringen, keine Zeit und keinen Raum läßt für die künstlerische Gestaltung und die Anpassung an die Musik. Es ist alles – bei aller unbestreitbaren und teilweise sogar phantastischen Steigerung der Schwierigkeiten – einander zu ähnlich geworden. Nur selten zeigte sich auf dem Eis von Lake Placid die Persönlichkeit. Der Paarlauf ist auf hohem Niveau in den Schwierigkeiten zu sehr nivelliert und damit – leider – etwas fad geworden. Es sollte doch nachdenklich stimmen, daß sich im Eistanzen ungleich mehr Individualität entfaltete als im Paarlauf.

Heinz Maegerlein

Der Eiskunstlauf war ursprünglich ein Männersport und dies scheint er bei der rapiden Vorwärtsentwicklung seines sportlichen und künstlerischen Niveaus wieder zu werden. Natürlich waren in den vergangenen Jahrzehnten bis heute auch in den Damenwettbewerben sehr oft hervorragende sportliche Leistungen zu sehen. Die jungen Damen in ihren bunten kurzen Röckchen versprachen mehr Abwechslung und lockten damit aus optischen Gründen fast immer weit mehr Publikum an als die Herren in ihrem meist einfarbigen dunklen Dress. Seit aber die Akzente für neue Entwicklungen im Eiskunstlauf von den Herren gesetzt werden, und die Synthese aus modernem Hochleistungssport und künstlerischer Darbietung von den Damen nur noch selten verwirklicht werden kann, sind die Wettbewerbe der Herren wieder zu Kassenmagneten geworden.

Medaillenquartett

Die Favoriten der olympischen Spiele stehen zumeist schon Jahre zuvor abwechselnd an der Weltspitze und möchten alle ihre Laufbahn mit dem Gewinn einer Medaille beenden. Daraus ergibt sich die spannungsgeladene prickelnde Atmosphäre in den Eiskunstlaufwettbewerben. Der Weltmeister 1974, Jan Hoffmann (DDR), der Weltmeister 1978, Charles Tickner (USA), der Europameister 1980, Robin Cousins (GBR) und der Weltmeister 1977 und 1979, Vladimir Kovalev (UdSSR), waren das Quartett, das von vornherein für

die Medaillen in Frage kam. Einer von ihnen mußte leer ausgehen, doch die Pflicht, die bei den vorangegangenen Weltmeisterschaften zumeist von Vladimir Kovalev gewonnen wurde, brachte eine erste wichtige Entscheidung. Infolge des Handicaps einer fiebrigen Erkältung wurde Kovalev nur Fünfter. Er entschied, daß er keinesfalls bei der darauffolgenden Kurzkür antreten werde und schied damit aus.

Ausgeschiedener Favorit Kovalev

Der Amerikaner David Santee erkämpfte sich hinter Jan Hoffmann und Charles Tickner den dritten Platz und verwies den bekannt pflichtschwachen Robin Cousins auf den vierten Rang. Mit Santee hatte niemand gerechnet und vor allem sein Landsmann Tickner mußte sich berechtigte Sorgen um seine Medaillenhoffnungen machen. Mit Vladimir Kovalev schied ein Eiskunstläufer aus, der seine bisherigen Erfolge seiner Beständigkeit in Pflicht, Kurzprogramm und Kür zu verdanken hatte. Er profitierte stets von den Fehlern seiner Konkurrenten und deren Experimentier- und Risikofreudigkeit. Laut Reglement muß die Pflicht in guter Haltung bei flüssigem Bewegungsablauf absolviert werden. Gerade dieser Forderung hat er nie entsprochen und hat trotzdem stets gute Pflichtplätze belegt. Seine persönliche Note in der Kür ist augenfällig geprägt von seiner eigenwilligen, sehr männlichen Ausstrahlung, die hauptsächlich bei vielen Damen im Publikum sehr gut ankommt. Dies kann aber nicht über seine zu kurz gelandeten

Sprünge hinwegtäuschen, die technisch nie ganz perfekt sind und Unsicherheit verraten. Als einzigem scheint ihm entgangen zu sein, daß Schwung auch eine Voraussetzung für einen guten Kürvortrag ist. Sein Ausscheiden schmälert die Leistung des Olympiasiegers 1980 sicherlich nicht.

Plädoyer für die Pflicht

Viele Anhänger des Eissports plädieren dafür, daß die Pflicht abgeschafft werden solle, weil sie angeblich viele Kürläufer um ihren Erfolg bringt. Vor allem ein Reporter der ARD wird nicht müde, bei jeder Übertragung von Eiskunstlaufwettbewerben von der »stupiden Pflicht« oder von »Kringeldreherei« zu sprechen. Natürlich ist die Pflicht für Laien weder spektakulär noch sofort verständlich. Die Figuren des Pflichtlaufens mit größter Präzision, geometrischer Genauigkeit und Kantenreinheit vorzutragen, ist eine Kunst, die nur die Eisläufer zeigen können, die zu höchster langzeitiger Konzentration und einer Verinnerlichung der totalen Körperbeherrschung fähig sind. Die statische Kraft auf jedem Zentimeter des Bogens richtig einzusetzen, den gekrümmten Schlittschuh stets an der richtigen Stelle zu belasten und dabei den Winkel der verlangten Seitenneigung einzuhalten, verlangt sehr viel Einfühlungsvermögen, unendliche Geduld und ist nichts für Menschen, die ihre Energie ausschließlich explosionsartig zur Schau stellen können. Daher gibt es nur wenige Eiskunstläufer, die in Pflicht und Kür ausgeglichen sind. Ohnehin ist das Reglement unserem modernen,

Fanal für den E

schnellebigen Leben angepaßt und somit macht die Pflicht nur 30 Prozent im Gesamtergebnis aus. Meiner Meinung nach sollte sie nicht abgeschafft werden, weil sie unter anderem bei der Erfüllung der vorgenannten Bedingungen dem ausgereiften, besonnenen Sportler sehr viel Freude bereiten kann, freilich unter Ausschluß der Öffentlichkeit. Der Eiskunstläufer wird bei seiner Fortbewegung immer Spuren im Eis hinterlassen und es muß eine Kunst bleiben, diese wohlgeformt in das Eis zu zeichnen. Beharrlichkeit, Ausdauer und penible Genauigkeit als Sturheit und Stupidität zu interpretieren, ist ungerecht und steht niemandem, der es nicht selbst ernsthaft probiert hat, zu. Oder ist Sport nur dann Sport, wenn der Athlet keuchend und naßgeschwitzt durchs Ziel geht? Dann müßten viele Sportarten gestrichen werden.

Perfekte Kurzkür von Robin Cousins

Das zweiminütige Kurzprogramm, das bei frei gewählter Musik und freier Choreographie aus sieben vorgeschriebenen Elementen besteht, brachte bereits Veränderungen in der Plazierung. Beim führenden Jan Hoffmann verringerte sich der Vorsprung, obwohl er eine sehr schwungvolle, sehr sichere Vorstellung bot. Die Leistung von Robin Cousins war der absolute Höhepunkt in diesem Wettbewerb. Seine Kurzkür kann uneingeschränkt als perfekt bezeichnet werden. Seine hohen weiten Sprünge, seine wirbelnden Pirouetten, sein diffiziler Längsschritt und seine tänzerische Eleganz bei größtem athletischem

Einsatz waren ein Augenschmaus. In der B-Note erhielt er als einziger von der kanadischen Preisrichterin eine 6,0. Er rückte damit vom vierten auf den zweiten Platz vor. Charles Tickner, der durch sachliche Eleganz und Leichtfüßigkeit zu bestechen weiß, litt offensichtlich unter starker Nervosität, verpatzte die Sprungkombination, in der er nach dem dreifachen Toe-loop den vorgeschriebenen Doppelrittberger nicht vollendete. Er rutschte auf den dritten Rang ab, behielt aber seine Medaillenchance. Seinen Heimvorteil konnte er nicht verwerten. Ganz zur Freude des Publikums brachte Santee ein Kurzprogramm, das einem sportlichen Feuerwerk glich; danach war er Vierter und über dieses Abschneiden konnte man sich streiten. Die tänzerisch eigenwilligste und eine technisch sehr saubere Kurzkür bot der Russe Igor Bobrin. Der deutsche Meister Rudi Cerne, der in seinem Laufstil und seiner Erscheinung ein wenig an den Olympiasieger von 1976 John Curry erinnert, patzte leider gleich zu Beginn und stürzte beim dreifachen Toe-loop. Er verbesserte sich aber vom 14. auf den 13. Rang.

Höhepunkt – Die große Kür

Die Kür mußte nun die seit einem Jahr von Prognosen angereicherte Entscheidung bringen. Würde es der von den Medien so sehr bevorzugte Robin Cousins schaffen? Sollte Charles Tickner seine enorme Leistung, die er bei den Weltmeisterschaften 1979 in Wien geboten hatte, wiederholen können? Oder war nicht Jan Hoffmann nach seiner zwölfjährigen internationa-

len Laufbahn derjenige, der die größte Erfahrung und Nervenkraft für einen Sieg hatte? Konnte Santee dieses Dreigestirn durcheinanderbringen? Vor ausverkauftem Haus wurde die Kür der Herren der allseits erwartete Höhepunkt der Eiskunstlaufwettbewerbe.

Als erster mußte der Kanadier Brian Pockar auf das Eis. Er zeigte eine hochwertige Kür und stimmte damit das Publikum und die Preisrichter auf das zu Erwartende richtig ein. Erstmalig war auch ein Chinese dabei, der signalisierte, daß hier eine neue Eislaufnation geboren wird, die vielleicht die Vorherrschaft der Sowjetunion wegen sicherlich ähnlich günstiger Trainingsbedingungen in 10 bis 15 Jahren beeinträchtigen könnte. Rudi Cerne bot in einem internationalen Wettkampf seine bisher beste Kür, stürzte zum Schluß abermals beim dreifachen Toe-loop und konnte dennoch vier gestandene Dreifachsprünge und drei Doppelaxel nachweisen, was vor ihm noch keinem deutschen Eisläufer gelang. Schade, daß er seinen dreifachen Axel nicht gezeigt hat, den er als einziger der Welt hoch und einwandfrei springen kann. Die beiden Japaner Mitsuru Matsumura und Fumio Igarashi zeigten erstklassige Küren, die sich vor allem durch hohes Tempo, bedingungslosen ungehemmten Einsatz bei gleichzeitiger Eleganz auszeichneten.

John Curry – Toller Cranston – Robin Cousins

Als erster Favorit lief mit Startnummer 11 Robin Cousins. Seine Kür war tatsächlich das Maß aller Dinge, obgleich er beim dreifachen

Rittberger strauchelte. Die perfekte musikalische Interpretation, der saloppe tänzerische Vortrag, sein müheloses hohes Tempo und sein weiter Flugaxel waren sehenswert. Er hat die stilistische Richtung von John Curry und Toller Cranston fortgesetzt, dabei aber nicht nachgeahmt und zu seiner ganz persönlichen Auffassung gefunden. Dies verdankt er in erster Linie seiner Ursprungstrainerin G. Hawk, die ihn international zu seinen ersten großen Erfolgen brachte und erst in zweiter Linie den idealen Trainingsbedingungen bei Startrainer Carlo Fassi in Denver, USA.

Sportlicher Läufer Jan Hoffmann

Sein Hauptrivale Jan Hoffmann zeigte wie immer die technisch perfektesten und höchsten Sprünge und vor allem mehr und schwierigere Dreifachsprünge, wie zum Beispiel den dreifachen Lutz. Das war seine sicherlich bisher beste Kür, die allerdings in der B-Note, also im künstlerischen Wert, gegenüber Cousins berechtigt deutlich abfiel. Man hätte aber in der A-Note durchaus noch höhere Noten geben können. Der Ausgang der Männer-Entscheidung aber ist vollkommen richtig. Jan Hoffmann ist zwar der beste Techniker und Springer, aber ihm fehlt einfach die künstlerische Komponente. Er bringt zu wenig Pirouetten, die ich für gleichwertige Schwierigkeiten halte. Der neue Olympiasieger Robin Cousins verkörpert von allem am meisten. Vielleicht zeigt er nicht die Anzahl der schwierigen Sprünge wie Hoffmann, aber dafür sind seine Sprünge wesentlich höher angesetzt. Und

sein tänzerischer Vortrag war einfach brillant.

Cousins und Hoffmann haben Miniskusoperationen an beiden Knien hinter sich, und es ist sehr bemerkenswert, daß sie trotzdem Weltklasse blieben. Cousins hat es aber leichter, denn er ist nur Eisläufer, Hoffmann dagegen Medizinstudent, der sein Abitur mit Auszeichnung bestand.

Zum Abschluß dieser interessanten Kürentscheidung liefen drei Amerikaner hintereinander. Als erster trat Scott Hamilton auf, der wegen seines kleinen Wuchses eine lebhafte, quirlige Kür zeigte und als einziger Ovationen des begeisterten Publikums erhielt. Danach lief David Santee ähnlich gut wie im Kurzprogramm und gefährdete Charles Tickner, der nach ihm auf das Eis mußte. Dieser konnte aber an seine Leistungen der vergangenen Jahre nicht anknüpfen, war sichtlich nervös und wirkte farblos. Der hohe kunstläuferische Gehalt seiner Kür sicherte ihm aber die Bronzemedaille.

Der Eiskunstlauf kam voll zu seinem Recht

Insgesamt wurden 33 Doppelaxel und 64 Dreifachsprünge gezeigt. Der schwierige dreifache Lutz allein siebenmal. Das waren also ca. vier Dreifachsprünge pro Kür. Der Engländer Christopher Howarth sprang als einziger keinen, der Russe Konstantin Kokora hingegen hatte sechs Dreifache im Programm. Dennoch kam der eigentliche Eiskunstlauf voll zu seinem Recht. Schwierige Schritte, schnelles Gleiten und gut zentrierte schöne Pirouetten waren dominierend.

Die Zeit der eher peinlichen Nachahmungen des Laufstils ist vorbei, die Richtung hat sich gefestigt.

Aber eine generell neue Stilrichtung kündigt sich bei den Herren nicht an. Es wird immer schwerer, Läufer zu finden, die eine brillante Technik in einen leichtfüßigen tänzerischen Vortrag einbauen können. Es ist halt sehr viel einfacher, einen nur auf sportliche Akzente festgelegten Vortrag auszuarbeiten. Auch die Frage nach potentiellen Nachfolgern ist völlig offen.

Abschließend sei den Preisrichtern hohes Lob gezollt, die weit besser und fairer waren als ihr Ruf, der von den Medien zum Schaden des Eiskunstlaufs nur allzu gerne hochgehalten wird.

Manfred Schnelldorfer

Der erhoffte Zweikampf zwischen den Weltmeistern von 1978 Tai Babilonia / Randy Gardner und dem erfolgreichsten Paar des letzten Jahrzehnts Rodnina / Saizew fand nicht statt. Die Amerikaner traten erst gar nicht an. Damit war der Weg zur Goldmedaille für Rodnina / Saizew (links unten) frei.

Auch Silber ging an die Sowjetunion: Trainer Shuk hat Marina Tscherkassowa und Sergej Schachrai (unten) zielstrebig an die Weltspitze geführt.

Davon ist das deutsche Meisterpaar Christina Riegel und Andreas Nischwitz (vorhergehende Seite und oben) im Augenblick noch weit entfernt. Immerhin erreichten sie nach einer ansprechenden Kürleistung Rang acht.

Einen guten 5. Platz belegte das US-Paar Cathleen und Peter Carruthers (links oben). Hier bei einer schwierigen Hebefigur

Kür der Damen: Früher war das der Höhepunkt der Eiskunstlaufmeisterschaften. Längst sind die Herren zur Hauptattraktion dieses Sports geworden. Nicht anders in dieser olympischen Konkurrenz. Nur die Schweizerin Denise Biellmann (links in ihrer berühmten, von ihr kreierten Pirouette) zeigte Eiskunstlaufen. Mit ihrem Vortrag – der sie wegen ihrer Pflichtschwäche allerdings nicht auf einen Medaillenrang brachte – verbreitete sich Flair, Ausstrahlung und Persönlichkeit in der olympischen Eishalle, was den drei Erstplazierten Dagmar Lurz (unten, Bronze), Linda Fratianne (rechts, USA, Silber) und Anett Pötzsch (GDR, Gold) nicht in dem Maße gelang

Die Preisrichter entschieden in der Herrenkonkurrenz für den Eiskunstlauf, für das Laufen zwischen den Sprüngen, für die tänzerische Ausstrahlung: Robin Cousins (GBR), der weltbeste Kürläufer (links), wurde Olympiasieger. Jan Hoffmann (GDR, links außen), der Läufer mit den technisch perfektesten Sprüngen, dem es aber leider an der künstlerischen Komponente mangelt, errang die Silbermedaille. Charles Tickner (USA, rechts) konnte die in ihn gesetzten Erwartungen nicht erfüllen: Bronzemedaille für eine sehr elegante, aber nicht fehlerlose Kür. Der Japaner Fumio Igarashi (unten) zeigte eine erstklassige Kür, die sich durch hohes Tempo, Eigenwilligkeit und Eleganz auszeichnete

Krisztina Regöszy und
Andras Sallay (links), die
Silbermedaillengewinner
im Eistanz, in ihrem mit-
reißenden Walzer, voll-
endet dargeboten in der
Tanzkür des sympathischen
ungarischen Meisterpaares
– allerorten begleitet von
dem jubelnden Beifall
des Publikums.
Die Kür der Ballettänzer
auf dem Eis, des eigen-
willigen sowjetischen Tanz-
paars Irina Moissejewa
und Andrej Minenkow
(rechts), das dem Eistanz
seit Jahren anhaltende
Impulse verleiht, wurde von
den Preisrichtern mit der
Bronzemedaille belohnt

Eistanz, die junge olympische Disziplin, erfreut sich der wachsenden Gunst des Publikums. Natalia Linitschuk und Gennadij Karponossow mußten sich allerdings nach ihrem unverdienten Olympiasieg Buhrufe gefallen lassen. Die Zweiten Krisztina Regöczy/Andras Sallay hätten nach ihrem glanzvollen Vortrag den olympischen Thron besteigen müssen.

Die Leistungssteigerung des deutschen Meisterpaares Fröschl/Steiner (folgende Seite) läßt für weitere Konkurrenzen bessere Plazierungen als den 10. Rang erhoffen. Überbewertet wurden die Amerikaner Smith/Summers (links), die für eine einfallslose, künstlerisch mittelmäßige Kür zu hohe Noten erhielten. Während Fachleute den Engländern Torville/Dean eine große Zukunft voraussagen, belegten ihre Landsleute Barker/Slater (rechts) nur den letzten Platz

Bilanz

Düster hockte der Schorsch Wittmaier vor dem Fernsehschirm. Vorn war natürlich mal wieder der Schwede, der nie stürzt, nie lacht, nie Fehler macht und nach einer noch so guten Fahrt beim Abschwingen seinen Stock wütend in den Schnee stößt, als wäre es ihm nicht gut genug gelaufen. Als hätte er noch bessere Möglichkeiten gehabt. Aber das war es nicht, was den Schorsch so ärgerte, auch daß er Stunden um Stunden in die Röhre gestarrt hatte, ohne einen Sportler der Bundesrepublik auf dem Siegertreppchen zu sehen, so als wäre dieses Land von Menschen bewohnt, die Schnee nur auf Prospekten gesehen haben, kränkte ihn in keiner Weise. Das hatte er schon seit langem begriffen, daß es keinem der Sportler darauf ankam, für sein Land, für seine Leute zu Hause, für Vater, Mutter, Frau und Kind in die Steilhänge zu stürzen, um nach einem Sieg als geachteter Bürger weiterzuleben, als Olympiasieger weiterhin die Post auszutragen, jemandem die Haare zu schneiden oder die Zähne zu ziehen.

Kästle, Kneissl, Fischer stellen hier die Fragen!

Vielleicht war das so einmal so gedacht, aber dazu kannte der Schorschi sich viel zu gut aus in dem Geschäft. Und er wußte, was er zu tun gehabt hätte, sollte er jemals auf einem dieser Siegerpodeste gestanden haben: Abschwingen, auf die Zeitnehmeranlage schauen, raus aus der Bindung, hoch die Ski, schauen, wo die Fernsehkameras

stehen, rein mit dem Namen in den Kanal, Freude zeigen, schnell den Kopf drehen, den Zuschauern winken, damit der Name der Skimützenfirma ins Bild kommt und beim ersten Schnellinterview – Direkte Rede: »Was haben Sie gedacht, als Sie bei Tor Nr. 21 auf dem Innenski standen?« – Sofortantwort: »Bei diesem Ski ist es wurscht, auf welchem man steht.«

Und schnell wieder hinein in die Kamera mit den Karrierehölzern. Rein zufällig steht auch der Chef dieser Firma im Auslauf und legt die Hand auf das Material. Das heißt, auf den Fahrer. Ist es da nicht gleichgültig, ob man Deutscher ist auf österreichischen Brettern oder Franzose mit deutschen Stöcken oder gar Russe mit Schweizer Mütze oder Schweizer mit deutscher Bindung, schwedischer Brille, französischer Unterwäsche und langjährigem Vertrag mit einer österreichischen Skifirma?

An all das verschwendet der Schorsch keinen einzigen Gedanken mehr. Jeder wußte, er fährt, rutscht, läuft, springt und fällt auf eigene Rechnung, und die macht der Wirt.

Der Wirt aber ist nicht sein Bundeskanzler, sein Verband, nicht die Journalisten, die Fernsehkommentatoren, sondern die Schneemultis. Citius, Fortius, Altius – ist das die Frage?

Kästle, Kneissl, Fischer stellen hier die Fragen! Und an diesem Problem nagte der Schorsch Wittmaier vor seinem Fernsehschirm hockend. Der seit vielen Tagen und Nächten nichts mehr anderes ausstieß als Werbespots und Freizeitindustrien mit gelegentlicher sportlicher Behinderung.

Der Schorsch hatte einen Fehler gemacht. Er hätte dabei sein können in diesem Lääk Plässid. Den ganzen Winter hindurch war nichts anderes mehr zu hören: Lääk Plässid. »Bei diesem Rennen geht es nicht so sehr um den Sieg, meine Damen und Herren, es stellt sich vielmehr die bohrende Frage für alle Aktiven: Sind sie in Lääk Plässid dabei oder nicht?«

Es reicht nicht für Lääk Plässid

Schorsch Wittmaier am Start, wir sehen ihm förmlich an, daß er an nichts anderes denkt als an Lääk Plässid. Eine recht ordentliche Zeit ist der junge ehrgeizige Riesenslalomspezialist aus dem kleinen verschlafenen Knitzenbach im Brudermilchtal gefahren, aber 200 Sekunden trennen ihn noch von der Fahrkarte nach Lääk Plässid. Er zerreißt sich förmlich, fegt durch das Tor, aber ob es für ihn das Tor nach Lääk Plässid bedeutet, das vermag nur der Skiverband zu entscheiden.

Schorsch Wittmaier bearbeitet mit seinem Skistock wütend den Schnee, er ahnt wohl, daß Lääk Plässid für ihn im Moment einige tausend Kilometer weitergerückt ist. Er gewann damals einige Rennen. Er ist sehr gut gefahren, stolz darauf gewesen, forderte Anerkennung von seinen Freunden, erfuhr aber nur die Antwort: »Für den Sieg hat's gereicht, aber nicht für Lääk Plässid.«

Schlimm traf ihn die Entscheidung der roten Fränzi, einer von ihm heiß verehrten rothaarigen Linzenbacherin, die eine wunderschön aufregende Vorderzahnlücke hatte, was sie so wahnsinnig sexy machte.

Der Ausgesch

Fränzi schwankte zwischen ihm und dem Lendelbacher Loipen-Kurti, der als letzter Mann dann doch noch ins Olympiaaufgebot kam.

»Kurti fährt nach Lääk Plässid«, sagte sie, und das Plässid zischte sie dabei so niedlich durch ihre Zahnlücke, daß es dem Schorsch ganz heiß wurde. Gleich in den ersten Tagen war der Loipen-Kurti zum 15-km-Langlauf gestartet. Ob er im Ziel angekommen ist und an wievielter Position, hat der Schorsch nie mehr erlebt. Das Fernsehen hat sich nur um die ersten 40 gekümmert.

Ja, schneller denken macht langsamer

Schorsch Wittmaier vor seinem Fernsehschirm fühlte keine Genugtuung, als er zu Hause beobachten konnte, daß nur die deutschen Mädchen die wenigen übriggebliebenen Kastanien aus dem olympischen Feuer holen konnten. Er hatte schon geahnt, daß die großen Zeiten der alten Buben vorbei sein wird. Von allen Seiten kamen sie hereingeschossen, die Russen, Bulgaren, Jugoslawen, Tschechen, Schweden, Norweger und fuhren ihnen, den alten Buben, die auf den Skiern aufgewachsen waren, die Bestzeit weg. Es mußte etwas geschehen.

Aber mit welchen Mitteln hat man nicht alles versucht. Gibt es nicht schon ein Slalom-Gymnasium in Stang, eine Riesenslalom-Universität in Flums, ein Skiflieger-College in Flums? Aber was kommt aus diesen ski-philosophischen Spezial-Fakultäten, warum landen die Produkte auf den hinteren Plätzen?

Sie begreifen zu früh, was von ihnen verlangt wird und vor allen Dingen durchschauen sie, wer es von ihnen verlangt, wer sie den Hang hinunterjagt.

Keine selbständigen Regungen

Der Gigant Kästle hat ihnen den Mut genommen, mit 130 km/h auf zwei Brettern ins Tal zu donnern. Sie überlegen schon, wo ihre Sicherheiten bleiben. Bei einer perfekt funktionierenden Sicherheitsbindung wollen sie es nicht bewenden lassen. Ja, schneller denken macht langsamer.

Das, so weiß der Schorsch, wird nicht der Weg sein, auf dem man zur Weltspitze zurückkehren kann. Man wird früher oder später die Versuche abbrechen und dabei darauf abzielen, das Baby bereits in eine ständige Hockhaltung zu zwingen, denn es wird auf diese Weise später nie mehr allein durch die Straße gehen können.

Freilich, das hat Lääk Plässid wieder deutlich gezeigt, bedarf es für den erfolgreichen Spitzenfahrer keiner selbständigen Regungen. Er hat einen für das Öffnen der Schuhe, einen für das Aufheben seiner Skier, einen für das Trocknen der Tränen, einen, der ihn zu Bett bringt, einen, der ihm den Löffel zu Munde führt, von denen zu schweigen, die ihnen die Skier bringen, wachsen, einstellen, die ihn zum Startplatz führen, die ihn psychologisch aufbereiten, religiös einstimmen, philosophisch vorbereiten, die seine Privatangelegenheiten regeln, sein Taschengeld verwalten und seine Briefe schreiben.

Das alles ging Schorsch durch den Kopf, als er in der Wirtschaft auf die Mattscheibe starrte. Dieses Leben hätte er auch führen können, dieser Star auch sein können. Denn sein Aufstieg bis zur besagten Olympia-Ausscheidung war steil und seine Ergebnisse waren hervorragend, und er wußte, was er falsch gemacht hatte. Nicht wegen mäßiger Leistung war er ausgeschieden, sondern wegen einer klitze-kleinen persönlichen Regung.

Traumzeit auf primitiven Brettern

Wer hatte ihm nur den Gedanken eingebrockt, bei dem letzten entscheidenden Rennen ein paar Skier zu benutzen, die ihm von irgendwem einmal geschenkt wurden, auf denen kein Name mit bekannter Firma draufstand.

Alles wäre gut gegangen, man hätte ihm verziehen. Aber das Unglück wollte es, daß Schorsch Wittmaier mit diesem Werkzeug, mit diesen primitiven Brettern, eine Traumzeit gefahren war. Er hatte alle seine Konkurrenten um ganze ungeheuerliche zwei Sekunden abgehängt. Die Verwirrung im Pool war groß, die Entrüstung kolossal!

Die Pool-Herren trafen zusammen, die Beschaffenheit dieses Skandal-Skis wurde untersucht. Nachdem man nichts Besonderes an ihnen entdecken konnte, wurde Schorsch Wittmaier noch einmal mit einem vorschriftsmäßigen Ski zum Start geschickt. Er erreichte eine mittelmäßige Zeit und schied sang- und klanglos aus dem Olympiakader aus.

Dieter Hildebrandt

Lake Placid – das waren die vorolympischen Spiele von Moskau. Tagelang wurde nur darüber gerätselt, ob Washington oder der Kreml siegen wird und nicht Stenmark oder Heiden.

Nach dem Einmarsch der Sowjets in Afghanistan zogen die Politiker die olympische Bewegung in ihre bislang schwerste Krise. Der amerikanische Präsident Jimmy Carter forderte zum Boykott der Sommerspiele in Moskau auf und drängte das Nationale Olympische Komitee der USA zur sofortigen Absage. 66 Prozent der amerikanischen Bevölkerung, so ergab eine Umfrage in den USA, unterstützten Carters Antwort auf die sowjetische Intervention. Die englische Premierministerin wandte sich ebenfalls gegen Olympia in Moskau und plädierte für eine Verlegung der Spiele. Bonn und Paris gaben sich dagegen zurückhaltend.

Es zählen die Raketen und die Medaillen

Zum erstenmal waren die Olympischen Spiele der Neuzeit zwischen die Mühlsteine der Supermächte geraten und endgültig ist damit bewiesen, daß Sport und Politik nicht zu trennen sind.

»Was zählen, sind Raketen und Medaillen«, hatte schon in den sechziger Jahren der damalige US-Senator Robert F. Kennedy gesagt. Er wußte, wovon er sprach. Gerade die Olympischen Spiele hatten noch nie etwas mit Sport zu tun, sie waren von Anfang an Politik mit anderen Mitteln gewesen. Dem französischen Baron Pierre de

Coubertin war es 1896 bei der Wiederbelebung der antiken Spiele auch darum gegangen, die eigene Nation nach der Schmach von 1871 – der Niederlage Frankreichs gegen das Reich Bismarcks – wieder fit zu machen. Als er gefragt wurde, wie lange denn die körperliche Aufrüstung Frankreichs durch den Sport dauern würde, hatte Coubertin geantwortet: »Ich brauche zwanzig Jahre.«

Bemerkenswerte Ansichten

Der Baron rüstete schließlich nicht nur die Franzosen auf, nach und nach zeigte die gesamte Welt ihre Muskeln. Nur die Sowjetunion zog sich nach der Oktoberrevolution 1917 aus dem olympischen Kreis wieder zurück und boykottierte bis 1952 die Spiele aus ideologischen Gründen. Aber auch manch andere, die sich später als Verfechter einer großen Idee feiern ließen, hatten in der Pionierzeit Olympias recht bemerkenswerte Ansichten. So sagte 1931 der deutsche Sportführer Professor Carl Diem: »Krieg und Sport gehören zusammen. Der Krieg ist der vornehmste, ursprünglichste Sport, der Sport par excellence.«

Krieg und Sport, Politik und Olympia waren niemals Widersprüche, sondern stets Alternativen. Oft genug hatten es die Führer des Internationalen Olympischen Komitees verstanden, durch geschicktes Taktieren oder auch Ignoranz, die Idee ihrer Weltspiele über die Zeiten zu retten. Doch als nun der amerikanische Außenminister Vance in Lake Placid auftauchte, um den 73 ehrenwerten Mitgliedern des IOC und seinem Präsidenten Lord Kill-

anin die Leviten zu lesen, schien aus der olympischen Flamme ein Grablicht zu werden.

Absage oder Verlegung der Moskauer Spiele – das forderte Vance vom IOC. Der amerikanische Präsident brauchte für seinen gerade beginnenden Wahlkampf eine Erfolgsmeldung. Aber Vance erntete auf seine Angriffe und Forderungen nur eisiges Schweigen. Die alten Herren, die nicht von irgendeinem Verband oder einer Regierung ins IOC beordert sind, sondern als persönlich gewählte Mitglieder auf Lebenszeit diesem einmaligen Männerorden angehören, rückten in der Stunde der Not zusammen: das IOC hielt in einer einstimmig angenommenen Resolution an Moskau fest.

Wieviel kosten die Spiele?

Der amerikanische Präsident ignorierte diese Entscheidung und verkündete den Boykott, ohne dabei allzuviel Rücksicht auf die Eigenständigkeit des amerikanischen Olympischen Komitees zu nehmen. Und von den aufsässigen IOC-Herren hielten Carters Berater ohnehin nicht viel, weil wohl niemand in Washington eine genaue Vorstellung von Olympia und seinen Machern hat. Für die meisten Amerikaner sind die Spiele eben die »Olympics« und weit weniger aufregend als zum Beispiel die »Super-Bowl«, das Finale im American Football. Das »Weiße Haus« entschuldigte sich zwar für die Äußerung eines Präsidentenberaters, man könne das IOC auch kaputt machen (»Mister Onek hat die Nerven verloren, weil ihn die Trägheit der Sportfunktionäre fru-

IOC in der Sack

striert hat«), aber man hatte in Washington sogar an die für einen richtigen Amerikaner naheliegendste Lösung gedacht: »Wir lesen, die Olympischen Spiele sind Eigentum des IOC. Wieviel kosten sie?« So fragten in Lake Placid zwei Berater von Außenminister Vance, nachdem sie sich in einem Buchgeschäft des Olympia-Dorfes für zwölf Dollar »The History of the Olympic Games« gekauft und das olympische Reglement nachgelesen hatten.

Olympia als Handelsobjekt, käuflich auch für Politiker? Das wäre nichts neues. Hitler hatte sich 1936 als vornehmster aller Olympiakämpfer aufgespielt und dem greisen Baron de Coubertin sogar eine lebenslange Rente offeriert. Und seit 1952, als die Sowjetunion erstmals wieder bei den Sommerspielen in Oslo dabei war, hat die olympische Idee ihre Heimat in den sozialistischen Ländern. So behaupten jedenfalls die Politiker und die Sportfunktionäre in Moskau, Ost-Berlin, Warschau oder Prag.

Körperkultur contra Vereinssport

Unbestreitbar bildet die bis in die letzte Werkhalle und Kolchose organisierte Sportbewegung in den sozialistischen Ländern eine der ursprünglichen Idee Coubertins recht nahe Verwirklichung. Der dort vom Staat organisierten und finanzierten »Körperkultur« steht der Vereins-, Universitäts- und Industriesport des Westens gegenüber. Und Olympia bietet den Schauplatz dieser Auseinandersetzung zwischen den beiden Systemen. Die Ostblockstaaten sind dabei längst

in Führung gegangen. Die Ergebnisse von Lake Placid mit den Medaillenhamsterern aus der UdSSR und der DDR sind eindeutig.

Da die einen fast alles gewinnen, und die anderen dennoch gerne dabei sind, könnte es eigentlich keine Interessenkonflikte geben: die Spiele müßten auf diese Weise am Leben bleiben. Die Krise um Olympia ist also nur deshalb ausgelöst worden, weil Carter die These von Robert Kennedy für seine Politik nicht akzeptieren will: Medaillen zählen nicht mehr.

Olympia kämpft ums Überleben

Geschickt seine Seitenhiebe nach Ost und West verteilend, hatte das IOC in Lake Placid auch die Mächtigen in Moskau aufgefordert, möglichst schnell die Bedingungen für eine friedfertige Durchführung der Sommerspiele zu schaffen. Doch mit erstaunlich offenen Worten wurden die Amerikaner so nebenbei darauf hingewiesen, daß das IOC die Olympischen Winter- und Sommerspiele von Lake Placid, Denver (das die Winterspiele für 1976 dann allerdings ablehnte) und Squaw Valley (1960) zu einem Zeitpunkt vergeben hatte, als US-Truppen irgendwo in der Welt mit Waffengewalt die Interessen Washingtons verteidigten. Was den Amerikanern in Vietnam als recht und billig erschien, so die Argumentation des IOC, das müßte auch den Sowjets in Afghanistan zugestanden werden – jedenfalls wenn es um die Vergabe und Austragung olympischer Spiele ginge. Gleichberechtigung über alles? Eine makabre Forderung, wenn es um die

Besetzung von Ländern geht, die im unmittelbaren Machtbereich der Großmächte liegen. Da bleibt der vielzitierte olympische Friede auf der Strecke – und nicht nur der.

Derart feinsinnige Randbemerkungen vermochten die fatale Situation für das IOC nicht zu verbessern. Olympia kämpft ums Überleben.

In einer Welt der Realpolitiker haben es die Träumer schwer. Und wer angesichts dieses politisierten, kommerzialisierten und mit allen Fähnchen des Chauvinismus beflaggten Olympia-Zirkus noch einen winzigen Funken Hoffnung für Völkerfreundschaft oder gar Friedensstiftung sieht, der muß ein Träumer sein.

Aber im Träumen waren die altehrwürdigen Herren des IOC schon immer ihr Gold wert. Sie träumen von einer Welt, die nicht ist und die nie war.

Aber ein Mensch, das weiß man, kann ohne Träume nicht leben.

Peter Bizer

Der letzte Fahrer – ein Koreaner –, der das Abfahrtsziel erreicht hat, verlor unterwegs einen Stock, während Leonhard Stock – der Österreicher – diesen ersten alpinen Olympia-Wettbewerb gewonnen hat: Sieg und Verlust von Stock und Stock; Erfolg oder Niederlage? – das Spannungspotential für den Athleten und sein Material, für deren Förderer und ihre Bewunderer. Was steckt dahinter?

Tollkühn in die Tiefe

Der alpine Skirennsport ist eine faszinierende Sportart und zumindest ein aufwendiges, für manche vielleicht auch ein lukratives Geschäft, das allenthalben Nerven kostet, wer immer daran beteiligt ist: Athleten und Fahrer; Trainer und Techniker; Fachleute und Fabrikanten sowie die gaffenden, klatschenden und zahlenden Zaungäste am Pistenrand.

Die Abfahrt wird die alpine Königsdisziplin genannt. Warum eigentlich? Sind denn der Riesentorlauf und der Slalom nur Vasallen? Die Abfahrt ist ein Spektakulum des Ungewöhnlichen. Was niemand tut – zumindest nicht die Gewöhnlich-Sterblichen –, demonstrieren die Abfahrer: Tollkühn stechen sie in der Direttissima in die Tiefe; wo »Normale« schwingen, ringen sie um Hundertstelsekunden. Abfahrer erfüllen geheime Wünsche ihrer Fans: Stets mit voller Wucht und Kraft voraus, rücksichtslos bis brutal (sie nennen es mutig) beschleunigen und riskieren sie: die wilden Abfahrer rasen, wo sonst die Wildtiere grasen.

Die Sturzhelme der alpinen Piloten verleihen ihnen den (offenbar berauschenden) Hauch der Formel-I-Fahrer: Helden unserer Zivilisation, die Kopf und Kragen für ein paar Sekundenbruchteile wagen und für einige Tausender aufs Spiel setzen. Und wenn sie stürzen? Ein Sturz erhöht nur den Genuß der Sensationslustigen, die in der Abfahrtsshow Ersatzbefriedigung für ihren offensichtlich sonst langweiligen Alltag finden. Ein Sturz – c'est le risque du métier, und der österreichische Erfolgstrainer Charly Kahr hat gesagt: »Abfahrer müssen manchmal stürzen, sonst werden sie feige. Wer nicht mithält, muß aussteigen. Nur die stärksten können sich behaupten.«

Das Prinzip der schonungslosen Selektion treibt auch 100 Jahre nach Darwin seine Blüten. Kraft und Urwüchsigkeit, ausgedrückt in der kompromißlosen Gradlinigkeit des Abfahrers, der schnurstracks dem Ziel zustrebt, begeistern die Massen. Diese Zielstrebigkeit ist nur dann – wie in Lake Placid auf der unteren Streckenhälfte – eintönig, wenn das scheinbar endlose Gleiten durch kein überraschungsreiches Ausgleiten gewürzt wird. Was anspruchsvoll für den Athleten ist, scheint leicht überprüfbar und am Bildschirm überschaubar für den inaktiven Downhill-Konsumenten zu sein: Unsicherheiten, Gleichgewichtsstörungen und Stürze zu erkennen, stellen wie Zwischenzeit- und Endzeitablesen keine hohen Anforderungen, denn niemand wird – außer den Gestürzten – überfordert.

Wird deshalb die Abfahrt die Königsdisziplin genannt? Es läuft was, weil einige Tempo-Besessene ihre

Skier (oft bedenkenlos) laufen lassen. »Einer wird lachen, zwei werden zufrieden sein, und einer wird sich ärgern«, hat der nachmalige Olympia-Vierte, der Schweizer Peter Müller, noch vor dem Start die Post-Festum-Stimmung charakterisiert. Einer, nämlich der Sieger Stock, war in Lake Placid überglücklich, seine Mannschaftskameraden hingegen, dieses Ersatzmannes wegen, der ihnen vor der Sonne stand, stocksauer.

Ein technisches Vabanquespiel

Wer gewinnt? Der Beste natürlich, meinen viele und denken an die psychophysischen Qualifikationen des Top-Athleten. Aber gerade am Whiteface Mountain spielte eine Erfolgskomponente, die vor allem die Trainer beunruhigt, eine eher hinterlistige Rolle: das Material. Daß sich die Technik weiterentwickelt, ist eine Binsenwahrheit. Jede Entwicklung sollte aber ihre Grenzen kennen. Im Skisport ist der ideale Ski das kostspielige Ziel der Ingenieure und Fabrikanten und ihrer Bemühungen. Der Ski, der allen Ansprüchen genügt, ist Illusion; ja, es ist fast naiv zu denken, daß ein einziges Modell allen Schneebeschaffenheiten gewachsen sein könnte. Natürlich muß auch in diesem Bereich differenziert werden: ein Ski für harte Athleten und weiche Pisten mit fein dosiert weichen Schaufeln und härteren Enden und dazu und außerdem; tausend Variationen zum Thema.

Marc Hodler, Präsident des Internationalen Skiverbandes (FIS): »Was auf dem Materialsektor ge-

Geschäft für st

genwärtig geschieht, ist nach meinem Dafürhalten heller Wahnsinn. Welcher gigantische Aufwand, welche Leerläufe.« Um für jede Situation gerüstet zu sein, schleppen die Service-Leute pro (Spitzen-)Fahrer gegen 30 Paare als (Ski-)Zirkus-Utensilien mit. Anstatt allumfassende Ausrüstung, vermehrt Qual der Wahl, denn erstens fehlt die Zeit zum Testen der Vielfalt und zweitens – wie einst beim Wachsen – die eindeutigen Kriterien für den richtigen Griff in die Skikiste. Der alpine Skirennsport ist über den Sport hinaus ein technisches Vabanquespiel geworden.

Machtlose Betrogene

Michael Veith (GER) und Toni Bürgler (SUI), beide arrivierte Welt-Cup-Fahrer, wurden beispielsweise in Lake Placid als Versuchskaninchen von ihren Skifabrikanten mißbraucht: Damit einer vielleicht gewinnen kann, das heißt, den Ruhm einer Skimarke mehren könnte, werden in aller Herren Länder Söldner engagiert, deren seriös geplante und aufgebaute Karriere mit einem »Blindgänger« zunichte gemacht wird. Und die Trainer können dagegen nicht einmal viel ausrichten. Sie haben zwar ein Interesse daran, daß verschiedene Skimarken im Pool vereinigt sind, aber gegenüber der firmeninternen Materialverteilung sind sie machtlose Betrogene. Was nützt das beste Coaching, wenn der im technisch anspruchsvollen oberen Teil gut durchgekommene »Testpilot« auf dem Gleiterabschnitt mir nichts, dir nichts Sekunden, die die Ski-Welt bedeuten, rettungslos

verliert? Solange die Materialstrategen es nicht fertigbringen, zwei einander gleichwertige Skis zu produzieren, wird das eher unwissenschaftliche Lernprinzip »Versuch und Irrtum« weiterhin (zweifelhafte) Triumphe feiern. Mit dem reicheren Modellangebot für jede Schneekorn-Variation ist nicht unbedingt die Zahl der Erfolge, sondern vielmehr jene der Irrtümer gestiegen.

Wie Huhn und Ei

Neben dem Material und der eigentlich selbstverständlichen Kondition und technischen Perfektion gehören die vielzitierten Nerven zu den Erfolgsmachern im Sport. Die Nerven sind ein physiologisches Phänomen, das aber im wesentlichen psychologische Dimensionen aufspürt. Die Nerven können versagen, halten nicht stand und wer gar keine hat, ist (im Spitzensport) unbrauchbar. Das erfolgreichste psychologische Mittel sei – davon sind viele Trainer und Athleten überzeugt – der unverwüstliche Glaube an sich selbst. Auch eine gute Portion Nervosität vor dem Start sei nur von Gutem, um die optimale Aggressivität finden und haben zu können. Ja, diese vielschichtige Aggressivität, die wie Huhn und Ei von der entscheidenden Einstellung abhängig ist.
Deutlich kam dies beispielsweise im Riesenslalom, der athletisch und bezüglich Bewegungsgestaltung wohl anforderungsreichsten und zumindest ästhetisch schönsten Alpin-Disziplin zum Ausdruck. Start der Damen: Bereits aufgrund der ersten Stockeinsätze, der Art und Weise der Beschleunigung durch

Schlittschuhschritte verriet die Doppel-Olympiasiegerin von Sapporo, Marie-Theres Nadig, auf den ersten Metern, ungewohnte Zurückhaltung. Innere Verkrampfung? Zuviel Respekt vor dem Steilhang? Hat sie als Zweitgestartete noch zu wenig Informationen, was der Hang tatsächlich an Angriff leiden mag? Oder hat sie die Folgen der Abfahrtsniederlage noch nicht ganz verarbeitet? Jedenfalls gelöst oder gar aggressiv wirkte sie nicht. Zurückhaltung kann auch fehlende Entschlossenheit sein; ist diese zudem gepaart mit Angst oder Furcht, sind die Folgen verhängnisvoll. Besonders wichtig im Riesenslalom ist der Entschluß zur konsequenten Außenskisteuerung. Wer irgendwie Angst hat, sucht etwas blockiert Sicherheit durch beidbeiniges Skibelasten. Hilflos wie eine Anfängerin rutschte Marie-Theres Nadig dann auf dem Innenski aus. Die Nerven? Vielleicht auch, aber was heißt schon Nerven? Wüßten wir alles über diese psychologischen Bereiche, wären wir um eine faszinierende Herausforderung ärmer. Der (Ski-)Sport gibt uns die Chance, versagen zu dürfen. Wirklich?

Arturo Hotz

rke Nerven

Irgendwo auf der 15-km-Strecke muß er jene 3,33 Zentimeter verloren haben, die ihn am Schluß von der Goldmedaille trennten. Vielleicht war's nur ein kleiner Stockfehler gewesen, ein winziger Ausrutscher beim Spurwechsel, eine lächerliche Unachtsamkeit. Wie auch immer: Als nach dem 15-km-Langlauf von Lake Placid die Stoppuhren stehenblieben, da hatte der dreißigjährige Finne Juha Mieto den Sieg um jene Hundertstelsekunde verpaßt, die im Ziel einen Rückstand von einer knappen Streichholzlänge bedeutete.

Die Fotografen hatten ihn schon umringt, wollten ihn in Siegerpose feiern. Aber der schweigsame Finne winkte ab. Er wußte, daß sein größter Konkurrent, der Schwede Thomas Wassberg, der mit der Nummer 63 als letzter Läufer am Mount van Hoevenberg gestartet war, ihm den Triumph nicht freiwillig überlassen würde. Aber er wußte nicht, daß ihm im Ziel schließlich nur 3,33 Zentimeter zur Goldmedaille fehlten. Als Thomas Wassberg von seinen Landsleuten gefeiert wurde, war Juha Mieto der einsamste Mensch der Welt. Er ging auf den Sieger zu, gratulierte, warf seine Laufbretter in den Schnee, wollte allein sein.

Es hat sie immer gegeben, die großen Verlierer, denen das Pech nachläuft. Der Finne Mieto war einer von ihnen. Man wird ihn nach Lake Placid in der Bilanz der »olympischen Pechvögel« ganz weit oben notieren. Aber als Sieger wird er nicht genannt werden. Und im modernen Olympiaspektakel zählt nichts als die Goldmedaille?

Den Fuß auf die Brust des Gegners gestellt, den Blick nach oben gerichtet in Erwartung eines Zeichens aus der Kaiserloge, ob dem Besiegten – Daumen nach unten – der Tod gegeben werden solle. Vae victis! Im Profisport der römischen Kaiserzeit zerbrach der sportliche Agon, der gespielte Kampf, unter den Forderungen der Ränge.

Aus dem antiken »Panem et circenses«, Brot und Spiele, wurde eine attraktive Mixtur aus Scheinamateurismus und Hochleistungsshow; und kein Unterlegener muß heute noch um sein Leben bangen. Aber das Spannungsverhältnis zwischen der Arena und den Rängen ist das gleiche geblieben. Die Riesen der Neuzeit finden in der Masse ihren intimsten Gegner; weitaus gefährlicher, unberechenbarer als der sportliche Rivale, dem man im Wettkampf gegenübersteht. Armer Juha Mieto, der den Triumph nach einem grandiosen 15-km-Lauf um 3,33 Zentimeter verpaßte. Immerhin, er wahrte Haltung, indem er dem glücklichen Sieger die Hand drückte.

Nur der Erfolg zählt

Da tat sich die Schweizer Abfahrts-Läuferin Marie-Theres Nadig schon etwas schwerer, als sie der Goldmedaillen-Gewinnerin Annemarie Moser-Pröll gratulierte. Kaum hatte sie dieses Zeremoniell, süß-sauer lächelnd, hinter sich gebracht, da erklärte sie allen, die es hören wollten, daß dieses Rennen »eigentlich irregulär« gewesen sei. »Mich hat eine Windbö erwischt und auf den Zaun zugetrieben.« – Dahinter stand der unausgesprochene Satz, daß »eigentlich« sie die

Olympia-Siegerin gewesen wäre, hätte ihr die Windbö nicht den entscheidenden Strich durch die Rechnung gemacht.

Indes, die Sportlerinnen und Sportler, die auf dem Altar Olympias opfern, haben manche Entschuldigungen verdient. Es ist schwer, im Konkurrenzstreit des professionalisierten Sports – auch des olympischen – nobel zu bleiben, wenn das werte Millionen-Publikum zu Hause an den Fernseh-Bildschirmen über die hundertstel Sekunde wacht, die den Sieger vom Verlierer trennt.

Da beklagte sich zum Beispiel die Rennsportleiterin des italienischen Rodel-Teams, Brigitte Fink, über die rüde Psycho-Taktik des späteren Goldmedaillen-Gewinners Bernhard Glass aus der DDR: »Bernhard Glass ist nach seinem Lauf wieder zum Start gekommen und hat versucht, unseren Ernst Haspinger nervös zu machen.« Tatsächlich spielten dem Südtiroler Haspinger, der bereits auf Goldkurs fuhr, im letzten Lauf die Nerven den entscheidenden Streich. Er stürzte im Eiskanal von Lake Placid – und wird nun ebenfalls nur noch als einer der großen Pechvögel Olympias notiert. Kein Trost! Die Öffentlichkeit interessiert es einen Schmarren, ob einer ein feiner Kerl ist und das Fairplay beherzigt. Erfolg muß er haben. Fairneßpreise zählen nicht. Bernhard Glass hat gewonnen, Ernst Haspinger ist ausgeschieden.

Marionette Olympia-Star

»Panem et circenses«, der Athlet und sein Zuschauer. Im Risiko-Bereich einer Öffentlichkeit, die Er-

Olympische P

folge garantiert haben will, ist der Olympia-Star zur Marionette geworden. Wehe, er bewegt sich nicht so, wie man es von ihm erwartet. Ihm ist überhaupt nicht gestattet, sportliche Ideale zu verwirklichen, etwa die der Fairneß, wenn es um Goldmedaillen geht. Was den Unterlegenen natürlich nicht hindert, gelegentlich mit dem Sieger Freundschaft zu schließen. Aber es ist unsinnig, das Foto vom Händedruck der Athleten in die Ahnengalerie der Friedensapostel zu hängen.

Nicht einmal in der eigenen Mannschaft ist der Händedruck des Unterlegenen gegenüber dem Freund-Sieger völlig unverkrampft. Da ist die merkwürdige Story des österreichischen Ersatzmannes Leonhard Stock, den seine etablierten Team-Kameraden »eigentlich« gar nicht haben wollten, und von dem sein Chef-Trainer (Charly Kahr) zu Hause noch im kleinen Kreis gesagt hatte: »Warum sollen wir ihn überhaupt mitnehmen?« – Und dann wurde dieser »Ersatzmann« vielumjubelter Sieger in der Abfahrt.

Ein Händedruck mit Vorbehalt

Weil Leonhard Stock beim Abfahrts-Training von Lake Placid am schnellsten gefahren war, wurde er für das entscheidende Rennen nominiert, mußte Weltmeister Sepp Walcher zuschauen. »Ich gönne dem Leonhard die Goldmedaille«, sagte Sepp Walcher nachher, »den Funktionären aber nicht.« – Ein Händedruck mit Vorbehalt. Leonhard Stock hatte den Abend vor dem Rennen nicht mit seinen österreichischen Mannschafts-Kamera-

den, sondern mit Schweizer Kollegen verbracht. Er überstand also das mannschaftsinterne Gerangel der Österreicher unbeschadet und bewies damit jene Nervenstärke, die zum Beispiel dem Südtiroler Rodler Haspinger im entscheidenden Augenblick gefehlt hatte.

Auf Gold programmiert

Sie sind gekommen, um Olympia-Sieger zu werden. Und dann machen sie irgendeinen kleinen Fehler, der das Gold kostet. Gestrauchelte Favoriten, die den Zufall – und nicht den sportlichen Rivalen – für ihre Niederlage verantwortlich machen. Und wer auf »Gold« programmiert ist, für den ist »Silber« schon fast eine Katastrophe. Der Österreicher Peter Wirnsberger brauchte einen ganzen Tag, ehe er die »Niederlage« in der Abfahrt (Silber statt Gold) verdaut hatte.

Jahrelang hatte das amerikanische Eiskunstlauf-Paar Tai Babilonia/Randy Gardner auf das Ziel hin trainiert, Olympiasieger im eigenen Land zu werden. Die Last der Vorschuß-Lorbeeren auf den Schultern. Und dann macht so eine vermaledeite Zerrung von Randy Gardner – oder waren es wieder nur die Nerven? – die ganzen nationalen Hoffnungen zunichte. Die beiden mußten verzichten, bevor das große Spektakel für sie überhaupt begonnen hatte. Unerbittlich abgehakt in einer Bilanz, die nur nach Medaillen-Gewinnern geordnet ist.

Seit vier Jahren fuhr der Kanadier Ken Read mit dem Gedanken an den Olympia-Sieg von Lake Placid die Skipisten hinunter. Vier Weltcup-Abfahrten hatte er in dieser

Zeit gewonnen. Und dann macht er im olympischen Finale, etwa hundert Meter nach dem Start, einen Fahrfehler wie ein Skitourist. Später erzählt er, an seinem Ski sei eine Bindung aufgegangen. Flucht eines Olympia-Stars in die Böswilligkeit des Zufalls, weil er weiß, daß die Öffentlichkeit keine Entschuldigung duldet, die aus dem eigenen Versagen kommt. Der Olympia-Kämpfer steht auf einem schwankenden Seil. Ein winziger Fehltritt genügt, um aus dem Helden von gestern den Prügelknaben von morgen zu machen.

Der Fuß auf der Brust des Gegners

Seit dem 19. Jahrhundert erleben wir die Sportgeschichte nach Sparta und Athen zum zweiten Male. Aber der moderne Olympiasport ist kein Aufguß der Antike. Die Gedanken Coubertins von der »Religio athletae«, von der musisch-geistigen Schönheit der Spiele, haben ihre Chance längst verspielt. Die modernen Olympioniken wissen genau, daß sie ganz oben stehen müssen, um groß zu sein. Nur der Sieger hat in Wahrheit die Masse hinter sich; den Fuß auf die Brust des Gegners gestellt. Armer Juha Mieto.

Gerhard Seehase

Das olympische Jahr 1980 begann mit politischen Akzenten. Mehr als je zuvor in der Nachkriegszeit. Die XIII. Winterspiele in Lake Placid haben das zu spüren bekommen. Lake Placid, ein Ort, der nur 2800 Einwohner hat, ein Ort, der nur eine Verkehrsampel besitzt, ein Ort, der nur einen Schalter im Postamt, allerdings besetzt mit zwei Beamten, öffnete. Die Medien, vor allen Dingen das Fernsehen, fielen in diese Beschaulichkeit ein. Sie waren stellvertretend für die ganze Welt da. Olympia machte es möglich. Lake Placid wurde so zum »Weltdorf«, von dem McLuhan philosophierte. Die »Galaxis des Visuellen«, die mit dem Buchdruck Gutenbergs begann und in der Elektronik kaum geahnte Potenzierungen erfährt, macht auch vor Dörfern keinen Halt.

Olympische Ruinen

Dennoch stahl man Lake Placid fast die Show. Die Diskussionen, vor allen Dingen im Vorfeld der Spiele, galten dem möglichen Boykott Moskaus. Fast konnte man sagen, Lake Placid wurde den Schatten Moskaus nicht los. Die Wettkämpfe waren für viele nur eine Staffage der Diskussionen. Der Sport erhielt plötzlich eine ungeahnte politische Konfliktfähigkeit. Eine Konfliktfähigkeit, gegen die er sich gerade in westlichen Systemen jahrzehntelang gewehrt hatte. Schließlich ist er in der Kette möglicher politischer Waffen das schwächste, aber spektakulärste Glied. Außerdem tut er entgegen wirtschaftlichen Sanktionen finanziell nicht weh.

Warum bewirbt sich ein Ort wie Lake Placid um Winterspiele, obwohl er sie 1932 schon einmal ausgerichtet hatte? Fast glich diese Bewerbung einer Flucht nach vorn. Die Region verlangte PR-Arbeit. Sie war und ist längst nicht mehr das Wintersport- und Erholungsgebiet, von dem Hoteliers und die Fremdenindustrie träumen. Die Finanzschwäche ist unübersehbar. Das Einkommen pro Kopf beträgt im Jahr nur 6000 Dollar. Sehr wenig für das immer noch reiche Amerika. Olympia könnte möglicherweise helfen. Über 150 Millionen Dollar investierte man. 1932 waren es nur 1,5. Ob dieser Preis zu hoch war, wird sich spätestens in einigen Jahren zeigen. Sie müssen beweisen, ob man nutzbringende Anlagen oder olympische Ruinen gebaut hat. Die Türme der olympischen Sprungschanzen, die Lake Placid weit überragen, als Wahrzeichen des Desasters? Einen Vorteil haben sie dennoch: In unmittelbarer Nähe des kleinen Flughafens liegend, können sie Piloten als Navigationshilfe dienen.

Herrschaft der Medien

Zurück zu den Medien. Sie sind die eigentlichen Herrscher geworden. Lenks Vision der »Telekratie« ist Wirklichkeit. Vor allen Dingen Amerikas Fernsehen braucht die Show. Der Athlet degeneriert zum Show-Objekt. Er wird von seiner Leistung entfremdet. Er hat die Show zu stabilisieren, nicht die Show ihn. Stuntmen Olympias? Spektakuläre Stürze, Unfälle sind willkommen. Sie garantieren das sensitive Element der Show. Daher sendete das amerikanische Fernse-

hen kaum live. Das tatsächliche Bild mußte erst noch aufbereitet werden. Zusatzeffekte und Spezialaufnahmen, durch moderne Trickpulte geschleust, überdimensionierte Zeitlupen, raffinierte psychologische Studien, Einblendungen aus ungewöhnlichen Perspektiven halfen nach. Nicht unbedingt der Sieger, der vierzigste oder fünfzigste spielen plötzlich die Hauptrolle. Sie, die sich ohne ausreichendes Können mit schlotternden Knien die Abfahrt hinunterstürzen. Fast möchte man im Sinne amerikanischer Regisseure sagen: mediengerecht. So gerät die Interpretation der Wirklichkeit zur Manipulation der Wirklichkeit. Der Kommentar – emotionsgeladen – tut ein übriges. Der Sport selbst degeneriert dabei zum panem et circenses. Panem et circenses? Panem et TV! Außer Eröffnungs- und Schlußfeier wurden nur Eishockey und einige besonders dramatische Szenen live übertragen.

Warum diese Aufbereitung des Wettkampfes zur Show unter Verzicht auf den Live-Effekt? Haben die Amerikaner ein Insuffizienzgefühl zu kompensieren? Etwa via TV? Trauert ihre kleinbürgerliche Gesinnung, gerade in Orten wie Lake Placid, immer noch den Abenteuern der Eroberungszeit nach? Dem Syndrom des längst verlorenen »Wilden Westens«? Dem Kampf um Sein oder Nichtsein gegen einen materialmäßig weit unterlegenen Gegner der indianischen Stämme? Wird das verlorene Abenteuer mit Hilfe des Sports qua Bildschirm simuliert? Eine Amerikanerin sagte uns: »Wir werden auch das Syndrom des Wunderkindes nicht los.« Jagt man

Show ohne Liv

diesem Syndrom immer noch nach? Auch bei Olympia? Die Mondlandungen der Apollozeit waren die letzten großen Abenteuer mit quasisportlichem Charakter. Das Land der unbegrenzten Möglichkeiten spürt plötzlich unbehaglich die Grenzen seiner Möglichkeiten. Der Sport kann nicht mehr helfen. Er verlängert Träume. Aber eben nur Träume. An die Seite der Großmächte ist die Supermacht Energie getreten. Olympia vermag darüber nicht hinwegzutäuschen. Olympia ist auch nur ein Kind seiner Zeit.

Der Athlet wird austauschbar

Somit degeneriert Olympia ebenfalls. Politik, Wissenschaft und Industrie manipulieren es. Vor allen Dingen die Industrie. Der Athlet läuft Gefahr, austauschbar zu werden. Durch die unabdingbare Benutzung industrieller Produkte wird er Symbolfigur indirekter Werbung: Wem gebe ich die besten Ski, wer garantiert mir den größten Markt? Den Ski-Herstellern geht es um den Absatz, und dafür können sie eine ganze Menge tun. »Andere Überlegungen wären ja auch nicht sinnvoll«, erklärte gemäß »Die Welt« Kästle-Chef Nussbaumer. Und der deutsche Journalist Klaus Blume folgerte: »Im Klartext heißt das: nicht der beste Fahrer, sondern der, der gerade für den jeweiligen Markt aktuell ist, bekommt den Ski mit der schnellsten Kunststoffauflage.« Das ist der manipulierte Erfolg. Die Chancengleichheit im Sport ist ein verlorener Traum. Die Vergleichbarkeit der Leistung wird fragwürdig. Die Fairneß erhält eine kommerzielle Fratze. Der Sieger wird tatsächlich

entfremdet, denn nicht allein sein Können, das Material dominiert ebenso. Die Frustration der Verlierer wird potenziert. Vieles mag bei ihnen Einbildung sein. Vieles aber ist wahr.

Winterspiele rücken diese These vom manipulierten und austauschbaren Sieger in ein besonderes Licht. Sie sind materialabhängiger, denn wo gibt es hier noch den Kampf ohne Gerät? Vom Schlittschuh, Skischuh, Rennanzug bis zum Sturzhelm: wohin man schaut, der Athlet braucht das kommerzielle Produkt, braucht die Invasion der Industrie und damit den Eingriff wissenschaftlicher Entwicklung. Die Beherrschung der Geräte aber erschwert den Sport. Sie beschleunigen die Bewegung, das Tempo, vergrößern die Weite. Reaktion und Konzentration stehen vor kaum lösbaren Aufgaben. Vielleicht sind Winterspiele deshalb so spektakulär. Die Gefahren und damit das Abenteuer sind größer. Zum Beispiel beim Skispringen, bei der Abfahrt, beim Bob und Schlitten. Wo gibt es vergleichbare Stürze und Verletzungen im Sommer? Wo ist die Überwindung vor dem Start so groß? Sind Winterspiele deshalb kommerziell ergiebiger? Aktion und Kommerz: der Rhythmus der Spiele. Aktion und Werbung: der Rhythmus des Fernsehens. Direkt im amerikanischen Bild, indirekt im europäischen. Schließlich haben die Aktiven bei uns gelernt, ihre Geräte vorzustellen. Das Abschnallen der Skier geht der Erholung voraus.

Das Fernsehen wird zum dankbaren Abnehmer institutioneller Fehler, gleich, ob Politik, Industrie oder Wissenschaft sie verursacht

haben. Die verantwortlichen Funktionäre sollten das merken. Aber bei ihnen ist der Zug abgefahren. Sie sonnen sich im Tross des olympischen Abenteuers. Das traditionelle Zeremoniell ist längst ahistorisch geworden. Man hält daran fest. Es treibt vielen Tränen der Rührung in die Augen. Man möchte sie nicht missen, da sie mit den psychologisch leicht erklärbaren Schemata von Identifikation und Projektion verbunden sind. Man sucht bei anderen stellvertretend, wozu man selbst nicht mehr in der Lage ist: »Wir haben gewonnen!«

Brutalisierung der Leistung

Sollte man Olympia jemals renovieren, ein großer Teil seiner Funktionäre gehört dazu. Sie haben gebilligt, was sie moralisch verdammen: die Brutalisierung der Leistung durch Wissenschaft und Industrie. Die Moral hat dabei zugunsten des Geschäfts gelitten. Wen kümmerts, wenn Tausende und dank der Medien Millionen davon profitieren. Der Athlet sollte weder manipulierbar noch austauschbar werden. Sonst ist der Mensch selbst im Sport auf dem Wege, seine Kreativität und seine Identität zu verlieren, die er im Alltag mit seinen Anpassungszwängen an politische und soziale Hierarchien längst relativieren mußte.

In dieser Situation klingt es fast wie eine Fügung des Schicksals, daß der Schlußläufer der Olympiafackel der Psychiater Dr. Charles Kerr war.

Horst Seifart

Ich bin nicht Rosi Mittermaier«, hat Hanni Wenzel gesagt, und damit trifft sie genau den Punkt: Hanni ist der Star der alpinen Wettbewerbe geworden, sie hat erreicht, was ich in Innsbruck erlebt habe, aber jeder ist ein Sieger für sich selbst. Die Rennen des alpinen Skisports sind nicht miteinander zu vergleichen, denn jeder Hang hat seine besonderen Tücken, jeder Kurs ist anders gesteckt, jeder Wettbewerb hat ein neues Gesetz. Hanni Wenzel hat sich in Lake Placid sicherlich einen Traum erfüllt, und ich weiß, wie sie sich fühlen muß. Zu solchen Anlässen kann man über sich hinauswachsen, und wenn der Anfang klappt, ist man zu überdurchschnittlichen Leistungen fähig. Die tragen einen dann wie auf einer Woge, der Woge der Motivation. Denn wer hätte, zum Beispiel, mit der Silbermedaille für Hanni Wenzel in der Abfahrt gerechnet?

Dem Zufall war Tür und Tor geöffnet

Mit diesem Rennen haben die Damen-Wettbewerbe der Olympischen Spiele allerdings nicht gerade rühmlich begonnen. Sicherlich hat Annemarie Moser vollkommen zurecht gewonnen, eine verdientere Goldmedaille gibt es wohl nicht. Aber die Abfahrt wurde beeinflußt durch widrige Umstände: auf einer Strecke, die zu zwei Dritteln aus einer Autobahn, aus Teilen besteht, die fast ausschließlich gutes Gleitvermögen verlangen, die nur im oberen Teil technische Schwierigkeiten bietet, ist den Zufälligkeiten Tür und Tor geöffnet. Material wird zum bestimmenden Faktor,

Wind, wie an diesem Tag, spielt eine Hauptrolle. Marie-Theres Nadig, die Schweizerin, hat das zu spüren bekommen, und vor allem die deutschen Mädchen. Sie waren immer vorn dabei, auch in diesem Winter hatten sie gute Resultate, und nun auf einmal sollten sie so schlecht sein? Die drei stärksten, Irene Epple, meine Schwester Evi und Monika Bader wurden 19., 17. und 21., angewiesen auf Skier, die ganz offensichtlich für diese Verhältnisse auf Kunstschnee nicht optimal sind.

Es ist schon deprimierend, wenn man merkt, daß der Ski nicht läuft. Man kann kämpfen, wie man will, wird schneller müde als die anderen und dann kommt doch nichts dabei heraus. Marianne Zechmeister dagegen wurde neunte, auf einem anderen Ski als die drei, aber auch mit einer hervorragenden Leistung. Sie hat ihre Chance des Materialvorteils erkannt, ist noch nie so gut gefahren und durfte am Ende völlig zufrieden sein.

Für Irene Epple muß das Abfahrtsergebnis besonders bitter gewesen sein. Sie ist eine Sportlerin, die alles durchdenkt, was sie tut, die alles andere vergißt, um eine gute Leistung zu bringen, die immer weiß, worum es geht. Sie hat sich alle Erfolge hart erkämpfen müssen, hat hart gearbeitet, bis sie oben war. Solch eine Enttäuschung dann zu verkraften, muß ihr schwerer fallen als anderen, die schnell zur Tagesordnung übergehen. Deshalb hat mich ihre Silbermedaille im Riesenslalom ganz besonders gefreut. Sie hat die Nerven gehabt, ihren zweiten Platz von einem Tag auf den anderen zu retten, von einem Durchgang in den zweiten, und nur

von Hanni Wenzel geschlagen worden zu sein, bedeutet sicherlich sehr viel.

Im Riesenslalom hat sich etwas für mich sehr Bewegendes abgespielt: Fabienne Serrat, die Französin, ist nur mit einer hundertstel Sekunde, einem für mich unvorstellbaren Zeitabstand, an der Bronzemedaille vorbeigefahren. Daß sie danach in Tränen ausbrach, hat für alle das Menschliche in diesem Sport sichtbar gemacht. Der Kampf von Fabienne Serrat und ihrer Landsmännin Perrinne Pelen, die nach dem ersten Durchgang noch hinter Christa Kinshofer gelegen hatten, beinahe ein Kampf bis zum Umfallen, kann die Deutsche die Medaille gekostet haben: sie hatte vielleicht nicht ganz den Biß wie diese beiden.

Ein großes Talent

Christa halte ich für eines der größten Talente im Skisport überhaupt. Im Gegensatz zu Irene Epple geht sie die Dinge mit einer sympathischen Leichtigkeit an, die ihr das Siegen aber nicht immer einfach macht. Da ihr vieles beinahe zufällt, braucht sie sich nicht zu schinden wie die anderen, hat aber auch manchmal im Rennen nicht die unerläßliche kämpferische Einstellung. Andererseits kann sie sich dann auch eher mit denen freuen, die vor ihr liegen, oder zumindest kann sie eine Niederlage besser überspielen.

Im Slalom hat Christa Kinshofer ihre technischen Fähigkeiten voll ausgespielt. Ein relativ kurzer Kurs, auf einem gleichmäßigen Hang, duldet nicht die geringste Unachtsamkeit, nicht den Hauch einer Unsicherheit. Christa ist auf

144

Jeder siegt für

diesem Kurs gefahren, wie man sich im Lehrbuch einen Skilehrer vorstellt: sauber, technisch exakt, die Ski eng beieinander. Sie ist nur übertroffen worden von Hanni Wenzel, die absolut ohne Haken, ohne Ecken fährt. Sie verkörpert für mich die Beständigkeit einer Läuferin, die mit viel Selbstvertrauen in dieses Rennen ging. Wie schwerelos ist sie gefahren! Sie bewegt den Oberkörper so gut wie nicht, fährt am ausgeprägtesten die Hoch-Tief-Bewegung, die so geschmeidig wirkt. Die Familie Wenzel – in Lake Placid waren drei der vier Kinder am Start und der Vater als Betreuer dabei – hat wohl nicht zuletzt Erfolg, weil sie als Familie antritt. Daß immer einer dabei ist, der einem Rückhalt gibt, hilft über Tiefen hinweg, wenn sich ein Vertrauter mit einem freut, wie zum Beispiel Andreas mit der Hanni, dann genießt man die Freude doppelt. Ich habe das immer wieder selbst erlebt, zunächst mit meiner Schwester Heide, später mit Evi.

Für einen Sieg muß alles stimmen

In einem Land, wo die Zuschauer nicht viel vom Skifahren als Wettkampf verstehen, sind die olympischen Rennen ohne große Atmosphäre vonstatten gegangen. Die Zuschauer haben die letzten, Chinesen, Libanesen, weit mehr angefeuert als Hanni Wenzel. In Europa wären ihre Erfolge wohl einem Triumphzug gleichgekommen. Aber Hanni weiß wie ich, daß auch Superstars von Momenten abhängig sind, weiß, wie eng Sieg und Niederlage beisammen liegen. Da ist es wichtig, daß man, zum Bei-

spiel, weiß, daheim sind alle gesund, daß man nicht gerade Streit hat mit jemandem, der einem nahesteht, daß man Vertrauen hat in die Vorbereitung, in die Trainer – die Unwägbarkeiten sind groß, für einen Sieg muß alles stimmen.

In Lake Placid haben zumindest die äußeren Bedingungen gepaßt. Die Strecken am Whiteface Mountain waren präpariert, bevor die Aktiven kamen. Die Schneekanonen wurden nur noch für die Fotografen in Gang gesetzt. Der Berg erinnert mich an eine Arena: Schon von weitem kann man die einzelnen Strecken erkennen, alles liegt nebeneinander, nicht wie bei früheren olympischen Spielen kilometerweit getrennt. Bedenkt man die Probleme der Organisatoren mit dem Heranschaffen des Schnees, so kann man eigentlich nur Lob anbringen: Die Abfahrtspisten haben bis zum letzten Teilnehmer optimal gehalten, alle hatten gleiche Bedingungen. Der finanzielle Aufwand allerdings war entsprechend groß, bei 28 Teilnehmerinnen in der Abfahrt schon fast nicht mehr zu vertreten.

Ich wäre gerne mitgefahren

Während der Wettbewerbe haben wir am Whiteface Mountain alle Arten von Wetter erlebt: Eiseskälte mit minus 18 Grad bei der Abfahrt, Frühling beim Riesenslalom. Die Ärztekommission des internationalen Skiverbandes hat sich erstmals Gedanken darüber machen müssen, man erwägt nun gar eine Maskenpflicht bei solchen Temperaturen. Immerhin erlitten einige Läuferinnen in der Abfahrt Erfrierungen an den Wangen.

Ich wäre gerne mitgefahren in Lake Placid. Ich habe mir die Strecken angeschaut, habe die Besichtigungsfahrten mitgemacht, habe mich bei einigen Rennen an entscheidende Punkte des Kurses gestellt. Ich habe mit den deutschen Mädchen gehofft, mich gefreut, war enttäuscht. Ich habe auch die Trainer nicht beneidet, die so viele verschiedene Charaktere unter einen Hut bringen müssen. Das verlangt ungeheures Einfühlungsvermögen, Führungsstärke, ohne daß die Läuferinnen es so empfinden. Ich habe auch an die Zeit vor vier Jahren gedacht, und habe nach einer Weile Kathy Kreiner verstanden: Als ich sie bei der Besichtigung des Riesenslaloms traf, weinte sie – schon vor dem Rennen: »Ich schaff' das nicht, ich kann hier nicht gut fahren«, hat sie gesagt. Kathy war vor vier Jahren Olympiasiegerin und nun eine unter vielen. Vielleicht wäre es mir auch so ergangen.

Rosi Mittermaier

Häuptling Kanasarakah (»Weiße Feder«), bürgerlich Loren Tompson, Vorstand des Bären-Clans, ist nach Lake Placid gefahren und hat dort den olympischen Presseberichterstattern erzählt, wem die Gegend gehört: ihm und seinen Mohawk-Indianern nämlich. Er und die Seinen leben zwar schon geraume Zeit hoch im Norden des Bundesstaates New York, aber den Besitzanspruch auf die Berge von Adirondack haben sie nie aufgegeben. Sie sind, sagt der Häuptling, ihren Vorfahren vor hundert Jahren mit allerhand Finten abgeschachert worden. Wenn jetzt dort Olympische Spiele stattfinden, so hätten eigentlich die Mohawks vorher gefragt werden müssen. Haugh.

Reverend Bernie Fell

Da kann aber Bernie nur müde lächeln. Bernie ist zwar ein Gottesmann, Reverend der Methodistenkirche, nebenher aber oberster Organisator der Olympischen Spiele von Lake Placid. J. Bernard Fell war früher Polizist und Feuerwehrmann von Lake Placid, seinem Heimatdorf. Als er dies zwölf Jahre lang gewesen war, überkam ihn eine Erleuchtung, und er sattelte auf Pfarrer um. Im Dienst am Nächsten ist er deshalb doch derselbe geblieben, sagt er, »ich habe nur die Kanone aus der Hand gelegt, der Job ist der gleiche«.

Eines Tages muß den Gottesdiener der Teufel geritten haben, dann nämlich, als er glaubte, seinem Heimatdorf sei nur noch mit der abermaligen Ausrichtung Olympischer Winterspiele zu helfen (1932 war das Spektakel schon einmal vor mehr als tausend Zuschauern hier vonstatten gegangen). Eineinhalb Jahrzehnte lang widerstanden die Olympier im Internationalen Olympischen Komitee dem Ansinnen aus den Adirondacks, die meisten alt genug, um zu wissen, daß es seine Fährnisse hat, die Olympischen Spiele sozusagen in Knietz an der Knatter abzuhalten.

Aber Bernie und die Seinen sind Dickschädel von ostfriesischem Format. Vor sechs Jahren erhielten sie endlich den Zuschlag. Von da an waren sie nicht mehr zu halten. Bernie Fell wurde im Hauptberuf wieder weltlich und trieb seine Lämmer zu solcher Leistung an, daß er bereits zum letzten Christfest schöne Spruchbänder malen lassen konnte – »Willkommen Welt. Wir sind bereit.« Zur Eröffnung stand er dann selbst auf dem Podium, probierte vor der größten Gemeinde seines Lebens ein brüderliches Lächeln und einen bescheidenen Eindruck, aber dann brach halt doch unbändiger Stolz aus ihm hervor: »Welcome world! We do it again.«

Eine gottverlassene Gegend

Die Nächstenliebe gebietet es, den Reverend zu begreifen. Dies ist eine fürwahr gottverlassene Gegend. Als vor ein paar Jahrhunderten spanische Eroberer hundert Meilen nördlich anlandeten, kehrten ihre Kundschafter vom ersten Landgang mit den lauten Rufen zurück: »A canada« – hier gibt es gar nichts. Davon hat der nahegelegene kanadische Teil des Kontinents bis heute seinen Namen. Er könnte auch für die Adirondacks gelten. Hier gibt es eigentlich nur Landschaft, aber davon reichlich. Die Arbeitslosenquote ist die höchste der Vereinigten Staaten von Nordamerika, 23 Prozent. Die vielen verlassenen Häuser rund um Lake Placid kann man für einen Apfel und ein Ei kaufen. Der Preis orientiert sich daran, wieviel die Besitzer dem Fiskus schuldig geblieben sind, bevor sie stiften gingen. Wer bebaute Felder sehen will, muß drei Stunden südlich oder eine Stunde nordwestlich fahren. Von Horizont zu Horizont sieht man Wald – alles Brennholz. Und das Wetter ist von Oktober bis März eine Art Unanständigkeit der Natur. Als sich voriges Jahr hier einige Athleten zu vorolympischen Spielen versammelten, um die Gegebenheiten zu prüfen, glaubten die mitteleuropäischen Ski- und Eissportler, sie hätten noch nie Winter erlebt. Dieses Jahr rückten sie – vorgewarnt – mit Bankräubermasken und Wämsen an, die für polare Expeditionen gefertigt sind. Aber siehe da, die Bestimmung, wonach bei Temperaturen unter zwanzig Grad nicht gerodelt, gerannt und gerobbt werden durfte, erwies sich als überflüssig. Der Reverend muß einen Draht zu Petrus haben. Geradezu lau wehten die Lüfte von den Adirondacks. Als lau gilt hier um diese Zeit alles über minus 15 Grad.

Morddrohungen

Freilich, die Eingeborenen blickten ihren Gästen dennoch besorgt ins Angesicht, wenn die blaunäsig und tropfenden Auges von den Bergen kamen, wo der Wind oft so weht, daß er die Sitze der Sessellifte senk-

146

Häuptling Kan

recht stellt. Und wiewohl der Gottesmann an der Organisationsspitze buchstäblich Himmel und Hölle in Bewegung gesetzt hat, eine so irdische Sache wie den Zubringerverkehr in Gang zu setzen, und eben dies nicht gelungen ist, mochte sich die selige Stimmung des Reverend Bernie dem – im Wortsinne – Fußvolk nicht mitteilen. Nächtliche Verzweiflungsszenen an den Bob- und Rodelbahnen, Mord- und Suiziddrohungen aus Hysterikertruppen der internationalen Sportpresse, ein schimpflich gefeuerter Transportchef, der sich in Japan hätte anständigerweise das Leben nehmen müssen, standen dem sprichwörtlichen olympischen Frieden eindeutig störender im Wege als jedwede Truppenbewegung im fernen Afghanistan.

Ab nach Florida

So wurde denn unter den Einheimischen eine Redensart zum geflügelten Wort, die bei Touristen, die auf olympischen Wintersport begierig sind, deplaziert klingen mag. Nichtsdestoweniger war sie herzlich gemeint: »Im Sommer müßten Sie einmal zu uns kommen.«
Im Sommer ist es freilich herrlich hier. Eine schier unendliche Seenplatte, schöne Luft, unberührte Natur, reißende Bäche, stille Wälder, meilenweit kein Mensch. Ja, im Sommer müßte man den Wintersportort besuchen. Aber dann geht's hier auch los. Da addieren die zu einem beachtlichen Teil deutschen Hoteliers und Bewirter in einem fort bis September, Oktober. Dann geht's ab nach Florida, und in Lake Placid heißt es, Rollladen runter.

Dies abzustellen, aus der Monosaison ein Ganzjahresgeschäft zu machen, das war denn auch die Absicht der Männer um Bernie Fell. Wer weiß, ob diese Spekulation aufgeht. Im Westen der Staaten finden sich – in Squaw Valley/Kalifornien – mahnende Ruinen. Der Versuch, 1960 mit Olympia aus dem Tal der Indianerfrau ein Wintersportzentrum zu machen, ist dermaßen fehlgeschlagen, daß die dortigen Hotels nach immer neuen Versteigerungen schließlich in den Besitz der Banken übergegangen sind, die sie einmal hoffnungsvoll finanziert haben.

In den Schnee gesetzt

In Lake Placid hat lediglich die Hilton-Kette den Mut gehabt, in größerem Maße zu investieren, ansonsten haben wohl die Kapitaleigner gewittert, was hier an Gefahren droht: Für die Menschen der dichtbesiedelten Ostküste sind die Skigebiete in Vermont oder in den Katskillmountains viel bequemer zu erreichen. Das gilt vor allem für die Kurzurlauber und Wochenendler. Wer aber in Amerika richtig skifahren will, der kann das nirgendwo schöner als in den Rocky Mountains. Für eine ausgewachsene Pistensau, wie das der Fachjargon nennt, hat Lake Placid nichts zu bieten, auch in naher Zukunft nicht. Da außerdem Skitage in der Regel um 16 Uhr enden, und danach der Tag noch lang ist, fragt die besagte Spezies auch nach den Möglichkeiten, die der Skisport – als einziger Sport der Welt – unter dem Begriff »Après« zusammenfaßt. Damit aber sieht es hier aus wie in Altötting zur Fastenzeit.

Wie bequem, sich über die Winterspiele in einem Ort lustig zu machen, der auf seine Besucher die Faszination wie etwa Treuenbrietzen ausübt. Aber welches Unrecht! Die sogenannte Olympische Welt, repräsentiert vor allem durch die Vertreter der Medien, stößt im Chorus gerne den ach so bescheidenen Ruf nach schlichten Spielen aus. Jetzt sind sie da, und die Herolde der olympischen Idee vermissen schmerzlich die blaue Stunde am Kamin, den Mitternachtsplausch an der Männerbar, den von der Aircondition gekühlten oder gewärmten Kopf, ganz zu schweigen vom Firstclass-Service einer Heilsarmee von Stewardessen.

Die schlichten Spiele

Lake Placid macht nun mal schlichte Spiele, Generalsekretär Spurney beispielsweise kriegt 25 000 Dollar zu seinem Jahressalär von 100 000 extra, wenn es ihm gelingt, die ganze Angelegenheit kostendeckend zu beenden. So mag es schon als unüblich und üppig gewirkt haben, als bei der Eröffnungsfeier statt der angekündigten fünf Schrapnells mindestens acht Feuerwerkskörper zerkrachten. Bei dieser Ausschweifung blieb es aber denn auch. Die Düsenjäger, die das olympische Symbol an den Himmel zeichnen sollten, konnten eingespart werden, weil der Himmel bedeckt war.

Das »ah« und »oh« mochte kein Ende nehmen ...

Amerikanisches Publikum ist freilich ungleich einfacher in den Bann zu schlagen als vergleichsweise Eu-

ropäer, die bei solchen Gelegenheiten schwer an ihrer Kultur tragen. Mochte schon das »ah« und »oh« kein Ende nehmen, als mehrmals einige Fallschirmspringer mit bonbonfarbenen Rauchabsonderungen in das Stadionrund niedersanken, so wuchs sich die Stimmung schier zum Begeisterungssturm aus, als beinahe zweitausend weiße Tauben freigelassen wurden, eine Anzahl, die in der Eckkneipe von Taubenvatters Jupp in Gelsenkirchen-Buer wohl kaum Erregung hervorgerufen haben dürfte.

Eine willkommene Verwechslung

Was Deutschland und die Deutschen angeht, so waren sie für amerikanische Nabelbetrachter ziemlich schwer zu identifizieren. Aber allem Erfahren nach hat die Formel ›German Democratic Republic‹ an demokratischem Wohllaut eben doch einiges für sich. Man wird deshalb damit rechnen dürfen, daß durch solche Fehlidentifizierung ostdeutsche Sportler der Bundesrepublik eine schöne Portion amerikanischer Achtung erkämpft haben.

Was nunmehr mit der erfolglosen deutschen Mannschaft an Abrechnung geschah, ist jener berüchtigte Vorgang, bei dem die veröffentlichte Meinung mit vox populi Deckungsgleichheit anstrebt, wenn also die ganz großen Medien dem Volk vom Maul abschauen, was sie zu meinen haben. Es ist ja auch so einfach, eine Rechnung aufzumachen, die von jedem Klippschüler und an jedem Stammtisch begriffen wird: zehn Millionen Mark Aufwand für die Mannschaft dividiert durch die Medaillen, ergibt allemal eine siebenstellige Summe für ein Stück olympisches Edelmetall.

Es braucht die Gegenrechnung nicht aufgemacht zu werden, daß nämlich die direkten Kosten für die Reise der Mannschaft um neunzig Prozent niedriger liegen, daß all die anderen Kosten auch dann entstehen, wenn nicht gerade Olympia ist, daß die Forderung nach Olympia-Medaillen gar nicht gestellt werden kann – allenfalls die, ob die öffentliche Hand den Leistungssport fördern soll oder nicht. Die Geisteshaltung, wie sie jetzt spürbar ist und wohl in der Zukunft noch eine Weile anhaltend zutage treten wird, ist Money-Mentalität von der schlichtesten Art: Als ob man Medaillen kaufen könnte!

Bundesdeutsche Empfänge

Die Bundesdeutschen traten allerdings schon vor Beginn der Spiele auf anderem Gebiet in Erscheinung, und zwar durch zwei Empfänge, von denen sich nicht genauer sagen läßt, welcher überflüssiger war, der von ARD und ZDF oder der des deutschen Botschafters, der dieserhalb aus Washington herbeigeeilt war.

Die Zusammensetzung der Gästeliste versöhnte im einen wie im anderen Falle deshalb, weil kaum Fremde zu bewirten waren, und somit fast ausschließlich Gebühren- und Steuerzahler aus dem eigenen Sende- beziehungsweise Hoheitsgebiet eine kleine leibliche Wiedergutmachung erfuhren. Für ein paar Stunden wurde Olympia problemlos, die Feten zogen sich länger hin, als es in die Einladungskarten gedruckt war.

Derweil schliefen im künftigen Gefängnis von Lake Placid, dem heutigen Olympischen Dorf, die Athleten längst den Schlaf der Gerechten.

Wenn die Spiele erst vorbei sind . . .

Um dieses Dorf kreisen übrigens unentwegt die Gedanken von Häuptling Kanasarakah vom Bären-Clan im Stamme der Mohawk-Indianer. Wenn die Spiele erst vorbei sind, fürchtet er, kommen da alle aufmüpfigen Indianer rein, deren Haftbefehle noch nicht vollstreckt wurden, solange soviel Presse da war.

Horst Vetten

Analyse

Manfred Blödorn:
Die weißen Amateure
Wildor Hollmann:
Grenzen sportlicher Leistung
Gunter A. Pilz:
Sport und Kinderarbeit
Frank Grube/Gerhard Richter:
Phantom Olympia

Die Zunft der Wintersportler hatte mit den altehrwürdigen Gralshütern des Olympismus schon von Anfang an Probleme. Gegen den Widerstand der skandinavischen Sportfunktionäre, die um die Popularität ihrer nordischen Skispiele bangten, kämpften die Eis- und Schneeeartisten erstmals 1924 in Chamonix in Frankreich um Medaillen und olympischen Ruhm. Sie blieben bis heute ein ungeliebtes Kind der Bewegung und haben die Hoffnung längst aufgegeben, mit ihren Spielen gleichrangig neben den Sommerspielen bestehen zu können. In den Artikeln zwei und fünf der Statuten des Internationalen Olympischen Komitees heißt es: »Mit den Olympischen Spielen wird eine Olympiade, oder ein Zeitraum von vier aufeinanderfolgenden Jahren, gefeiert ... Der Ausdruck ›Olympiade‹ wird in Verbindung mit den Winterspielen nicht verwendet.«

Erste Meisterschaften

Nachdem Pierre de Coubertin, der Wiederbegründer der Olympischen Spiele und geistige Ur-Vater der modernen Olympischen Bewegung, sein IOC-Präsidentenamt 1925 abgab und sich zusehends verbitterter auf das Altenteil zurückzog, formierte sich die überlistete Front der Anti-Wintersportler zu stets neuen Attacken gegen die unerwünschte Minderheit im erlauchten Kreis jener Ideologen, die mit verklärten und antiken Denk- und Lebensweisen die menschlichen und sozialen Probleme des 20. Jahrhunderts meistern wollten.

In den Büchern der alten Griechen fanden sie keine Zeile über ein winterliches Pendant zu den Wettkämpfen im Heiligen Hain von Olympia. Selbst von den Göttern, die ja alles taten und sich – das walte Zeus – einen Deibel um Moral und Sitte kümmerten, war nicht bekannt, daß sie in der kälteren Jahreszeit auf den verschneiten Hängen ihres Hauptwohnsitzes, des Berges Olymp, auf Skibrettern durch die Gegend sausten. Nein, so etwas konnten nur die kulturell weit weniger wichtigen Nordländer erfinden und dann in die mitteleuropäischen Alpenregionen exportieren. Mit der Wiedergeburt des Hellenismus hatte das wenig zu tun.

So schieden sich die Geister. Der Pragmatiker Coubertin – auf die Unterstützung des Adels, der Militärs und des reichen Bürgertums bedacht – ließ schon 1908 bei den Sommerspielen in London die Eiskunstläufer ihre Kringel drehen, weil dieser Sport den höheren Kreisen gefiel und sie selbst bei klirrendem Frost gern auf die spiegelblank gefrorenen Teiche und Seen gingen. 1920 in Antwerpen folgte das Eishockeyspiel, eine kampfbetonte und überaus männlich-harte Sportart. Coubertin wollte den allumfassenden Anspruch seiner Bewegung gewahrt wissen und jeden Athleten von Weltklasse mit seiner Idee beglücken. Dieses Ziel schien in Gefahr. Denn schon begannen die Wintersportler sich selbständig zu machen und eigene Meisterschaften auszutragen.

Die ersten europäischen Titelkämpfe fanden 1891 in Hamburg im Eiskunstlaufen und im Eisschnellaufen statt. 1910 folgte in Montreux/Schweiz das Eishockey, 1914 das Rodeln in Jeschken im Riesengebirge und das Bobfahren in Winterberg im Sauerland, und 1923 stritten in Harrachsdorf im Riesengebirge die Skilangläufer um die ersten kontinentalen Ehren. Von den Alpinen, die später allen den Rang ablaufen sollten, war weit und breit noch nichts zu sehen. Sie tauchten erst 1931 mit den ersten internationalen Rennen auf und schafften fünf Jahre später in Garmisch-Partenkirchen den Sprung in die olympischen Gefilde. Der große Boom aber setzte erst in den goldenen fünfziger Jahren ein, als die deutschen Wirtschaftswunderkinder den zweiten Urlaub und die unberührte Natur der Bayern, Österreicher und Schweizer entdeckten.

The Games must go on!

Natürlich: wieder einmal die Deutschen! Sie verschafften der Sportwelt 1936 in Berlin nicht nur die bis dahin größten und prächtigsten Sommerspiele, sie verhalfen wenige Monate vorher auch den Winterwettbewerben zum endgültigen Durchbruch. Die damals in Garmisch-Partenkirchen anwesenden IOC-Mitglieder schwärmten von der perfekten Organisation – und von den zahlreichen Festessen, bei denen sie im Mittelpunkt stehen durften. Von den 6000 Soldaten, die Adolf Hitler in der näheren Umgebung in Alarmbereitschaft versteckt hatte, sahen und hörten sie nichts. Als die Japaner 1939 die Spiele von Sapporo wegen des Krieges gegen China zurückgeben mußten, fragte das IOC sofort bei den Deutschen nach, ob sie nicht

Die weißen An

noch einmal... Der Ausbruch des Zweiten Weltkrieges verhinderte die Realisierung der größten politischen Instinktlosigkeit der Olympier. Ihnen war und ist es offensichtlich egal, wo und unter welchen Vorzeichen die Jugend der Welt zusammentrifft. Das oberste ihrer Prinzipien besitzt die Macht des Faktischen: The Games must go on!

Weltfremde Sittenprinzipien

Avery Brundage, der IOC-Präsident von 1952 bis 1972, prägte diesen Satz, als man 1972 bei den Sommerspielen in München der Opfer gedachte, die der Überfall palästinensischer Terroristen auf die Unterkunft der israelischen Sportler gefordert hatte. Nach der Trauerfeier gingen die heiteren Spiele weiter. Auf sie war ja nur ein Schatten gefallen.

So großzügig konnte Avery Brundage sein, der dem deutschen Volk damit zum zweitenmal das größte Sportfest der Welt rettete. 1936 hatte er als einflußreicher US-Funktionär einen Berlin-Boykott in allerletzter Minute und mit Mitteln, die etwas außerhalb der Legalität lagen, gerade noch abwehren können. Hart sprang der »olympische Diktator« (so der ihn bewundernde Journalist Karl-Adolf Scherer) nur mit seinen Sportlern um. Von ihnen verlangte er in merkwürdiger Verkennung des Spitzensports und der sozialen Situation der Athleten, daß sie Amateure zu sein hätten, die »ihren Sport zum Spaß, zur Entspannung, zum Zeitvertreib oder zum Vergnügen« betreiben.

»Ihr Gewinn ist die Freude am Erlebnis«, schrieb er. »Echter Sport, der eine Erholung sein soll, beeinträchtigt nicht und darf daher auch den Beruf eines Wettkämpfers nicht beeinträchtigen. Die bloße Tatsache, daß eine Forderung zur Zahlung des Verdienstausfalles besteht, zeigt nur, daß da eine schwere Beeinträchtigung des Berufs des Sportlers vorhanden ist, daß es für ihn demnach eben kein Amateursport mehr sein kann.«

Was Pierre de Coubertin einst als »ehrwürdige Mumie« bezeichnete und in einem Augenblick voll realistischer Schärfe als »eine soziale Verteidigung, eine Kastenfrage« der den Sport lenkenden Oberschicht entlarvte, bastelte der Architekt Avery Brundage erneut zu einem weltfremden Sittenprinzip der Olympischen Bewegung zusammen. Er, der eigentliche »Großsiegelbewahrer des olympischen Meineids«, klammerte sich bis zuletzt an seine durch nichts zu erschütternde Überzeugung, daß der Amateurbegriff von gleicher moralischer Qualität sei wie Nächstenliebe, Patriotismus, Liebe und Freundschaft.

Der Artikel 26 der IOC-Statuten – die sogenannte Amateurregel – verbannt bei strenger Auslegung alle Sportler von den Olympischen Spielen, die sich das zeitraubende und körperlich wie psychisch anstrengende Hobby Spitzensport aus Gründen ihrer sozialen Herkunft oder aus Mangel an Geld und Freizeit nicht leisten können. Er beläßt nur die im Glanz der wahren Amateure, die ohnehin von allem reichlich haben und gemeinhin als Privilegierte bezeichnet werden. Die anderen, die nur ihr Talent besitzen und den Willen, eisern bis zum Olympiasieg zu trainieren und zu kämpfen, zwingt er zum olympischen Meineid.

Avery Brundage aber begegnete allen Liberalisierungsbestrebungen mit Starrsinn und schreckte 1962 selbst vor einer Rücktrittsdrohung nicht zurück, als die Auslegung des Artikels 26 seiner Meinung nach zu sehr gelockert werden sollte. In weit mehr als 100 Sitzungen versuchte das Internationale Olympische Komitee über die von seinen Gründern aufgebauten Hürden hinwegzuspringen. Jeder Versuch blieb Stückwerk.

Ruhm, Erfolg und Bares

Die größten olympischen Sünder machte Brundage unter den alpinen Skiläufern aus. Sie gediehen mit ihrer Sportart auf einem Nährboden, der alle Zutaten für Erfolg, Ruhm und Geld wie im Schlaraffenland bereitstellte und die Athleten gar nicht erst zum Zupacken zu ermuntern brauchte. Die Fremdenverkehrsvereine und die Sportartikelindustrie überschütteten sie zunächst mit Geschenken, dann mit Barem und schließlich mit Verträgen. Der Kampf um den Sieg findet seit 20 Jahren hinter den Kulissen statt. Dort werden die olympischen Goldfelder abgesteckt und die Werbesummen verteilt.

Etwa sechs Millionen Bundesbürger machten im Winter 1979/80 Urlaub in den Bergen. Die Skifabrikanten meldeten Hochkonjunktur. Die beste Ausrüstung war für Otto Normalverbraucher gerade gut genug. Und die – so signalisierten ihm die Zeitungs- und Zeitschriftenanzeigen – besaßen die erfolgreichsten Abfahrtsläufer und

die gewandtesten Slalom-Artisten. Die Bestätigung lieferten die Fernsehübertragungen, wenn die Pistenjäger und die Kurvenstars – kaum waren sie mehr oder minder glücklich durch die Zielstangen gefegt – ihre Bretter von den Füßen rissen und in die Kameras hielten. Ganz clevere Geschäftemacher sparten auch hier noch Zeit: Sie drückten den schnaufenden Athleten gleich ein Paar neue Skier in die Hände, während dort unten – wo die Öffentlichkeit für einen Augenblick nicht hinschaute – andere Hände die wirklichen Gleiter von den Bindungen lösten.

Als der Österreicher Franz Klammer 1976 am Patscherkofl bei Innsbruck Olympiasieger in der Abfahrt wurde, schnellte der Marktanteil seines Skibrett-Herstellers weltweit von 7,2 auf 15 Prozent in die Höhe. Die Schweizer Weltcup-Siegerin von 1978, Lise-Marie Morerod, nutzte ihren Erfolg und stieg von einem amerikanischen auf einen französischen Ski um. Sie verbesserte sich von einer jährlichen Gage in Höhe von 500 000 Mark um mehr als 100 000 Mark. Vor den Spielen von Lake Placid drohte den beiden besten Skiläufern der vergangenen Saison – Annemarie Moser-Pröll aus Österreich und Ingemar Stenmark aus Schweden – ein olympisches Ausschlußverfahren wegen Verletzung der Amateurbestimmungen. Sie konnten ihre nationalen Verbände aber davon überzeugen, daß das Geld, das sie erhalten hatten, ordnungsgemäß und den Regeln des Internationalen Skiverbandes entsprechend gezahlt und verbucht worden war. Nach den Extra-Summen, die natürlich nicht durch die Bücher lau-

fen und auch den Finanzämtern unbekannt bleiben müssen, fragte niemand. Dabei pfeifen es die Spatzen von den Bergen: Spitzenstars machen – alles in allem – gut eine Million Mark im Jahr.

Der letzte Amateur

Avery Brundage hätte da sicherlich ganz anders durchgegriffen. In seiner Amtszeit schlug er zweimal zu – mit Augenblickserfolgen, aber ohne Dauerwirkung. 1964 zwang er das deutsche Eiskunstlaufpaar Marika Kilius und Hans-Jürgen Bäumler, die in Innsbruck gewonnene Silbermedaille freiwillig an das IOC zurückzugeben, weil sie verbotenerweise schon vor den Spielen einen Profivertrag unterzeichnet hatten. 1972 erhielt der strenge Tugendwächter (»der letzte Amateur«) vor den Winterspielen in Sapporo einen Hinweis auf die Einnahmen des Österreichers Karl Schranz. Dieser mußte für seine nicht schlechter verdienenden Kolleginnen und Kollegen herhalten und wurde zum Sündenbock gestempelt. Österreich wollte daraufhin seine gesamte Mannschaft zurückziehen, rief die Alpenländer zum Boykott der Spiele auf und unterstützte den Internationalen Skiverband in der Absicht, separate und von den Launen des greisen Olympiers unabhängige Weltmeisterschaften durchzuführen. Nichts dergleichen geschah. Karl Schranz verließ die Olympiastadt und wurde in der Heimat von mehr als 100 000 Menschen wie ein um den Sieg geprellter Volksheld empfangen. Seine Ski-Firma bekam die beste Werbung, die sie sich je hätte vorstellen können.

Nach Sapporo arrangierten sich das IOC, der Internationale Skiverband, die nationalen Fachverbände und die Ski-Industrie. Die Skiläufer wurden Amateure mit einem besonderen Status. Fortan erhielten sie ihre Ausbildungsentschädigungen – so nennt man das Grundsalär und die Prämien – auf ein Sperrkonto überwiesen. Im Deutschen Skiverband zum Beispiel zahlten die beteiligten Industrieunternehmen (Bretter, Bindungen, Brillen, Anzüge und Stöcke) in der olympischen Saison etwa 1,8 Millionen Mark in einen Pool ein. Mit diesem Geld bestritt der Verband einen Großteil seiner Vorbereitungskosten und die Sportler-Vergütungen. Die Firmen erhielten durch einen solchen Vertrag das Recht, mit den Namen, Titeln und Erfolgen der Rennläufer Einzel- und Mannschaftswerbung zu betreiben. Bezüge aus Zusatzvereinbarungen – geheim, versteht sich – wandern direkt in die Kassen der Stars, die sich auch längst nicht mehr über die Prämien bei internationalen Spitzenveranstaltungen beklagen (bis zu 15 000 Mark für einen Sieg bei den Männern, bis zu 10 000 Mark bei den Frauen).

Olympia als Werbeträger

Die Wintersport- und die Winterkurorte ziehen natürlich mit. Ein Weltcup-Rennen, eine internationale Meisterschaft oder gar die Ausrichtung von Olympischen Spielen garantieren Einnahmen in Millionenhöhe. »Die Sportveranstaltungen ersparen uns Werbekosten mit sechs- oder siebenstelligen Beträgen«, rechnete Toni Neidlinger, der Bürgermeister von Garmisch-Partenkirchen, vor. »So viel Sendezeit können wir im Werbefernsehen gar nicht kaufen.« Von den 18 Millionen Mark, die er 1978 für die Ski-Weltmeisterschaften ausgab, erhielt er 80 Prozent vom Bund und vom Freistaat Bayern zurück.

Andere Bürgermeister verkalkulierten sich völlig. Squaw Valley in den USA, der Austragungsort der Olympischen Winterspiele von 1960, gleicht heute einer Steinwüste inmitten herrlicher Berge und kaum berührter Natur. Der Touristenstrom blieb aus, die Bauspekulanten hatten die Rechnung ohne den von weit her anreisenden Wirt gemacht. Die Bergwelt rund um Sapporo, der Olympiastadt von 1972, ist durch die rigoros geschlagenen 30 Hektar Wald so in ihrer Substanz geschädigt, daß auch das Pflanzen neuer Bäume die Wunden des Naturschutzgebietes erst in Jahrzehnten heilt. Ebenfalls 1972 entschied sich die Bevölkerung von Denver im US-Bundesstaat Colorado in einer Volksabstimmung gegen die geplanten Olympischen Winterspiele 1976. Sie lehnte es ab, ihre Heimat der Euphorie von zehn Tagen Olympia zu opfern und verschandeln zu lassen. Das IOC griff in der Not auf das fremdenverkehrsfreundliche Österreich zurück und übertrug die Spiele wie schon 1964 der Stadt Innsbruck. Dort brauchte man sich um die unberührte Natur keine großen Sorgen mehr zu machen...

Im Brennpunkt all dieser Interessen und Zwänge steht immer noch der Athlet. Auf seinen Schultern ruhen die Prosperität von Städten, Landschaften und von Industrien. Durch ihn verdienen viele Geld, manche werden reich – und er macht mit, solange auch er verdient. Das aber kann er nur, wenn er durch noch intensiveres Training und noch wagemutigere sportliche Aktionen dem Erfolg nachjagt. Eingebettet in ein Leistungssystem, das nur den wirtschaftlichen Aufschwung und die steigenden Profitkurven kennt, werden immer jüngere Sportler in die Kader geholt und in den Wettkampf geschickt. Die Eiskunstlaufsterne von morgen sind fast schon zu alt, wenn sie heute mit vier Jahren ihre ersten Schritte auf dem Eisparkett wagen. Zehn- bis zwölfjährige Mädchen und Jungen trainieren zwei und mehr Stunden täglich wie Erwachsene. Sie wohnen in Internaten und dürfen – wenn's hoch kommt – alle vier Wochen einmal nach Hause zu ihren Eltern und ihren Spielkameraden von damals.

Wohin die Entwicklung führt, wenn sie nicht von außen gebremst und gesteuert wird, zeigen zahlreiche Beispiele. Die Sportwissenschaft – vor allem Biologie, Medizin und Psychologie – stößt in immer neue Bereiche vor und ermöglicht eines Tages die totale Manipulation des Sportlers und seiner Leistung. Citius – Altius – Fortius! Weiter – Höher – Stärker! Diese Maximen bestimmen den Spitzensport und geben ihm seine Ziele vor. Wie lange noch?

Nur wenige profitieren

Ob der Athlet nun Amateur ist oder nicht – darüber wird in der Zukunft nicht zu sprechen sein. Wer Zeit, Geld, Berufsausbildung und vielleicht sogar seine Gesundheit opfert, soll dafür einen angemessenen finanziellen Ausgleich erhalten. Das ist das mindeste, was ihm diejenigen geben können, die sich von ihm unterhalten lassen oder die Siege sehen wollen. Geld stinkt nicht, sagten die alten Römer. Und die antiken Griechen nannten die Amateure schlichtweg Idioten. Und in Wahrheit sind es ja immer nur wenige, die profitieren. Die alpinen Skisportler zum Beispiel oder die Eishockeyspieler, von denen die besten in der Bundesliga auch als Amateure 200 000 Mark im Jahr verdienen.

Die Mehrheit, die Eisschnelläufer, die Bobfahrer und Rodler, die Biathlonkämpfer und die Nordischen, ja selbst die meisten Eiskunstläufer investieren mehr als sie je wieder herausbekommen können. Ohne die Unterstützung durch die Deutsche Sporthilfe wären sie von vornherein zum Scheitern verurteilt. Die meisten Spitzensportler bleiben arme Schlucker. Sie sind Amateure, die aus der Not eine Tugend machen.

Das eigentliche Problem des internationalen Olympismus sind nicht seine Sportstars, sondern die Antreiber eines gnadenlosen Leistungsfetischismus.

Die Zahl 13 vor den Olympischen Winterspielen in Lake Placid könnte die Wende sein – so oder so: totaler Kommerz auf allen Ebenen oder Umkehr durch Selbstbesinnung. Der stille See – wie Lake Placid auf deutsch heißt – trügt. Der internationalen Olympischen Bewegung stehen unruhige Zeiten ins Haus.

Manfred Blödorn

161

Politische Sonntagsreden wie auch journalistische Darstellungen sind oft noch von der gedanklichen Einheit »körperliche Höchstleistung – optimale Gesundheit« geprägt. Das ist falsch. Mit einer Förderung der Gesundheit hat der Hochleistungssport nichts mehr zu tun. Vielmehr kommt es jetzt darauf an, den Betreffenden trotz seines Hochleistungssportes gesund zu erhalten. Das betrifft vor allem Muskeln, Sehnen, Bänder, Knochen und Gelenke. Werden allerdings nur solche Personen für ein Hochleistungstraining zugelassen, welche alle gesundheitlichen Voraussetzungen erfüllen, so droht ihnen – abgesehen von Verletzungen – auch kein gesundheitlicher Schaden, wenn sie sich regelmäßiger ärztlicher Beratung und Kontrolle bedienen.

Zur Darstellung der Anpassungsmöglichkeiten des menschlichen Organismus an extreme Beanspruchungen bedarf es zunächst einer Erläuterung der verschiedenen motorischen Beanspruchungsformen des Körpers mit ihren unterschiedlichen Auswirkungen auf den Organismus. Wir unterscheiden fünf motorische Hauptbeanspruchungsformen:

Koordination

Koordination ist das Zusammenwirken von Zentralnervensystem und Skelettmuskulatur innerhalb eines gezielten Bewegungsablaufes. Gemeinhin spricht man auch von »Gewandtheit« und »Geschicklichkeit«. Die Qualität der Koordination wird verbessert durch die ständige Übung des betreffenden Bewegungsablaufes. Es gelingt schließlich selbst bei komplizierten Bewegungsformen, aus einem bewußten einen unbewußt ablaufenden Prozeß zu machen. Dadurch wird Raum geschaffen für andere gedankliche Überlegungen, die nichts mit der Durchführung der Bewegung, sondern zum Beispiel im Eishockey mit der momentanen Spieltaktik zu tun haben. Strukturelle Anpassungserscheinungen zum Beispiel in den inneren Organen oder auch in der Muskulatur sind mit Koordination aber nicht zu erzielen.

Flexibilität

Unter der Flexibilität verstehen wir das willkürlich mögliche Bewegungsausmaß in einem oder in mehreren Gelenken. Es handelt sich also um »Gelenkigkeit«. Während man seine optimale Koordination mit dem 20. bis 25. Lebensjahr erreicht, gilt das für die Flexibilität bei Jungen mit dem 11. bis 13., bei Mädchen mit dem 9. bis 11. Lebensjahr. Übungen zur Verbesserung der Flexibilität bestehen in Dehnungs-, Beugungs- und Drehungsbeanspruchungen. Täglich vielfach wiederholte Beanspruchungen dieser Art – wie das im Extremfall zum Beispiel bei den sogenannten »Schlangenmenschen« für die Wirbelsäule zutrifft – können zu Schädigungen führen.

Kraft

Die Basisform der Kraft ist die statische Kraft. Wir verstehen darunter diejenige Muskelanspannung, welche willkürlich in einer gegebenen Position gegen einen fixierten Widerstand möglich ist. Dieser statischen steht die dynamische Kraft gegenüber. Es handelt sich um die Kraft, welche innerhalb eines gezielten Bewegungsablaufes entfaltet werden kann. Viele Formen von statischem und dynamischem Krafttraining können die Kraft vergrößern. Dabei nimmt der Querschnitt der einzelnen Muskelfaser zu, der Muskelumfang wächst. Allerdings ist es mit keiner Form von Krafttraining möglich, gesundheitlich wünschenswerte Anpassungserscheinungen im Bereich von Herz, Kreislauf, Atmung und Stoffwechsel zu erzielen. Krafttraining wirkt sich also nur im Halte- und Bewegungsapparat aus.

Die oft zitierten Schädigungsmöglichkeiten durch ein Krafttraining sind offenbar geringer als früher vermutet. Manche der Schäden sind darauf zurückzuführen, daß ein Leistungs-Krafttraining bereits im vorgeschädigten Zustand oder bei anormalen Achsenstellungen in den Gelenken begonnen oder daß seine sachgemäße Technik nicht beachtet wurde.

Schnelligkeit

Die Schnelligkeit ist in die Bereiche Grundschnelligkeit und Schnelligkeitsausdauer zu unterteilen. Grundschnelligkeit stellt die maximal erreichbare Geschwindigkeit innerhalb eines zyklischen Bewegungsablaufes dar (zum Beispiel Laufen, Schwimmen, Rudern etc.). Schnelligkeitsausdauer beinhaltet diejenige Zeitspanne, über welche eine gegebene submaximale Geschwindigkeit durchgehalten werden kann (zum Beispiel 400-m-

Grenzensport

Lauf). Für die Schnelligkeit, dargestellt durch den 100-m-Lauf, spielt die organische Leistungsfähigkeit keine Rolle. Sie hängt in erster Linie von der dynamischen Kraft und der Koordination sowie von einigen untergeordneten Faktoren ab. Demgemäß bewirkt auch ein Schnelligkeitstraining – das heißt in diesem Falle intensive Belastungen unterhalb einer Dauer von drei Minuten – keine Anpassungserscheinung an den inneren Organen. Etwas anders verhält es sich schon bei der Schnelligkeitsausdauer. Jede kontinuierliche dynamische Belastung, die länger als zwei Minuten andauert, wird mehr und mehr von der Leistungsfähigkeit von Herz, Kreislauf, Atmung und Stoffwechsel bestimmt.

Ausdauer

Die letzte der genannten motorischen Hauptbeanspruchungsformen, die Ausdauer, unterteilt sich in eine Reihe unterschiedlicher Ausdauerformen. Die wichtigste von ihnen ist die allgemeine aerobe Ausdauer. Wir verstehen darunter dynamische Beanspruchungen großer Muskelgruppen (zum Beispiel Laufen, Skilanglauf, Radfahren) über einen kontinuierlichen Zeitraum von mehr als fünf Minuten mit einer Belastungsintensität von mehr als 50 Prozent der Kreislaufleistungsfähigkeit. Unter diesen Voraussetzungen wird das Leistungsvermögen von Herz, Kreislauf, Atmung und Stoffwechsel der Skelettmuskulatur zum entscheidend leistungsbegrenzenden Moment. Dementsprechend sind nur Beanspruchungen dieser Art geeignet zur Erzielung auch gesund-

heitlich wünschenswerter Anpassungserscheinungen an den inneren Organen. Wie verhalten sich nun die verschiedenen Wintersportarten in bezug auf ihre Zuordnung zu den oben vorgestellten Hauptbeanspruchungsformen?

Alpine Wettbewerbe

Die alpinen Wettbewerbe Abfahrtslauf und Slalom stellen in erster Linie Ansprüche an Koordination, Flexibilität – das gilt besonders für den Slalom – sowie an statische und dynamische Kraft. Infolge der starken statischen Beanspruchungen speziell im Abfahrtslauf und seiner Dauer von ca. zwei Minuten spielt auch die sogenannte Kraftausdauer eine Rolle. Die strukturellen Anpassungserscheinungen betreffen in erster Linie den Querschnitt und eventuell auch die biochemische Beschaffenheit der sportartspezifisch beanspruchten Muskulatur. So kommt die Kraft der Oberschenkelmuskulatur bei Skiabfahrtsläufern und -läuferinnen manchmal der von Gewichthebern nahe.

Sowohl beim Riesenslalom als auch beim Abfahrtslauf und Slalom sind Pulsfrequenzen von 180 bis 200/min zu registrieren. Sie sind die Folge einer Kombination von psychischem Spannungszustand und physischer Beanspruchung. Letztere besteht vornehmlich in der intensiven statischen Muskelbeanspruchung, die zur Erhaltung des Körpergleichgewichts aufgebracht werden muß bei Geschwindigkeiten um 100 km/h und gleichzeitigen Bodenunebenheiten und Kurven. Mit diesen Muskelkontraktionen ist ein erhöhter Widerstand im Ge-

fäßsystem verbunden, wodurch die pro Herzschlag beförderte Blutmenge relativ klein ist. Das ist auch einer der Gründe, warum trotz der hohen Pulszahlen Beanspruchungen dieser Art nicht geeignet sind, gesundheitlich wünschenswerte Trainingsanpassungen im Bereich von Herz und Kreislauf zu erzielen. Ähnlich verhält es sich mit dem Spezialsprunglauf. Auch hier stehen psychische und statische Muskelbeanspruchung in Verbindung mit Koordination und Flexibilität ganz im Vordergrund des Leistungsgeschehens. Bereits vor dem Start beim Sprung von der kleinen wie von der großen Schanze liegt die Pulsfrequenz durchweg um 100 bis 140/min. Sie erreicht dann Gipfelwerte von 180/min und höher in der Anlaufphase und im Sprung, um nach dem Auslauf schnell auf Größenordnungen um 100 bis 120/min zurückzukehren.

Andere Disziplinen

Bob und Rodeln sind noch mehr als die vorgenannten Disziplinen durch die psychische Belastung charakterisiert. Die Pulsfrequenz verhält sich ähnlich wie bei den übrigen Sportarten geschildert. Da beim Bob und Rodeln, abgesehen von der Anschiebphase, keine dynamische Arbeit der Muskulatur verlangt wird, handelt es sich bei diesen Sportarten um klassische Dysstreßsituationen. Dabei verstehen wir unter »Streß« die Summe der bewußt und unbewußt auf uns einwirkenden überschwelligen Reize, während »Dysstreß« eine im biochemischen Sinne akut nicht zu verarbeitende Streßsituation beinhaltet. Diese Sportarten stellen da-

her herausragende Beispiele für nicht gesundheitlich wertvolle Sportdisziplinen dar.

Anders verhält es sich beim 5- und 10-km-Langlauf der Damen sowie beim 15-km-, 30-km- und 50-km-Langlauf der Herren sowie bei der 4×10-km-Staffel in den Nordischen Wettbewerben. Auch die Nordische Kombination mit dem 15-km-Langlauf und das Biathlon mit dem 20-km-Lauf fallen in den Bereich der allgemeinen aeroben Ausdauerbeanspruchung, also jene motorische Hauptbeanspruchungsform, die die stärksten Anpassungserscheinungen an den inneren Organen auslöst. Weltbeste Skilangläufer zählen zu dem Personenkreis, welcher die extremsten Anpassungserscheinungen im Organismus aufweist. Ihnen sehr nahe kommen Eisschnelläufer, deren Spezialdisziplinen die 5000-m- und 10 000-m-Distanz sind. Die kürzeren Eisschnellaufstrecken stellen in erster Linie Ansprüche an Schnelligkeit und Koordination, hier in Verbindung mit dem Schlittschuh als »Technik« bezeichnet. Je besser die Technik, desto geringer der Kalorienverbrauch und damit der Sauerstoffbedarf für eine gegebene Laufgeschwindigkeit.

Der Eiskunstlauf beinhaltet praktisch alle motorischen Beanspruchungsformen in hohem Umfang. Ähnliches gilt auch für das Eishockey, wobei hierbei die sogenannte allgemeine dynamische anaerobe Ausdauer überwiegt, das heißt die vielfache Aneinanderreihung von Schnelligkeitsausdauerbelastungen. Deshalb erfolgt nach durchschnittlich zweiminütiger Laufbelastung jeweils die Auswechslung.

Welches sind nun die Anpassungserscheinungen, die in den genannten, dafür besonders prädestinierten Wintersportarten wie Skilanglauf und Eisschnellauf über die langen Distanzen auftreten? Am bekanntesten ist das sogenannte Sportherz. Dabei handelt es sich um eine Vergrößerung des Herzens, die sowohl auf eine Vermehrung der Muskelmasse als auch auf eine Erweiterung der Herzhöhlen zurückzuführen ist, um eine physiologische Anpassungserscheinung, welche die Voraussetzung darstellt für eine überdurchschnittliche Leistungsfähigkeit des Herzens. Das normale Herz eines durchschnittlich schweren Mannes besitzt eine Größe von 750 bis 800 ml. Im Grenzbereich der Leistungsfähigkeit kann es maximal ca. 20 Liter Blut befördern. Weltklasse-Skilangläufer können 1300 bis 1400 ml große Herzen aufweisen. Sie erreichen eine maximale Leistungsfähigkeit von 35 bis 40 l/min. Nach Beendigung der aktiven Laufbahn bilden sich diese Sportherzen weitgehend zurück.

Leistungsfähigkeit der Organe

Mit der Entwicklung der großen Sportherzen ist eine Zunahme der Blutmenge verbunden. Sie kann von ca. fünf Liter beim Durchschnittsmann auf ca. sieben Liter zunehmen. Diese Steigerung des Blutvolumens betrifft sowohl das sogenannte Blutplasma als auch die roten Blutkörperchen. Dementsprechend ist die Sauerstoffbindungs- und Transportfähigkeit des Blutes vergrößert.

Auch die Lunge verfügt bei diesen Weltklassesportlern über eine vergrößerte Leistungsfähigkeit. Das betrifft vor allem die sogenannte Diffusionskapazität, das heißt die Menge Sauerstoff, welche pro Zeiteinheit in den Lungenkapillaren nach Durchtritt durch die Lungenbläschen aufgenommen werden kann. Auch hier können die Normalwerte um 100 Prozent überschritten werden.

Das Bruttokriterium der gesamten Leistungsfähigkeit von Herz, Kreislauf und Atmung ist die maximale Sauerstoffaufnahme/min. Man mißt sie durch die Registrierung der Sauerstoffaufnahme während maximaler Belastung des Betreffenden zum Beispiel auf dem Laufband, auf Skiern oder auf dem Fahrradergometer. Der Durchschnittswert für gesunde männliche Personen zwischen dem 20. und 30. Lebensjahr liegt bei etwa 3000 ml/min. Weltklassesportler in Winter-Ausdauersportarten können Werte von 6000 ml/min aufweisen. Dementsprechend ist die sogenannte organische Leistungsfähigkeit dieser Hochleistungssportler um ca. 100 Prozent höher als die von Durchschnittspersonen. Der dazu notwendige Atmungsaufwand liegt bei etwa 200 l/min, während Durchschnittspersonen über Maximalwerte von ca. 100 l/min verfügen. Noch größer werden die Unterschiede zwischen Weltklasse-Ausdauersportlern und Durchschnittspersonen, wenn es sich darum handelt, eine Leistung mit ca. 70 bis 80 Prozent der maximalen Leistungsfähigkeit über eine möglichst lange Zeitspanne durchzuhalten. Während hier der Durchschnittsmann eine Leistung mit einer O_2-Aufnahme von beispielsweise 2500 ml/min über eine Zeitspanne von ca. 30 Minuten durchhalten mag, schafft ein solcher Hochleistungssportler eine Belastung entsprechend einer doppelt so großen Sauerstoffaufnahme ununterbrochen über fünf bis sieben Stunden.

Die Leber des hochausdauertrainierten Sportlers verfügt über eine weitaus größere Menge an Glykogen, der Depotform des Kohlenhydrats. Auch in der einzelnen Muskelzelle beträgt seine Glykogenmenge das Doppelte bis im Extremfall das Vierfache des Normalen. Hierdurch werden die Voraussetzungen für das Durchhalten überdurchschnittlich großer Ausdauerbelastungen geschaffen. Die Muskulatur verbraucht für ihre mechanische Leistung ja ununterbrochen Energie, wozu in erster Linie die Verbrennung von Kohlenhydraten und Fettsäuren dient. Dabei verbrennt der Hochausdauertrainierte auf einer gegebenen submaximalen Belastungsstufe prozentual mehr Fettsäure als der Untrainierte und schont so die lebensnotwendigen Glykogenvorräte.

Wo liegen die Grenzen?

Gleichzeitig kommt es in der Skelettmuskulatur des Hochausdauertrainierten zu zahlreichen weiteren Anpassungserscheinungen. Die Mitochondrien – das sind die Kraftwerke einer jeden Zelle – können bis um 100 Prozent vermehrt sein. Dementsprechend vergrößert ist die Aktivität der Enzyme, das heißt biologische Katalysatoren, welche Ausmaß und Richtung der Stoffwechselumsetzungen regulieren. Auch der rote Muskelfarbstoff, der den Sauerstoff in der Muskulatur

selbst bindet, ist vermehrt. Gleichzeitig nimmt die Zahl der Kapillaren – der feinen Haargefäße in der Muskulatur – um 30 bis 50 Prozent gegenüber den Durchschnittswerten zu. Damit werden die Sauerstoffbelieferungsmöglichkeiten der Muskelzelle verbessert.

Auch die Hormonproduktionsstätten haben sich den Trainingsbelastungen des Hochleistungssportlers angepaßt. So sind beispielsweise die Nebennieren vergrößert. Durch eine bessere Ökonomie erreicht es der Leistungssportler, daß mit einer geringeren Hormonfreisetzung der gewünschte Steuerungseffekt im Stoffwechsel vorgenommen wird. In diesem Zusammenhang besonders wichtig sind die sogenannten »Streßhormone« Adrenalin und Noradrenalin, welche für gegebene Belastungsstufen beim Hochleistungssportler wesentlich niedriger im Blut liegen als bei untrainierten Personen.

In Wintersportarten mit anaeroben Leistungen wie zum Beispiel in den Eisschnellauf-Sprintstrecken besteht ebenfalls seitens des Stoffwechsels eine hohe Überlegenheit gegenüber Durchschnittspersonen. Diese anaeroben Belastungen sind dadurch gekennzeichnet, daß die Belastungsintensität so hoch und die Belastungsdauer andererseits so kurz ist, daß für eine genügende Sauerstoffbelieferung der Muskelzelle keine Möglichkeit besteht. Infolgedessen muß die betreffende Energie ohne Zufuhr von Sauerstoff freigemacht werden. Das geschieht mit Milchsäurebildung. Während der Durchschnittsmann maximal Milchsäurespiegel von 80 bis 100 mg% im Blut mobilisieren kann, können bei heutigen

Weltklassesportlern Werte von 250 bis 280 mg% registriert werden. Damit ist eine für menschliche Begriffe extreme Säuerung des Blutes verbunden.

Gesundheitliche Aspekte

Zum Schluß ein kurzer Seitenblick auf die gesundheitlichen Aspekte von Wintersportarten wie Skilanglauf oder Eisschnellauf über die langen Distanzen. Sie führen zu einer Ökonomisierung der Herzarbeit, das heißt, es gelingt dem Herzen, mit einem reduzierten Sauerstoffbedarf eine unveränderte mechanische Leistung der Skelettmuskulatur befriedigen zu können. Gleichzeitig steigt die Herzleistungsfähigkeit. Durch die Verbesserung der Technik beim Skilauf oder Schlittschuhlauf gelingt es, eine unveränderte Leistung mit einem gegebenenfalls um 20 bis 30 Prozent reduzierten Sauerstoffbedarf zu tätigen. Das aber beinhaltet zusätzlich eine Entlastung des Herzens. Die Ökonomisierung der Herzarbeit mit dem verringerten Sauerstoffbedarf und die Steigerung der Kreislauf- wie auch der Stoffwechselleistungsfähigkeit bedingen einen relativen Schutz vor den Folgeerscheinungen degenerativer Gefäßveränderungen wie zum Beispiel dem Herzinfarkt. Gleichzeitig können Risikofaktoren günstig korrigiert werden. In der Kombination dieser Mechanismen liegen die gesundheitlichen Werte des winterlichen Ausdauersportes.

Wildor Hollmann

Bei unserem harten Sport gibt es nichts zu lachen.« Diese Aussage der rumänischen Kunstturnweltmeisterin Nadia Comaneci sollte all denen zu denken geben, die sich von 12jährigen Eislaufprinzessinnen, 14jährigen Olympiasiegerinnen im Kunstturnen oder Schwimmen verzaubern lassen. Der heutige Hochleistungssport ist durch eine beängstigende Entwicklung gekennzeichnet: die zunehmende Vorverlegung des systematischen Trainings in das frühe Kindes- und Jugendalter und - in einigen Sportarten – durch das Erreichen absoluter Höchstleistungen in immer jüngeren Jahren.

Vor acht Jahren ließen sich bei den Olympischen Spielen in München Millionen von der 16jährigen Olga Korbut verzaubern. Vier Jahre später mußte sie der erst 14jährigen Nadia Comaneci weichen. Bei den Kunstturnweltmeisterschaften von 1979 in den Vereinigten Staaten machten bereits 12jährige Mädchen von sich reden. Es gibt keinen Zweifel mehr: Dem Schneller-Höher-Weiter hat sich im heutigen Spitzensport der Ruf nach dem »Jünger, immer jünger, noch jünger« hinzugesellt.

Dies hat auch die Technische Kommission des Bundesausschusses für Leistungssport erkannt. So steht im Rahmenplan zur Talentsuche und Talentförderung unter anderem zu lesen: »Die Auswertung der Olympischen Spiele in München zeigt, daß die Jugend bei uns in der BRD auf sportlichem Gebiet zu spät heranreift. Unsere Zielvorstellung ist die Berufung in eine Fördergruppe am Beginn der Etappe der Vorbereitung. Dies würde zur Zeit für Schwimmer etwa bei fünf Jahren, für Turner spätestens bei acht Jahren... bedeuten.« Bereits ab dem vierten Lebensjahr sollen und müssen entsprechend Kinder in Fördergruppen erfaßt, einem systematischen Training unterworfen werden, um sie durch gezielten Aufbau zu potentiellen Olympiakandidaten »heranzuzüchten«. So schreibt auch der Münchner Sportarzt Lenhart: »Wenn wir eine breite Basis haben wollen, um im Spitzensport den Anschluß an die großen Nationen zu halten, muß der Schulsport wesentlich intensiviert werden, denn nur aus einer großen Zahl motorisch Geschickter läßt sich eine entsprechende Zahl Medaillenanwärter züchten.«

Erschreckende Visionen

Hinter dieser Aussage verbergen sich zwei erschreckende Visionen: zum einen der Schulsport als Kaderschmiede der Nation, zum anderen das Heranziehen von Kindern zum biologischen Material, zu Objekten für Züchtungsversuche. Dies alles im Interesse nationalen sportlichen Prestiges, zum Wohle des Vaterlandes. Dabei wird völlig ausgeblendet, unter welchen Bedingungen hochleistungssporttreibende Kinder trainieren müssen, zu welchen physischen wie psychischen Schäden dies führen kann.

Greifen wir einmal exemplarisch den Alltag einer 13jährigen Kunstspringerin (der ebenso für eine Eiskunstläuferin oder Kunstturnerin gelten kann) heraus: Nachmittags um halb zwei kommt sie aus der Schule heim, Mittagessen, Schulaufgaben. Punkt 16 Uhr wird sie von der Mutter nach Aachen gefahren. Dort bringt sie ihr Trainer mit zehn anderen Springerinnen über die Autobahn nach Köln. Bis um acht Uhr abends ist Training, und punkt halb zehn ist sie wieder daheim. Dies geht jeden Tag so, seit fünf Jahren, wobei sonntags sogar sieben Stunden trainiert wird.

Der verplante Alltag

Der Alltag leistungssporttreibender Kinder erweist sich als total verplant, den Kindern wird ein Arbeitspensum abverlangt, das die derzeitigen gewerkschaftlichen Vorstellungen von vertretbarer Arbeitszeitbelastung eines Erwachsenen weit übersteigt. Obwohl Kinderarbeit schon im letzten Jahrhundert verboten wurde und Jugendarbeit strengsten Gesetzen unterliegt, werden heute in manchen Sportarten Kinder knochenharter, äußerst eintöniger, stupider Trainingsarbeit mit bis zu 40 Stunden pro Woche neben der schulischen Belastung ausgesetzt.

In der Studie »Sport, Mensch und Gesellschaft« der evangelischen Kirche Deutschlands steht entsprechend zu lesen: »In einzelnen Fällen nimmt das Training von Kindern Formen an, die der Kinderarbeit des Frühkapitalismus vergleichbar sind. Das Geltungsbedürfnis von Eltern oder Trainern und Vereinsfunktionären kann sich als ständiger Druck auf die Kinder auswirken, ihre Kindheit und ihre späteren Lebensaussichten solchem Ehrgeiz zu opfern.« Aufgrund ihrer Untersuchung von hochleistungssporttreibenden Kindern kommen Kemper/Prenner zu dem Ergebnis, daß das sportliche

Sport und Kind

Engagement der Kinder wesentlich auf das sportliche Interesse der Eltern zurückgeht, daß es von den Eltern erzwungen und ausdrücklich gewollt wird. »Einmal wird das Kind mehr als Objekt elterlicher sozialer Hoffnungen betrachtet, zum anderen wird es als Instrument zum Erwerb familialen Prestiges benutzt.«

Das Sporttreiben von Kindern ist somit weitgehend ein fremdbestimmtes Handeln, Kinder werden hier einem Zwang ausgesetzt, den sie zwar spüren, dem sie sich aber nicht entziehen können. So meint eine Kunstturnerin: »Manchmal habe ich einfach keine Lust mehr... Dann möchte ich alles hinschmeißen und irgendwo hingehen zum Tanzen. Aber dann überlegt man es sich doch wieder. Ich habe so viele Jahre für den Leistungssport geopfert, daß ich nicht alles Hals über Kopf aufgeben kann. Ich habe mich für den Leistungssport entschieden und muß so leben, wie es von mir verlangt wird.« Der Journalist Gerhard Krug trifft die Situation sicherlich völlig richtig, wenn er schreibt: »Ehrgeizige Ozelot-Muttis treiben ihre noch nicht schulpflichtigen Kinder auf das Eis, keine Widerrede, mein Kind, ich tue es nur für Dich. Du wirst mir eines Tages dankbar sein, wenn Du es geschafft hast, dann bist Du ganz oben, dann gehörst Du dazu, aber jetzt mußt Du Dich quälen, willst Du wohl trainieren!«

Programmierte Frührentner?

Der Hochleistungssport für Kinder birgt dabei nicht nur große gesundheitliche Gefahren in sich – so nennt der Sportarzt Klümper Spit-

zenturner »programmierte Frührentner« und der betreuende Sportmediziner des Weltverbandes der Eiskunstläufer spricht schlicht von »Mädchen zum Wegwerfen« –, er droht auch zu unübersehbaren psychischen und sozialen Schäden bei Jugendlichen und Kindern zu führen. Das Training beginnt genau in der entscheidenden Phase der Persönlichkeitsentwicklung des Kindes. Wo zweckfreies, spielerisches Tun für eine harmonische Entfaltung unbedingt erforderlich ist, verarmt das harte, einseitig auf die Perfektionierung motorischer Leistungen bezogene Training vor allem den emotionalen und sozialen Bereich. Die Kinder und Jugendlichen haben neben ihren Trainingsverpflichtungen und schulischen Pflichten kaum die Möglichkeit, Alternativen für ihre Freizeitgestaltung kennenzulernen. Die Förderung weiterer Interessen und Begabungen – notwendiger Bestandteil einer normalen Persönlichkeitsentwicklung – findet somit kaum statt. So meint der Kunstturner Eberhard Gienger: »Vier bis sechs Stunden pro Tag werden also schon für den Sport aufgewandt. Im Anschluß an eine solche Belastung bleibt es oft nicht aus, daß der Athlet müde und abgespannt ist, das heißt, er muß sich sehr zusammennehmen, um noch für seine Schule oder seinen Beruf etwas zu tun.«

Es verwundert somit auch nicht, wenn die Darmstädter Pädagogen Boltz und Schmitt in ihrer Untersuchung von leistungssporttreibenden Schülern unter anderem feststellen mußten, daß die Trainingsbelastung nur im beschränkten Umfang das Erledigen der Haus-

aufgaben erlaube und zu einem Nachlassen der Schulleistungen führe, daß die Schüler Schwierigkeiten hätten, dem Unterricht aufmerksam zu folgen, daß sie sich über fehlende Freizeit, über fehlende Zeit zum Spielen und mangelnde Kontakte mit Kameraden beklagen.

Resignierend beschreibt Schmitt aufgrund dieser Untersuchung die Situation hochleistungssporttreibender Kinder wie folgt: »Und wenn man sie ihnen später wiedergeben könnte: die Landschaft der Kindheit und der ersten Jugend mit den Träumen, die darin geträumt werden, und den Spielen, die dort gespielt werden wollten, sie würden in ihnen sein und umgehen wie Fremde. Heute tanzen gedrillte Kinder auf dem Eis den Reigen einer verlorenen Jugend – und nicht nur Eiskunstläufer.«

»Das werden soziale Krüppel!«

Die trainingstheoretisch sehr wohl begründbare Trainingsbelastung erfordert einen so hohen Zeitaufwand, daß das Leben der Kinder – wenn dies überhaupt gelingt – ausschließlich auf zwei Wirklichkeitsbereiche beschränkt wird, den Bereich der Schule und den Bereich des sportlichen Trainings. Die Aussage von Nadia Comaneci »Bei unserem harten Sport gibt es nichts zu lachen« wird auf diesem Hintergrund nur zu verständlich. Kemmler, der direkte Erfahrung in der psychologischen Betreuung von hochleistungssporttreibenden Kindern und Jugendlichen hat, nennt entsprechend Kinder, die nichts weiter tun als Sporttreiben, »verhaltensgestört«, das heißt, sie sind

»total manipulierbar«, »lassen sich in extreme Leistungsbereiche hineintreiben«, sind »total abhängig«, sie »lernen nie richtig schmusen, ihre Sexualität bleibt infantil«. Resümierend stellt Kemmler fest: »Das werden soziale Krüppel!«

So antwortete eine ehemalige deutsche Spitzenturnerin auf die Frage, ob sich zehn Jahre Hochleistungssport gelohnt hätten, ob sechs Stunden Training täglich, um zweimal an Olympischen Spielen teilnehmen zu dürfen, sinnvoll gewesen seien, erstaunlich offen: »Ich habe ja außer Turnen nichts kennengelernt!« und spricht von sturer Arbeit, beziehungsweise beklagt Defizite in ihren sozialen Verhaltensweisen. Ähnlich urteilt auch ein bekannter Ruderer nachträglich über das Hochleistungstraining von Kindern und Jugendlichen, indem er von »Schindluder getrieben – Schwachsinn – irregeleiteten Jugendlichen« spricht und seiner eigenen Jugend nachtrauert.

Gewalt an Kindern

Die Rekrutierung von Spitzensportlern im Kindesalter muß so besehen als eine Form der Gewalt an Kindern bezeichnet werden, deren sich die Kinder kaum entziehen können. Besonders schwerwiegend ist dabei, daß Belastungsumfang und -intensität, die, wie wir wissen, immens hoch sind, nicht primär an den Bedürfnissen und Interessen der Kinder und Jugendlichen orientiert sind, sondern an den sachlogischen Erfordernissen, die aus der optimalen Vorbereitung und Durchführung des Trainingsprozesses abgeleitet werden. Betreuungspersonen, die den Ver-

such machen, pädagogisch verantwortlich zu handeln, die den Konflikt zwischen den Erfordernissen des Hochleistungssports und den Bedürfnissen nach Freizeit, nach spielerischen Aktivitäten und der Entwicklung einer pädagogisch verantwortbaren Persönlichkeitsstruktur der leistungssporttreibenden Kinder zu lösen versuchen, geraten automatisch in den Konflikt zwischen den eigenen pädagogischen Normen und den zweckrationalen Prinzipien des Hochleistungssports. Hierfür liefert die Sozialpädagogin Liebmann ein treffendes Beispiel, die am Turninternat in Frankfurt als Erzieherin tätig sein sollte: »Die Mädchen, die die Anforderungen von Schule und Leistungssport losgelöst vom Elternhaus unter einen Hut bringen sollten, waren damit überfordert; sie waren vor allem im privaten Bereich allein gelassen. Ich wollte hier Abhilfe schaffen, kam aber mit meinen Wünschen und Vorschlägen nicht durch. Deshalb bin ich gegangen.« Es klingt in Anbetracht dieser Äußerung schon mehr als sarkastisch, wenn der Deutsche Turnerbund die Turnschule in Frankfurt mit der Zielsetzung rechtfertigt, »Deutschland wieder an die Weltspitze zu führen« und dementsprechend die »Unterwerfung des freien Willens für ein hartes Training« gefordert und als Lernziel – man fühlt sich ins letzte Jahrhundert zurückversetzt – »Persönlichkeit durch Askese« angegeben wird. Das Ziel, »Deutschland wieder an die Weltspitze zu führen« scheint die lebenslangen gesundheitlichen, psychischen und sozialen Schäden der leistungssporttreibenden Kinder und Ju-

gendlichen allemal zu rechtfertigen.

Im Interesse eines möglichst raschen sportlichen Ruhmes wird der Bruch zwischen Sport und übrigem Leben einkalkuliert. Dabei wird geradezu fahrlässig außer acht gelassen, daß der Sport zur einzigen Realisierungschance menschlichen Verhaltens wird, so daß der Sturz in die Anonymität oder Mittelmäßigkeit um so grausamer ist. So schreibt der Schweizer Sportjournalist Andreas Blum zu Recht: »Sport als Hauptberuf läßt kaum noch Spielraum, die Basis zu schaffen, auf der später einmal eine berufliche Karriere aufgebaut werden soll. Dann, eines Tages, ist es vorbei, manchmal sehr abrupt, es folgt der Sturz in die Leere, in die Beziehungslosigkeit. Ein scheinbar festgefügtes System von Normen und Wertvorstellungen bricht mit einemmal zusammen, taugt nicht mehr, eine totale Orientierungslosigkeit ist die Folge.«

Verlorene Jugend

Diejenigen, die es dennoch geschafft haben, sind äußerst selten, und wo sind alle diejenigen, die ebenso intensiv trainiert haben und aufgrund von Verletzungen ihren Sport aufgeben mußten oder mangels Talent nicht die oberste Stufe des Erfolges erreichten und somit nicht in den Genuß kamen, ihren sportlichen Erfolg materiell zu nutzen? Der Pädagoge Schmitt umschreibt das Problem treffend: »Früher sagte man, daß es süß und ehrenvoll sei, für das Vaterland zu sterben. Heute bleibt ihnen der Heldentod erspart; dafür legen unsere A-, B-, C- und D-Kader und alle die Ungenannten, die hinein möchten, ihre verlorenen Schul- und Studienjahre, ihre Zitterstunden um die Versetzung in die nächste Klasse auf den Altar mitsamt der Süße der Kindheit und der frühen Jugend.«

Hochleistungssport und Humanität

Ist es weiterhin zu verantworten, kaum entscheidungsreife Kinder den Gefahren des Hochleistungssports auszusetzen, sie durch jahrelange Streßsituationen so extrem zu belasten? Ist es zu verantworten, Kinder extremster Trainingsarbeit auszusetzen, die die oft kritisierte Fließbandarbeit in der Industrie an Eintönigkeit und Stupidität bei weitem übertrifft? Humanität am Arbeitsplatz, Verkürzung der Arbeitszeit, dies sind die großen Losungsworte der Gewerkschaften für die achtziger und neunziger Jahre. Wo bleibt die Forderung nach Humanität, nach Kinder- und Jugendschutz im Hochleistungssport? Die Probleme leistungssporttreibender Kinder werden totgeschwiegen zum Schaden unserer Jugend, die eigentlich »unser edelstes Anliegen« sein sollte. So wirft denn auch Schmitt den Sport- und Bildungspolitikern, »die den Ehrgeiz unserer auserwählten Kinder anstacheln, ihren Einsatz loben, sich in ihren Erfolgen sonnen«, zu Recht vor, daß sie sich um die eigentlichen Probleme überhaupt nicht kümmerten: »Wo bleibt der Jugendschutz für unsere leistungssporttreibenden Kinder?« Wer übernimmt die Verantwortung, daß im nationalen Interesse Kinder viele Jahre hindurch während der entscheidenden Phase ihrer Persönlichkeitsentwicklung schweren psychischen und sozialen Schäden ausgesetzt werden?

Die Probleme, die sich hinter dem Hochleistungssport von Kindern und Jugendlichen verbergen, scheint auch der Deutsche Sportbund erkannt zu haben, wenn er in seiner »Grundsatzerklärung für den Spitzensport« schreibt: »Die Sportbewegung ist nur dann pädagogisch glaubwürdig, wenn Eltern, die ihr ihre Kinder anvertrauen, sicher sein können, daß sie auf dem langen Weg, der heute bis zum Erreichen von Spitzenleistungen erforderlich ist, erzieherisch verantwortungsvoll betreut und nicht manipulativ behandelt werden und daß sie in ihrem späteren Leben nicht unter den Folgen ihres Einsatzes im Leistungssport zu leiden haben.« Der Präsident des Deutschen Sportbundes Willi Weyer präzisiert dies, wenn er schreibt: »Auch wenn nur auf Zeit die Entwicklung eines jungen Mädchens verändert wird, ist diese Menschenwürde verletzt. ... Dieser ethischen Regel – ob erlaubt oder nicht – ob nachweisbar oder nicht – haben wir alles unterzuordnen. Auch dann, wenn wir in einigen Disziplinen keine Medaillen mehr holen.« Allein, diese Aussagen, mögen sie auch ehrlich gemeint sein, gehen an der konkreten Trainings- und Wettkampfpraxis vorbei, sind bedeutungslos, wenn Weyer gleichzeitig hinzufügt: »Ich bin für hartes Training; für beste Trainer und Betreuer; für Stützpunkte und Leistungszentren; für höchste Anforderungen; aber für Beibehaltung jener ethischen Grundsätze, die die Würde des Menschen ausmachen.«

Ist dies überhaupt realisierbar? Verbirgt sich hinter diesen Aussagen nicht ein Widerspruch? Ist es überhaupt möglich, weiterhin für hartes Training, für höchste Anforderungen, für Spitzenleistungen zu plädieren und gleichzeitig die Würde des Menschen obenan zu stellen, auf jegliche Manipulation zu verzichten? Die Praxis des Hochleistungssports, die Erfahrungen, die wir mit hochleistungssporttreibenden Kindern machen müssen, die Erfahrungen der jüngsten Olympischen Spiele lehren uns leider, daß es den Verantwortlichen auch heute noch nicht Ernst ist mit der Würde des Menschen.

Nichts zu lachen

»Bei unserem harten Sport gibt es nichts zu lachen.« Wenn Kinder und Jugendliche nicht mehr lachen können, können wir es uns dann noch leisten, uns an deren Leistungen zu erfreuen? Muß uns nicht ein beängstigendes Gefühl, ein schlechtes Gewissen befallen? Wenn aufgrund mangelnder sportlicher Betätigung – wie von Medizinern und Pädagogen oft befürchtet – unsere Jugend Gefahr läuft, zu physischen und psychischen Frühinvaliden zu werden, dann muß diese Befürchtung erst recht für die unter den derzeitigen Bedingungen trainierenden jugendlichen Leistungssportlern geäußert werden. »Bei unserem harten Sport gibt es nichts zu lachen«, diese Aussage sollte uns allen zu denken geben und Anlaß zur Neubesinnung sein.

Gunter A. Pilz

Millionen haben sie gesehen – die Abfahrtsläufer, die mit Tempo 100 die Pisten von Lake Placid hinunterjagten, die Bobfahrer, die todesmutig durch den engen Eiskanal ratterten und um hundertstel Sekunden nach vier Durchgängen getrennt waren, oder die Eiskunstläufer, die mit Anmut, Grazie und einem Lächeln auf den Lippen ihre in knochenhartem und jahrelangem Training eingedrillten Pirouetten drehten und dreifachen Salchows sprangen. Millionen haben gebannt auf die wenigen gestarrt, die da alle vier Jahre für sich selbst und ihren Geldbeutel dem größten Sportspektakel jenen Glamour geben, ohne den unser moderner Schausport undenkbar wäre.

Historische Unwahrheiten

Was fasziniert so viele Menschen am Sport? Am Zuschauen? Warum schwitzen nur die wenigen, derweil die Masse vor den Fernsehschirmen Knuspriges knabbert? Ist es die Dramaturgie des Sports, das Ungewisse, wer heute wen schlagen wird? Ist es seine perfekte Mischung aus Tragik und Freude, aus Gewalt und Ästhetik? Oder einfach die Öffentlichkeit des Schausports, vor der nichts verheimlicht werden kann, nicht einmal das kleinste Wehwehchen des Favoriten? Wer einmal auf dem Präsentierteller der Nation steht, darf keine Geheimnisse mehr haben. Da wird die Freundin interviewt, da werden ein paar Biere am Abend zuviel eifersüchtig beobachtet, da wird ein ganzes Sammelsurium von

Halbwahrheiten, Halbheiten und Unwahrheiten in der Boulevardpresse zu einer Scheinwelt verarbeitet, von der der tägliche Kioskkunde nur träumen kann, vielleicht auch will.

Das alles ist nicht neu. Viele meinen, nur im modernen Sport sei der Mensch zum Manager geworden, seien Gagen und Gewinne wichtiger als die »Dabeisein ist alles«-Rufe der hohen Herren vom Olympischen Komitee.

Doch diese hehren Verlautbarungen der Präsidenten und Vizepräsidenten dieses international besetzten Herrenordens sind ebenso Schall und Rauch wie die noch immer verbreitete historische Unwahrheit, die Griechen hätten die Olympischen Spiele erfunden. Dem Libanesen Labib Boutros zufolge haben die unter dem phönizischen Königssohn Kadmos im 16. Jahrhundert vor unserer Zeitrechnung nach Griechenland eingewanderten Phönizier den Griechen nicht nur ihren Glauben und ihre Götter nahegebracht, sondern auch religiöse Riten, die auf körperlichem Ausdruck beruhen. In der südlibanesischen Stadt Tyr hat der Forscher die Ruinen einer Sportstätte entdeckt, die in allen Teilen der Anlage von Olympia gleicht. Es werden allerdings noch mehr archäologische Funde nötig sein, um dieser These Beweiskraft geben zu können. Sicher ist, daß der moderne Schausport, wie wir ihn kennen, mit den auf kultische Ursprünge zurückgehenden Spielen der Antike mehr zu tun hat als viele wahrhaben wollen. Auch in den Jahren von 1168 v. Chr. bis zu ihrem Verbot durch Ostrom (393 n. Chr.) haben Städte und Politiker

die Siege ihrer Teilnehmer nationalistisch ausgeschlachtet. Schon damals wurden Sieger nicht nur gefeiert, sondern auch materiell belohnt. Die Siegprämien bestanden aus beachtlichen Geschenken und horrenden Summen. Homer berichtet, einem der Wettkämpfer seien unter anderem »Dreifüße, zwölf Rinder, flinkhufige Maultiere und ein üppiges Weib« übereignet worden.

Antike Profis

Mit der wachsenden Bedeutung der Spiele stieg auch die Zahl der Berufsathleten, die alsbald von Königen, Mäzenen und Städten »gesponsort« wurden. Die Zuwendungen erreichten astronomische Höhen. Solon setzte in seinem Gesetzeswerk den Preis für einen Olympiasieg auf 500 Drachmen fest, und Chrysistomos berichtet, daß einige Städte den Sieg mit umgerechnet etwa 30 000 DM honorierten – übrigens etwa die Summe, die in diesen Tagen der amerikanische Hochspringer Dwight Stones an seinen Verband zurückzahlen muß, um weiter »Amateur« bleiben zu dürfen. Diesen Betrag hatte der 2,30-m-Hochspringer für den Start bei einem (!) internationalen Sportfest zugesteckt bekommen. Das ist in diesen Kreisen also offensichtlich ein übliches Verfahren!

Erst im 17. Jahrhundert, also gut 2000 Jahre nach Solon, lassen sich erste Wurzeln unseres heutigen Amateurgedankens belegen. Damals kannte man in England zwei Arten von Leibesübungen, die gleichzeitig die soziale Schichtung der Feudalgesellschaft jener Tage widerspiegelten. Die »Gentry«,

Phantom Olym

der sogenannte niedere Adel, betrieb den »Disport« – das Volk die »Games«.

Als 100 Jahre später auch der Adel sich für den Sport zu interessieren begann, wurden Amateure engagiert und für ihre Darbietungen hochbezahlt. Bald wurden die »Profis« der Adligen allen anderen Sportlern überlegen. Als Gegenreaktion auf diese, wie man meinte, unheilvolle Entwicklung formierte sich der »gentlemen sport«. Durch Amateurbestimmungen schloß man die meist besseren »Schausportler« aus und schaffte sich so lästige Konkurrenten vom Hals.

Klassenkampf und Ideologie

Daß im vielgepriesenen olympischen Geist unserer Tage auch eine ganze Portion Klassenkampf und Ideologie steckt, wird auch durch die Handlungsweise der Internationalen Olympischen Komitees, vor allem um die Jahrhundertwende deutlich: Offen oder versteckt schlossen die IOC-Gewaltigen bestimmte Bevölkerungsschichten von den Spielen aus. Frauen wurden erst ab 1900 zugelassen, bestimmte Sportarten sind noch heute für sie tabu (Marathonlauf, 10 000-m-Lauf etc.), obwohl neuere medizinische Untersuchungen nachgewiesen haben, daß gerade auf Langstrecken der weibliche Organismus dem des Mannes überlegen ist.

Bis 1920 galten gar Statute, die die Teilnahme von Arbeitern und Angestellten am olympischen Wettkampf untersagten. Noch 1948 wurde in London der schwedische Olympiasieger im Military-Mannschaftswettbewerb Persson, ein

Unteroffizier, disqualifiziert, weil nach den Regeln nur Offiziere als Amateure geführt wurden.

Heute lautet der olympische Meineid so: »Im Namen aller Wettkämpfer verspreche ich, daß wir bei den Olympischen Spielen als ehrliche Sportler, die Regeln achtend, in ritterlichem Geist zum Ruhme des Sports und zur Ehre unserer Mannschaft teilnehmen werden.« Und die 1971 verabschiedete Version des Paragraphen 26 der olympischen Regeln besagt: »Um zu den Olympischen Spielen zugelassen zu werden, muß ein Wettkämpfer geistig und moralisch die olympische Tradition respektieren und sich immer dem Sport als einer Nebenbeschäftigung, zu seinem Vergnügen, gewidmet haben, ohne ein Entgelt gleich welcher Art für seine Teilnahme entgegenzunehmen. Sein Unterhalt darf von Einkünften, die er aus dem Sport beziehen könnte, weder herrühren noch abhängen, und er muß eine persönliche Stellung haben, die ihm seine jetzige und zukünftige Stellung sichert.«

Eine korrekte Auslegung dieser Regeln ließe die Olympischen Spiele zu einer Versammlung drittklassiger Sportler degenerieren. Da würde sich nicht mehr die sportliche Elite der Nationen treffen, die Besten der Welt miteinander um Sekunden und Metern ringen, nein, da vereinten sich diejenigen, die es sich leisten könnten, zu einem ritterlichen Wettkampf um die Medaillen anzutreten – und niemanden interessierte das.

Olympia hat nicht mehr die Wahl zwischen Schausport, sprich Profi, und Freizeitsport, sprich Amateur. Und auch die ewigen Beschwörungen seiner Apologeten, die Grat-

wanderung zwischen diesen beiden Gegensätzen ließe sich in alle Zukunft fortsetzen, halten der Realität nicht stand. Längst hat sich der Schausport an der olympischen Idee vorbeigemogelt.

Handfeste ökonomische Interessen

Hier geht es um handfeste ökonomische und politische Interessen. Nicht das ist zu befürchten, denn es ist nur normal, wenn der Sport nicht anders agiert und reagiert wie die anderen Bereiche unserer Gesellschaft. Zu befürchten ist eher eine Überpolitisierung und eine Hyperkapitalisierung des Sports – denn er ist sowohl politisch als auch ökonomisch ein interessantes Feld.

Schon halten sich clevere Firmenmanager Spitzensportler wie Bauern Zuchtbullen. So lange sie etwas leisten und der Name der Firma oft genug auf dem Trikot prangt oder in den Massenmedien erwähnt wird, werden diese modernen Gladiatoren mit Geldgaben überschüttet. Der Sportler degeneriert so zum Werbemedium für Fußballschuhe, Skianzüge und Skier. Da reguläre Verträge zwischen Sportler und »Arbeitgeber« gegen das Amateurstatut verstießen, finden diese Geschäfte meist unter der Hand statt oder sind – wie im Skipool – exakt mit bestimmten Leistungserwartungen gekoppelt. So bringt ein Weltcup-Sieg in der Abfahrt, im Slalom oder Riesenslalom soundsoviel Deutsche Mark, Österreichische Schillinge oder Schweizer Franken. Beim Gewinn einer olympischen Medaille wird nicht gleich auf dem Siegestreppchen gezahlt, doch man kann sicher

sein, daß dies in einer »angemessenen« Form hinterher geschieht. Geradezu ins Groteske wird diese seit gut einem Jahrzehnt sich abzeichnende Entwicklung verzerrt, wenn einzelne Sportler oder talentierte Pferde von potenten Mäzenen gekauft werden und unter deren Namen Werbung treiben. So geschehen in der Bundesrepublik anno 1978. Das ist Kapitalismus, wie man ihn vor 100 Jahren verstanden hat, ohne Arbeitsverträge, ohne Gewerkschaften, ohne Arbeitszeitfixierungen.

Kapitalismus in Reinkultur

Immer mehr Manager haben den werbewirksamen Markt Sport entdeckt. Nicht nur billig kann hier geworben werden – richtig plazierte Bandenwerbung kann wesentlich billiger, weil länger im Bild, sein, als ein Halbminutenspot im Werbefernsehen –, sondern es kann auch ein bestimmtes Lebensgefühl an den Verbraucher herangetragen werden nach dem Motto: Wer leistet, hat auch Erfolg, und alle, die Erfolg haben, die haben auch unser Produkt benutzt. Überspitzt gesagt, sind die »Schausportler« unserer Zeit nichts anderes als die Handlanger des Kapitals. Nicht anders hätte das Marx gesehen. Daß dies jedoch mit etwas veränderten Vorzeichen genauso für die Leistungssportler hinter dem »Eisernen Vorhang« gilt, wäre ihm auch nicht verheimlicht geblieben. Dort wird die Vorbildfunktion des Spitzensports und seiner Epigonen jedoch mehr mit dem politischen System in Einklang zu bringen versucht, nach dem Motto: Wir siegen, weil unser System dem des Westens überlegen ist. Als erstes Land hat dies wohl die DDR erkannt, als sie Anfang der sechziger Jahre ihre Sportler optimal vorbereitet in die Arena zum Siegen für ihren Staat schickte. Die materiellen Vergünstigungen, die dort erfolgreiche Leistungssportler erhalten, sind, gemessen am Lebensstandard, oft noch höher als bei uns.

Daß der Sport seit Jahren als politisches Schlachtfeld benutzt wird, bestreiten Killanin und Co. vehement. Nicht nur die spektakuläre Drohung Präsident Carters, den Sport als politisches Druckmittel zu benutzen und die Olympischen Spiele von Moskau zu boykottieren, hat das Gegenteil bewiesen – und auch die hohen Herren haben ihre eigene Behauptung mehrfach ad absurdum geführt. Erinnert sei hier nur an die denkwürdige Entscheidung, rhodesische Sportler auf Druck der kanadischen Regierung von den Spielen in Montreal 1976 auszuschließen oder jüngst Rotchina auf Kosten von Taiwan in das IOC aufzunehmen.

Das Salz in der Suppe

Während greise Olympioniken nicht müde werden, den Sport als völkerverbindend hinzustellen, haben clevere Politiker und skrupellose Diktatoren die Bedeutung des Sports längst erkannt.

So boykottierte die Sowjetunion wichtige internationale Sportwettbewerbe immer dann, wenn es gerade in ihr politisches Konzept paßte. Der politische Zankapfel West-Berlin stand mehrfach im Mittelpunkt östlicher Boykottpolitik. Gegen die Fußballnationalmannschaft Chiles traten die sowjetischen Staatskicker anläßlich der Qualifikation zur Fußball-Weltmeisterschaft 1974 erst gar nicht an, weil sie den geglückten Putsch rechtskonservativer Militärs gegen den sozialistischen Staatspräsidenten Allende nicht noch auf dem Fußballfeld unterstützen wollten. Chile siegte durch ein Pro-forma-Tor und nahm an der WM teil.

Aber Boykottmaßnahmen sind die Ausnahme geblieben, denn die politischen Führer des Ostblocks haben längst erkannt, daß besser und billiger als durch Erfolge auf der Tartanbahn oder der Abfahrtsstrecke ein System sich selbst nicht präsentieren kann. Medaillen sind das Salz in der Suppe zwischen Volk und Führung.

Bei dem Raum, den der Sport in unseren modernen Industriegesellschaften einnimmt – angeblich kaufen die meisten Leser die auflagenstärkste Boulevardzeitung der Bundesrepublik nur ihres Sportteils wegen –, kommt jeder internationale Erfolg eines Sportlers oder einer Mannschaft einer nationalen Selbstbestätigung gleich. Nicht vergessen sind die lauten Rufe nach Sporthilfe und Förderung des Sports, als die DDR der Bundesrepublik vor gut eineinhalb Jahrzehnten sportlich den Rang ablief.

Der Sport – nichts als ein Spielball von Politik und Wirtschaft? Ganz so düster sieht es anno 1980 noch nicht aus. Olympia wird aber nur eine Chance haben, wenn Killanin und Co. endlich beginnen, Realitäten zu sehen und nicht weiter einem Phantom nachlaufen.

Frank Grube/Gerhard Richter

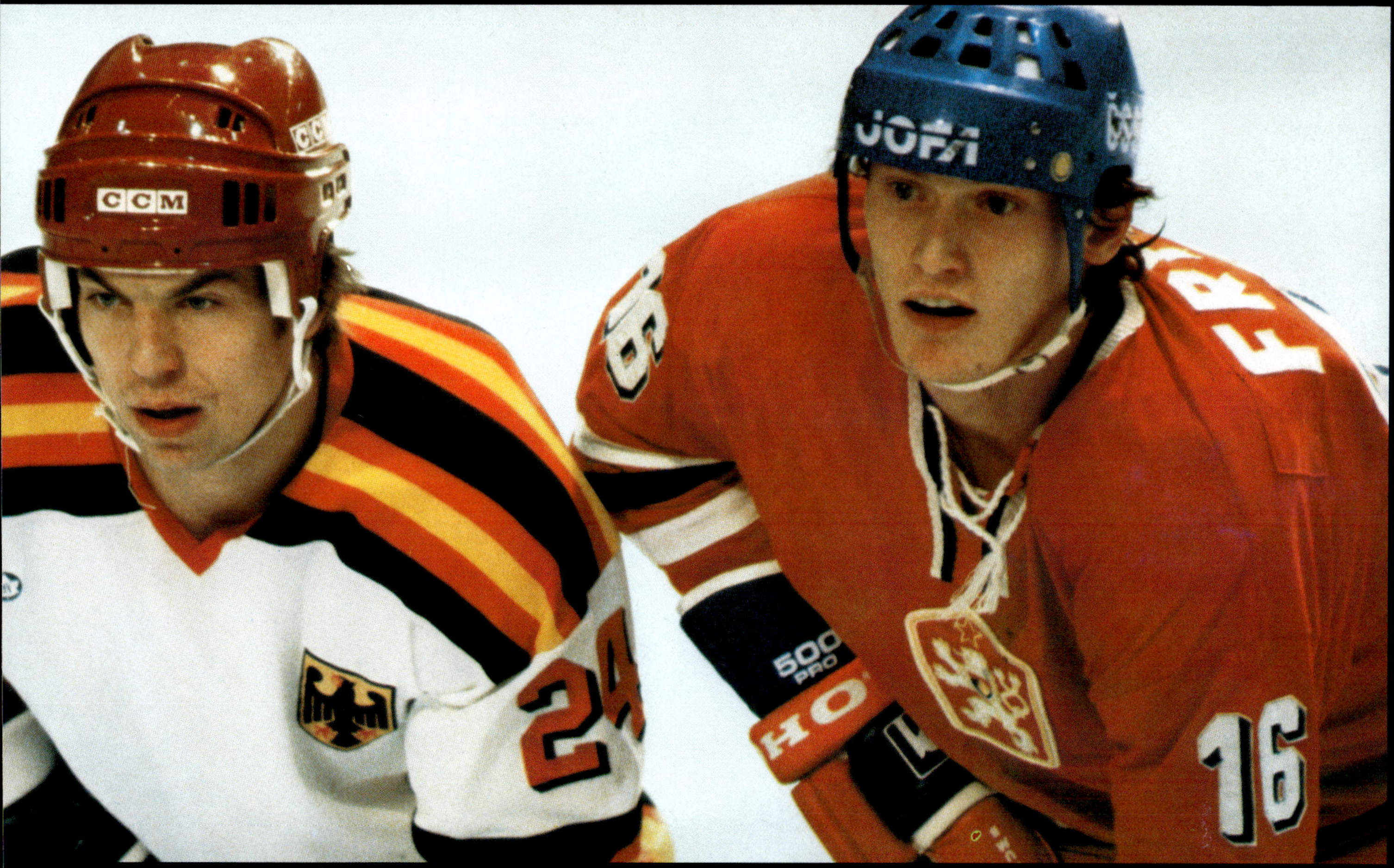
CCM
JOFA
24
500 PRO
16

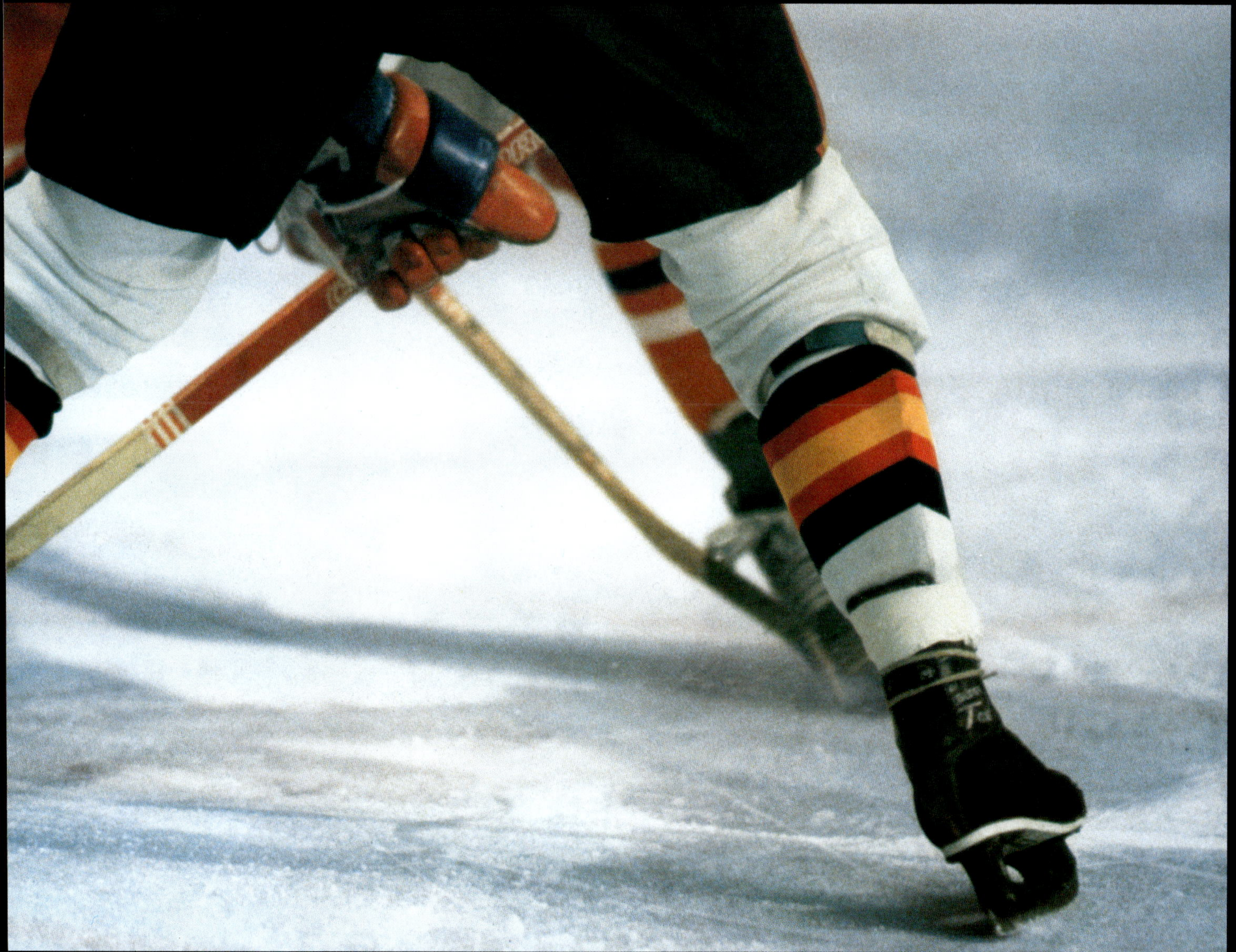

Chronik

1924 Chamonix

Nordische Wettbewerbe der Herren

18-km-Langlauf

1. Haug	NOR	1:14:31,0
2. Gröttumsbraaten	NOR	1:15:51,0
3. Niku	FIN	1:21:26,0

50-km-Langlauf

1. Haug	NOR	3:44:32,0
2. Strömstad	NOR	3:46:23,0
3. Gröttumsbraaten	NOR	3:47:46,0

Nordische Kombination

1. Haug	NOR	18,906
2. Strömstad	NOR	18,219
3. J. Gröttumsbraaten	NOR	17,854

Spezial-Sprunglauf, 90 m

1. Thams	NOR	18,960
2. Bonna	NOR	18,689
3. Haug	NOR	18,000

Bobrennen

Viererbob

1. Schweiz I	5:45,54
2. Großbritannien II	5:48,83
3. Belgien I	6:02,29

Eishockey

1. Kanada
2. USA
3. Großbritannien

Eisschnellauf der Herren

500 m

1. Jewetraw	USA	44,0
2. Olsen	NOR	44,2
3. Larsen	NOR	44,8
Thunberg	NOR	44,8

1500 m

1. Thunberg	FIN	2:20,8
2. Larsen	NOR	2:22,0
3. Moen	NOR	2:25,6

5000 m

1. Thunberg	FIN	8:39,0
2. Skutnabb	FIN	8:48,4
3. Larsen	NOR	8:50,2

10 000 m

1. Skutnabb	FIN	18:04,8
2. Thunberg	FIN	18:07,8
3. Larsen	NOR	18:12,2

Eiskunstlauf

Herren

1. Grafström	SWE	10	367,89
2. Böckl	AUT	13	359,82
3. Gautschi	SUI	23	319,07

Damen

1. Planck-Szabo	AUT	7	299,17
2. Loughran	USA	14	279,85
3. Muckelt	GBR	26	250,07

Paarlauf

1. Engelmann/Berger	AUT	9	10,64
2. Jakobsson/Jakobsson	FIN	18,5	10,25
3. Joly/Brunet	FRA	22	9,89

1928 St. Moritz

Nordische Wettbewerbe der Herren

18-km-Langlauf

1. Gröttumsbraaten	NOR	1:37:01,0
2. Hegge	NOR	1:39:01,0
3. Ödegaard	NOR	1:40:10,0

50-km-Langlauf

1. Hedlund	SWE	4:52:03,0
2. Jonsson	SWE	5:05:30,0
3. Andersson	SWE	5:05:46,0

Nordische Kombination

1. J. Gröttumsbraaten	NOR	17,833
2. Vinjarengen	NOR	15,303
3. Snersrud	NOR	15,021

Spezial-Sprunglauf, 90 m

1. Andersen	NOR	19,208
2. Ruud	NOR	18,542
3. Burkert	TCH	17,937

Bobrennen

Viererbob

1. USA II	3:20,5
2. USA I	3:21,0
3. Deutschland II	3:21,9

Eishockey

1. Kanada
2. Schweden
3. Schweiz

Eisschnellauf der Herren

500 m

1. Thunberg	FIN	43,4
Evensen	NOR	43,4
3. O'Neil Farrell	USA	43,6
Larsen	NOR	43,6

1500 m

1. Thunberg	FIN	2:21,1
2. Evensen	NOR	2:21,9
3. Ballangrud	NOR	2:22,6

5000 m

1. Ballangrud	NOR	8:50,5
2. Skutnabb	FIN	8:59,1
3. Evensen	NOR	9:01,1

10 000 m

nicht ausgetragen

Eiskunstlauf

Herren

1. Grafström	SWE	12	385,46
2. Böckl	AUT	13	383,21
3. v. Zeebroeck	BEL	27	368,39

Damen

1. Henie	NOR	8	350,32
2. Burger	AUT	25	321,21
3. Loughran	USA	28	322,07

Paarlauf

1. Joly/Brunet	FRA	14	11,16
2. Scholz/Kaiser	AUT	17	11,02
3. Brunner/Wrede	AUT	29	10,36

1932 Lake Placid

Nordische Wettbewerbe der Herren

18-km-Langlauf

1. Utterström	SWE	1:23:07,0
2. Wikström	SWE	1:25:07,0
3. Saarinen	FIN	1:25:24,0

50-km-Langlauf

1. Saarinen	FIN	4:28:00,0
2. Liikanen	FIN	4:28:20,0
3. Rustadstuen	NOR	4:31:53,0

Nordische Kombination

1. J. Gröttumsbraaten	NOR	446,00
2. Stenen	NOR	436,05
3. Vinjarengen	NOR	434,60

Spezial-Sprunglauf, 90 m

1. Ruud	NOR	228,1
2. Beck	NOR	227,0
3. Wahlberg	NOR	219,5

Bobrennen

Zweierbob

1. USA I	8:14,74
2. Schweiz II	8:16,28
3. USA II	8:29,15

Viererbob

1. USA I	7:53,68
2. USA II	7:55,70
3. Deutschland I	8:00,04

Eishockey

1. Kanada
2. USA
3. Deutschland

Eisschnellauf der Herren

500 m

1. Shea	USA	43,4
2. Evensen	NOR	5 m zurück
3. Hurd	CAN	8 m zurück

1500 m

1. Shea	USA	2:57,5
2. Hurd	CAN	6 m zurück
3. Logan	CAN	7 m zurück

5000 m

1. Jaffee	USA	9:40,8
2. Murphy	USA	2 m zurück
3. Logan	CAN	4 m zurück

10 000 m

1. Jaffee	USA	19:13,6
2. Ballangrud	NOR	5 m zurück
3. Stack	CAN	6 m zurück

Eiskunstlauf

Herren

1. Schäfer	AUT	9	371,71
2. Grafström	SWE	13	359,21
3. Wilson	CAN	24	349,76

Damen

1. Henie	NOR	7	328,93
2. Burger	AUT	18	309,58
3. Vinson	USA	23	308,35

Paarlauf

1. Brunet/Brunet	FRA	12	10,95
2. Loughran/Badger	USA	16	11,07
3. Rotter/Szollás	HUN	20	10,91

1936

Garmisch-Partenkirchen

Alpine Wettbewerbe der Herren
Kombination (Abfahrt u. Slalom)

1. Pfnür	GER	99,25
2. Lautschner	GER	96,25
3. Allais	FRA	94,69

Alpine Wettbewerbe der Damen
Kombination (Abfahrt u. Slalom)

1. Cranz	GER	97,06
2. Grasegger	GER	95,26
3. Schon-Nilsen	NOR	93,48

Nordische Wettbewerbe der Herren
18-km-Langlauf

1. Larsson	SWE	1:14:38,0
2. Hagen	NOR	1:15:33,0
3. Niemi	FIN	1:16:59,0

50-km-Langlauf

1. Viklund	SWE	3:30:11,0
2. Wikström	SWE	3:33:20,0
3. Englund	SWE	3:34:10,0

4 × 10-km-Staffel

1. FIN (Nurmela, Karppinen, Lähde, Jalkanen)		2:41:33,0
2. NOR (Hagen, Hoffsbakken, Brodahl, Iversen)		2:41:39,0
3. SWE (Berger, Larsson, Häggblad, Matsbo)		2:43:03,0

Nordische Kombination

1. Hagen	NOR	430,30
2. Hoffsbakken	NOR	419,80
3. Brodahl	NOR	408,10

Spezial-Sprunglauf, 90 m

1. Ruud	NOR	232,0
2. Eriksson	SWE	230,5
3. Andersen	NOR	228,9

Bobrennen
Zweierbob

1. USA I	5:29,29
2. Schweiz II	5:30,64
3. USA II	5:33,96

Viererbob

1. Schweiz II	5:19,85
2. Schweiz I	5:22,73
3. Großbritannien	5:23,41

Eishockey

1. Großbritannien
2. Kanada
3. USA

Eisschnellauf der Herren
500 m

1. Ballangrud	NOR	43,4
2. Krog	NOR	43,5
3. Freisinger	USA	44,0

1500 m

1. Mathiesen	NOR	2:19,2
2. Ballangrud	NOR	2:20,2
3. Wasenius	FIN	2:20,9

5000 m

1. Ballangrud	NOR	8:19,6
2. Wasenius	FIN	8:23,3
3. Ojala	FIN	8:30,1

10 000 m

1. Ballangrud	NOR	17:24,3
2. Wasenius	FIN	17:28,2
3. Stiepl	AUT	17:30,0

Eiskunstlauf
Herren

1. Schäfer	AUT	7	422,7
2. Baier	GER	24	400,8
3. Kaspar	AUT	24	400,1

Damen

1. Henie	NOR	7,5	424,5
2. Colledge	GBR	13,5	418,1
3. Hultén	SWE	28	394,7

Paarlauf

1. Herber/Baier	GER	11	11,5
2. Pausin/Pausin	AUT	19,5	11,4
3. Rotter/Szollás	HUN	32,5	10,8

1948

St. Moritz

Alpine Wettbewerbe der Herren
Abfahrt

1. Oreiller	FRA	2:55,0
2. Gabl	AUT	2:59,1
3. Molitor	SUI	3:00,3

Slalom

1. Reinalter	SUI	130,3
2. Couttet	FRA	130,8
3. Oreiller	FRA	132,8

Kombination

1. Oreiller	FRA	3,27
2. Molitor	SUI	6,44
3. Couttet	FRA	6,95

Alpine Wettbewerbe der Damen
Abfahrt

1. Schlunegger	SUI	2:28,3
2. Beiser	AUT	2:29,1
3. Hammerer	AUT	2:30,2

Slalom

1. Frazer	USA	117,2
2. Meyer	SUI	117,7
3. Mahringer	AUT	118,0

Nordische Wettbewerbe der Herren
15-km-Langlauf

1. Lundström	SWE	1:13:50,0
2. Östensson	SWE	1:14:22,0
3. Eriksson	SWE	1:16:06,0

50-km-Langlauf

1. Karlsson	SWE	3:47:48,0
2. Eriksson	SWE	3:52:20,0
3. Vanninen	FIN	3:57:28,0

4 × 10-km-Staffel

1. SWE (Östensson, Täpp, G. Eriksson, Lundström)		2:32:08,0
2. FIN (Silvennoinen, Laukkanen, Rytky, Kiuru)		2:41:06,0
3. NOR (Evensen, Ökern, Nyborg, Hagen)		2:44:33,0

Nordische Kombination

1. Hasu	FIN	448,80
2. Huhtala	FIN	433,65
3. Israelsson	SWE	433,40

Spezial-Sprunglauf, 90 m

1. Hugsted	NOR	228,1
2. Ruud	NOR	226,6
3. Schjelderup	NOR	225,1

Bobrennen
Zweierbob

1. Schweiz II	5:29,2
2. Schweiz I	5:30,4
3. USA II	5:35,3

Viererbob

1. USA II	5:20,1
2. Belgien	5:21,3
3. USA I	5:21,5

Eishockey

1. Kanada
2. Tschechoslowakei
3. Schweiz

Eisschnellauf der Herren
500 m

1. Helgesen	NOR	43,1
2. Bartholomew	USA	43,2
Byberg	NOR	43,2
Fitzgerald	USA	43,2

1500 m

1. Farstad	NOR	2:17,6
2. Seyffarth	SWE	2:18,1
3. Lundberg	NOR	2:18,9

5000 m

1. Liaklev	NOR	8:29,4
2. Lundberg	NOR	8:32,7
3. Hedlund	SWE	8:34,8

10 000 m

1. Seyffarth	SWE	17:26,3
2. Parkkinen	FIN	17:36,0
3. Lammio	FIN	17:42,7

Eiskunstlauf
Herren

1. Button	USA	10	191,177
2. Gerschwiler	SUI	23	181,122
3. Rada	AUT	33	178,133

Damen

1. Scott	CAN	11	163,077
2. Pawlik	AUT	24	157,588
3. Altwegg	GBR	28	156,166

Paarlauf

1. Lannoy/Baugniet	BEL	17,5	11,227
2. Kékessy/Király	HUN	26	11,109
3. Morrow/Diestelmeyer	CAN	31	11,000

1952

Oslo

Alpine Wettbewerbe der Herren
Abfahrt

1. Colò	ITA	2:30,8
2. Schneider	AUT	2:32,0
3. Pravda	AUT	2:32,4

Riesenslalom

1. Eriksen	NOR	2:25,0
2. Pravda	AUT	2.26,9
3. Spiess	AUT	2:28,2

Slalom

1. Schneider	AUT	120,0
2. Eriksen	NOR	121,2
3. Berge	NOR	121,7

Alpine Wettbewerbe der Damen
Abfahrt

1. Jochum-Beiser	AUT	1:47,1
2. Buchner	GER	1:48,0
3. Minuzzo	ITA	1:49,0

Riesenslalom

1. Lawrence-Mead	USA	2:06,8
2. Rom	AUT	2:09,0
3. Buchner	GER	2:10,0

Slalom

1. Lawrence-Mead	USA	130,6
2. Reichert	GER	131,4
3. Buchner	GER	133,3

Nordische Wettbewerbe der Herren
18-km-Langlauf

1. Brenden	NOR	1:01:34,0
2. Mäkelä	FIN	1:02:09,0
3. Lonkila	FIN	1:02:20,0

50-km-Langlauf

1. Hakulinen	FIN	3:33:33,0
2. Kolehmainen	FIN	3:38:11,0
3. Estenstad	NOR	3:38:28,0

4 × 10-km-Staffel

1. FIN (Hasu, Lonkila, Kurhonen, Mäkelä)		2:20:16,0
2. NOR (Estenstad, Kirkholt, Stokken, Brenden)		2:23:13,0
3. SWE (Täpp, Andersson, Josefsson, Ludström)		2:24:13,0

Nordische Kombination

1. Slattvik	NOR	451,621
2. Hasu	FIN	447,500
3. Stenersen	NOR	436,335

Spezial-Sprunglauf, 90 m

1. Bergmann	NOR	226,0
2. Falkanger	NOR	221,5
3. Holmström	SWE	219,5

Nordische Wettbewerbe der Damen
10-km-Langlauf

1. Wideman	FIN	41:40,0
2. Hietamies	FIN	42:39,0
3. Rantanen	FIN	42:50,0

Bobrennen
Zweierbob

1. Deutschland I	5:24,54
2. USA I	5:26,89
3. Schweiz I	5:27,71

Viererbob

1. Deutschland I	5:07,84
2. USA I	5:10,48
3. Schweiz I	5:11,70

Eishockey

1. Kanada
2. USA
3. Schweden

Eisschnellauf der Herren
500 m

1. Henry	USA	43,2
2. McDermott	USA	43,9
3. Johansen	NOR	44,0
Audley	CAN	44,0

1500 m

1. Andersen	NOR	2:20,4
2. van der Voort	HOL	2:20,6
3. Aas	NOR	2:21,6

5000 m

1. Andersen	NOR	8:10,6
2. Broekman	HOL	8:21,6
3. Haugli	NOR	8:22,4

10 000 m

1. Andersen	NOR	16:45,8
2. Broekman	HOL	17:10,6
3. Asplund	SWE	17:16,6

Eiskunstlauf

Herren

1. Button	USA	9	192,256
2. Seibt	AUT	23	180,144
3. Grogan	USA	24	180,822

Damen

1. Altwegg	GBR	14,5	161,756
2. Albright	USA	21,5	159,133
3. du Bief	FRA	24	158,000

Paarlauf

1. Falk/Falk	GER	11,5	11,400
2. Kennedy/Kennedy	USA	17,5	11,178
3. Nagy/Nagy	HUN	31	10,822

Cortina d'Ampezzo

Alpine Wettbewerbe der Herren

Abfahrt

1. Sailer	AUT	2:52,2
2. Fellay	SUI	2:55,7
3. Molterer	AUT	2:56,2

Riesenslalom

1. Sailer	AUT	3:00,1
2. Molterer	AUT	3:06,3
3. Schuster	AUT	3:07,2

Slalom

1. Sailer	AUT	194,7
2. Igaya	JPN	198,7
3. Sollander	SWE	200,2

Alpine Wettbewerbe der Damen

Abfahrt

1. Berthold	SUI	1:40,7
2. Dänzer	SUI	1:45,4
3. Wheeler	CAN	1:45,9

Riesenslalom

1. Reichert	GER	1:56,5
2. Frandl	AUT	1:57,8
3. Hochleitner	AUT	1:58,2

Slalom

1. Colliard	SUI	112,3
2. Schöpf	AUT	115,4
3. Sidorowa	URS	116,7

Nordische Wettbewerbe der Herren

15-km-Langlauf

1. Brenden	NOR	49:39,0
2. Jernberg	SWE	50:14,0
3. Koltschin	URS	50:17,0

30-km-Langlauf

1. Hakulinen	FIN	1:44:06,0
2. Jernberg	SWE	1:44:30,0
3. Koltschin	URS	1:45:45,0

50-km-Langlauf

1. Jernberg	SWE	2:50:27,0
2. Hakulinen	FIN	2:51:45,0
3. Terentjew	URS	2:53:32,0

4 × 10-km-Staffel

1. URS	(Terentjew, Koltschin, Anikin, Kusin)	2:15:30,0
2. FIN	(Kiuru, Kortelainen, Vitanen, Hakulinen)	2:16:31,0
3. SWE	(L. Larsson, Samuelsson, P. Larsson, Jernberg)	2:17:42,0

Nordische Kombination

1. Stenersen	NOR	455,000
2. Eriksson	SWE	437,400
3. Gron-Gasienica	POL	436,800

Spezial-Sprunglauf, 90 m

1. Hyvärinen	FIN	227,0
2. Kallakorpi	FIN	225,0
3. Glass	GDR	224,5

Nordische Wettbewerbe der Damen

10-km-Langlauf

1. Kosyrjewa	URS	38:11,0
2. Jeroschina	URS	38:16,0
3. Edström	SWE	38:23,0

3 × 5-km-Staffel

1. FIN	(Polkunen, Hietamies, Rantanen)	1:09:01,0
2. URS	(Kosyrjewa, Koltschina, Jeroschina)	1:09:28,0
3. SWE	(Johansson, Eriksson, Edström)	1:09:48,0

Bobrennen

Zweierbob

1. Italien I	5:30,14
2. Italien II	5:31,45
3. Schweiz I	5:37,46

Viererbob

1. Schweiz I	5:10,44
2. Italien II	5:12,10
3. USA	5:12,39

Eishockey

1. Sowjetunion
2. USA
3. Kanada

Eisschnellauf der Herren

500 m

1. Grischin	URS	40,2
2. Gratsch	URS	40,8
3. Gjestvang	NOR	41,0

1500 m

1. Grischin	URS	2:08,6
Michajlow	URS	2:08,6
3. Salonen	FIN	2:09,4

5000 m

1. Schilkow	URS	7:48,7
2. Ericsson	SWE	7:56,7
3. Gontscharenko	URS	7:57,5

10 000 m

1. Ericsson	SWE	16:35,9
2. Johannesen	NOR	16:36,9
3. Gontscharenko	URS	16:42,3

Eiskunstlauf

Herren

1. H. A. Jenkins	USA	13	166,43
2. Robertson	USA	16	165,79
3. D. Jenkins	USA	27	162,82

Damen

1. Albright	USA	12	169,67
2. Heiss	USA	21	168,02
3. Wendl	AUT	39	159,44

Paarlauf

1. Schwarz/Oppelt	AUT	14	11,31
2. Dafoe/Bowden	CAN	16	11,32
3. Nagy/Nagy	HUN	32	11,03

Squaw Valley

Alpine Wettbewerbe der Herren

Abfahrt

1. Vuarnet	FRA	2:06,0
2. Lanig	GER	2:06,5
3. Perillat	FRA	2:06,9

Riesenslalom

1. Staub	SUI	1:48,3
2. Stiegler	AUT	1:48,7
3. Hinterseer	AUT	1:49,1

Slalom

1. Hinterseer	AUT	128,9
2. Leitner	AUT	130,3
3. Bozon	FRA	130,4

Alpine Wettbewerbe der Damen

Abfahrt

1. Biebl	GER	1:37,6
2. Pitou	USA	1:36,6
3. Hecher	AUT	1:38,9

Riesenslalom

1. Rüegg	SUI	1:39,9
2. Pitou	USA	1:40,0
3. Chenal-Minuzzo	ITA	1:40,2

Slalom

1. Heggtveit	CAN	109,6
2. Snite	USA	112,9
3. Henneberger	GER	116,6

Nordische Wettbewerbe der Herren

15-km-Langlauf

1. Brusveen	NOR	51:55,5
2. Jernberg	SWE	51:58,6
3. Hakulinen	FIN	52:03,0

30-km-Langlauf

1. Jernberg	SWE	1:51:03,9
2. Rämgard	SWE	1:51:16,9
3. Anikin	URS	1:52:28,2

50-km-Langlauf

1. Rämälainen	FIN	2:59:06,3
2. Hakulinen	FIN	2:59:26,7
3. Rämgard	SWE	3:02:46,7

4 × 10-km-Staffel

1. FIN	(Alatalo, Mäntyranta, Huhtala, Hakulinen)	2:18:45,6
2. NOR	(Grönningen, Brenden, Östby, Brusveen)	2:18:46,4
3. URS	(Scheljuchin, Waganow, Kusnetsow, Anikin)	2:21:21,6

Nordische Kombination

1. Thoma	GER	457,952
2. Knutsen	NOR	453,000
3. Gusakow	URS	452,000

Biathlon

1. Lestander	SWE	1:33:21,6 (–)
2. Tyrväinen	FIN	1:33:57,7 (4)
3. Priwalow	URS	1:34:54,2 (6)

Spezial-Sprunglauf, 90 m

1. Recknagel	GER	227,2
2. Halonen	USA	222,6
3. Leodolter	AUT	219,4

Nordische Wettbewerbe der Damen

10-km-Langlauf

1. Gusakowa	URS	39:46,6
2. Kosyrjewa	URS	40:04,2
3. Jeroschina	URS	40:06,0

3 × 5-km-Staffel

1. SWE	(Johansson, Strandberg, Ruthström-Edström)	1:04:21,4
2. URS	(Jeroschina, Gusakowa, Baranowa-Kosyrjewa)	1:05:02,6
3. FIN	(Rantanen, Ruoppa, Pöysti)	1:06:27,5

Bobrennen

nicht ausgetragen

Eishockey

1. USA
2. Kanada
3. Sowjetunion

Eisschnellauf der Herren

500 m

1. Grischin	URS	40,2
2. Disney	USA	40,3
3. Gratsch	URS	40,4

1500 m

1. Aas	NOR	2:10,4
Grischin	URS	2:10,4
3. Stenin	URS	2:11,5

5000 m

1. Kositschkin	URS	7:51,3
2. Johannesen	NOR	8:00,8
3. Pesman	HOL	8:05,1

10 000 m

1. Johannesen	NOR	15:46,6
2. Kositschkin	URS	15:49,2
3. Bäckman	SWE	16:14,2

Eisschnellauf der Damen

500 m

1. Haase	GER	45,90
2. Dontschenko	URS	46,00
3. Ashworth	USA	46,10

1000 m

1. Gusewa	URS	1:34,1
2. Haase	GER	1:34,3
3. Rylowa	URS	1:34,8

1500 m

1. Skobilikowa	URS	2:25,2
2. Seroczynska	POL	2:25,7
3. Pilejczyk	POL	2:27,1

3000 m

1. Skoblikowa	URS	5:14,3
2. Stenina	URS	5:16,9
3. Huttunen	FIN	5:21,0

Eiskunstlauf

Herren

1. D. Jenkins	USA	10	160,02
2. Divin	TCH	22	157,03
3. Jackson	CAN	31	155,66

Damen

1. Heiss	USA	9	165,56
2. Dijkstra	HOL	20	158,31
3. Roles	USA	26	157,21

Paarlauf

1. Wagner/Paul	CAN	7	11,485
2. Kilius/Bäumler	GER	19	10,971
3. Ludington/Ludington	USA	27,5	10,885

1964

Innsbruck

Alpine Wettbewerbe der Herren
Abfahrt

1. Zimmermann	AUT	2:18,16
2. Lacroix	FRA	2:18,90
3. Bartels	GER	2:19,48

Riesenslalom

1. Bonlieu	FRA	1:46,71
2. Schranz	AUT	1:47,09
3. Stiegler	AUT	1:48,05

Slalom

1. Stiegler	AUT	131,13
2. Kidd	USA	131,27
3. Heuga	USA	131,52

Alpine Wettbewerbe der Damen
Abfahrt

1. Haas	AUT	1:55,39
2. Zimmermann	AUT	1:56,42
3. Hecher	AUT	1:56,66

Riesenslalom

1. M. Goitschel	FRA	1:52,24
2. C. Goitschel	FRA	1:53,11
Saubert	USA	1:53,11

Slalom

1. C. Goitschel	FRA	89,86
2. M. Goitschel	FRA	90,77
3. Saubert	USA	91,36

Nordische Wettbewerbe der Herren
15-km-Langlauf

1. Mäntyranta	FIN	50:54,1
2. Grönningen	NOR	51:34,8
3. Jernberg	SWE	51:42,2

30-km-Langlauf

1. Mäntyranta	FIN	1:30:50,7
2. Grönningen	NOR	1:32:02,3
3. Worontschichin	URS	1:32:15,8

50-km-Langlauf

1. Jernberg	SWE	2:43:52,6
2. Rönnlund	SWE	2:44:58,2
3. Tiainen	FIN	2:45:30,4

4 × 10-km-Staffel

1. SWE (Asph, Jernberg, Stefansson, Rönnlund)	2:18:34,6
2. FIN (Huhtala, Tiainen, Laurila, Mäntyranta)	2:18:42,4
3. URS (Utrobin, Waganow, Worontschichin, Koltschin)	2:18:46,9

Nordische Kombination

1. Knutsen	NOR	469,28
2. Kiseljew	URS	453,04
3. Thoma	GER	452,88

Biathlon

1. Melanjin	URS	1:20:26,8 (–)
2. Priwalow	URS	1:23:42,5 (–)
3. Jordet	NOR	1:24:38,8 (2)

Spezial-Sprunglauf
70-m-Schanze

1. Kankonen	FIN	229,9
2. Engan	NOR	226,3
3. Brandtzaeg	NOR	222,9

90-m-Schanze

1. Engan	NOR	230,7
2. Kankkonen	FIN	228,9
3. Brandtzaeg	NOR	227,2

Nordische Wettbewerbe der Damen
5-km-Langlauf

1. Bojarskich	URS	17:50,5
2. Lehtonen	FIN	17:52,9
3. Koltschina	URS	18:08,4

10-km-Langlauf

1. Bojarskich	URS	40:24,3
2. Mekschilo	URS	40:26,6
3. Gusakowa	URS	40:46,6

3 × 5-km-Staffel

1. URS (Koltschina, Mekschilo, Bojarskich)	59:20,2
2. SWE (Martinsson, Standberg, Gustafsson)	1:01:27,0
3. FIN (Pusula, Pöysti, Lehtonen)	1:02:45,1

Bobrennen
Zweierbob

1. Großbritannien I	4:21,90
2. Italien II	4:22,02
3. Italien I	4:22,63

Viererbob

1. Kanada I	4:14,46
2. Österreich I	4:15,48
3. Italien II	4:15,60

Rodeln
Einsitzer – Herren

1. Köhler	GDR	3:26,77
2. Bonsack	GDR	3:27,04
3. Plenk	GDR	3:30,15

Doppelsitzer – Herren

1. Feistmantl/Stengl	AUT	1:41,62
2. Senn/Thaler	AUT	1:41,91
3. Außendorfer/Mair	ITA	1:42,87

Einsitzer – Damen

1. Enderlein	GDR	3:24,67
2. Geisler	GDR	3:27,42
3. Thurner	AUT	3:29,06

Eishockey

1. Sowjetunion
2. Schweden
3. Tschechoslowakei

Eisschnellauf der Herren
500 m

1. McDermott	USA	40,1
2. Grischin	URS	40,6
Orlow	URS	40,6
Gjestvang	NOR	40,6

1500 m

1. Antsson	URS	2:10,3
2. Verkerk	HOL	2:10,6
3. Haugen	NOR	2:11,2

5000 m

1. Johannesen	NOR	7:38,4
2. Moe	NOR	7:38,6
3. Maier	NOR	7:42,0

10 000 m

1. Nilsson	SWE	15:50,1
2. Maier	NOR	16:06,0
3. Johannesen	NOR	16:06,3

Eisschnellauf der Damen
500 m

1. Skoblikowa	URS	45,0
2. Jegorowa	URS	45,4
3. Sidorowa	URS	45,5

1000 m

1. Skoblikowa	URS	1:33,2
2. Jegorowa	URS	1:34,3
3. Mustonen	FIN	1:34,8

1500 m

1. Skoblikowa	URS	2:22,6
2. Mustonen	FIN	2:25,5
3. Kolokoltsewa	URS	2:27,1

3000 m

1. Skoblikowa	URS	5:14,9
2. Stenina	URS	5:18,5
Hwa Han	KOR	5:18,5

Eiskunstlauf
Herren

1. Schnelldorfer	GER	13	212,98
2. Calmat	FRA	22	208,50
3. Allen	USA	26	208,18

Damen

1. Dijkstra	HOL	9	224,28
2. Heitzer	AUT	22	216,16
3. Burka	CAN	25	215,55

Paarlauf

1. Beloussowa/Protopopow	URS	13	11,60
2. Kilius/Bäumler	GER	15	11,51
3. Wilkes/Revell	CAN	35,5	10,94

1968

Grenoble

Alpine Wettbewerbe der Herren
Abfahrt

1. Killy	FRA	1:59,85
2. Perillat	FRA	1:59,93
3. Daetwyler	SUI	2:00,32

Riesenslalom

1. Killy	FRA	3:29,28
2. Favre	SUI	3:31,50
3. Messner	AUT	3:31,83

Slalom

1. Killy	FRA	99,73
2. Huber	AUT	99,82
3. Matt	AUT	100,09

Alpine Wettbewerbe der Damen
Abfahrt

1. Pall	AUT	1:40,87
2. Mir	FRA	1:41,33
3. Haas	AUT	1:41,41

Riesenslalom

1. Greene	CAN	1:51,97
2. Famose	FRA	1:54,61
3. Bochatay	SUI	1:54,74

Slalom

1. M. Goitschel	FRA	85,86
2. Greene	CAN	86,15
3. Famose	FRA	87,89

Nordische Wettbewerbe der Herren
15-km-Langlauf

1. Grönningen	NOR	47:54,2
2. Mäntyranta	FIN	47:56,1
3. Larsson	SWE	48:33,7

30-km-Langlauf

1. Nones	ITA	1:35:39,2
2. Martinsen	NOR	1:36:28,9
3. Mäntyranta	FIN	1:36:55,3

50-km-Langlauf

1. Ellefsäter	NOR	2:28:45,8
2. Wedenin	URS	2:29:02,5
3. Haas	SUI	2:29:14,8

4 × 10-km-Staffel

1. NOR (Martinsen, Tyldum, Grönningen, Ellefsäter)	2:08:33,5
2. SWE (Halvarsson, Andersson, Larsson, Rönnlund)	2:10:13,2
3. FIN (Oikarainen, Taipale, Laurila, Mäntyranta	2:10:56,7

Nordische Kombination

1. Keller	GER	449,04
2. Kälin	SUI	447,04
3. Kunz	GDR	444,10

Biathlon
Einzellauf

1. Solberg	NOR	1:13:45,9 (–)
2. Tichonow	URS	1:14:40,4 (2)
3. Gundarzew	URS	1:18:27,4 (2)

Staffel

1. Sowjetunion	2:13:02,4
2. Norwegen	2:14:50,2
3. Schweden	2:17:26,3

Spezial-Sprunglauf
70-m-Schanze

1. Raska	TCH	216,5
2. Bachler	AUT	214,2
3. Preiml	AUT	212,6

90-m-Schanze

1. Belussow	URS	231,3
2. Raska	TCH	229,4
3. Grini	NOR	214,2

Nordische Wettbewerbe der Damen
5-km-Langlauf

1. Gustafsson	SWE	16:45,2
2. Koulakowa	URS	16:48,4
3. Koitschina	URS	16:51,6

10-km-Langlauf

1. Gustafsson	SWE	36:46,5
2. Moerdre	NOR	37:54,6
3. Aufles	NOR	37:59,9

3 × 5-km-Staffel

1. NOR (Aufles, Enger, Damon Moerdre)	57:30,0
2. SWE (Strandberg, Gustafsson, Martinsson)	57:51,0
3. URS (Koltchina, Achkina, Koulasowa)	58:13,6

Bobrennen
Zweierbob

1. Italien I	4:41,54
2. Deutschland I	4:41,54
3. Rumänien I	4:44,46

Viererbob

1. Italien	2:17,39
2. Österreich I	2:17,48
3. Schweiz I	2:18,04

Rodeln

Einsitzer – Herren

1.	Schmid	AUT	2:52,48
2.	Köhler	GDR	2:52,66
3.	Bonsack	GDR	2:53,33

Doppelsitzer – Herren

1.	Bonsack/Köhler	GDR	1:35,85
2.	Schmid/Walch	AUT	1:36,34
3.	Winkler/Nachmann	GER	1:37,29

Einsitzer – Damen

1.	Lechner	ITA	2:28,66
2.	Schmuck	GER	2:29,37
3.	Dünhaupt	GER	2:29,56

Eishockey

1.	Sowjetunion
2.	Tschechoslowakei
3.	Kanada

Eisschnellauf der Herren

500 m

1.	Keller	GER	40,3
2.	Thomassen	NOR	40,5
	Mc Dermott	USA	40,5

1500 m

1.	Verkerk	HOL	2:03,4
2.	Schenk	HOL	2:05,0
	Eriksen	NOR	2:05,0

5000 m

1.	Maier	NOR	7:22,4
2.	Verkerk	HOL	7:23,2
3.	Nottet	HOL	7:25,5

10 000 m

1.	Hoeglin	SWE	15:23,6
2.	Maier	NOR	15:23,9
3.	Sandler	SWE	15:31,8

Eisschnellauf der Damen

500 m

1.	Titowa	URS	46,1
2.	Meyers	USA	46,3
3.	Holum	USA	46,3
	Fish	USA	46,3

1000 m

1.	Geijssen	HOL	1:32,6
2.	Titowa	URS	1:32,9
3.	Holum	USA	1:33,4

1500 m

1.	Mustonen	FIN	2:22,4
2.	Geijssen	HOL	2:22,7
3.	Kaiser	HOL	2:24,5

3000 m

1.	Schut	HOL	4:56,2
2.	Mustonen	FIN	5:01,0
3.	Kaiser	HOL	5:01,3

Eiskunstlauf

Herren

1.	Schwarz	AUT	13	1904,1
2.	Wood	USA	17	1891,6
3.	Pera	FRA	31	1864,5

Damen

1.	Fleming	USA	9	1907,5
2.	Seyfert	GDR	18	1882,3
3.	Maskova	CSR	31	1828,8

Paarlauf

1.	Beloussowa/Protopopow	URS	10	315,2
2.	Shuk/Gorelik	URS	17	312,3
3.	Glockshuber/Dame	GER	30	304,4

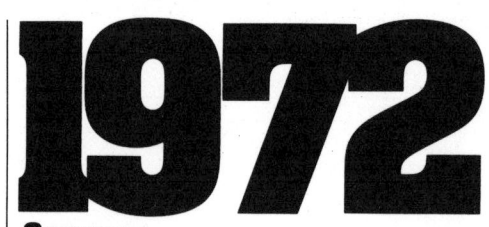

1972
Sapporo

Alpine Wettbewerbe der Herren

Abfahrt

1.	Russi	SUI	1:51,43
2.	Collombin	SUI	1:52,07
3.	Messner	AUT	1:52,40

Riesenslalom

1.	Thöni	ITA	3:09,62
2.	Bruggmann	SUI	3:10,75
3.	Mattle	SUI	3:10,99

Slalom

1.	Ochoa	ESP	109,27
2.	Thöni, G.	ITA	110,28
3.	Thöni, R.	ITA	110,30

Alpine Wettbewerbe der Damen

Abfahrt

1.	Nadig	SUI	1:36,68
2.	Pröll	AUT	1:37,00
3.	Corrock	USA	1:37,68

Riesenslalom

1.	Nadig	SUI	1:29,90
2.	Pröll	AUT	1:30,75
3.	Drexel	AUT	1:32,35

Slalom

1.	Cochran	USA	91,24
2.	Debernard	FRA	91,26
3.	Steurer	FRA	92,69

Nordische Wettbewerbe der Herren

15-km-Langlauf

1.	Lundbäck	SWE	45:28,24
2.	Simaschew	URS	46:00,84
3.	Formo	NOR	46:02,68

30-km-Langlauf

1.	Wedenin	URS	1:36:31,15
2.	Tyldum	NOR	1:37:25,50
3.	Harviken	NOR	1:37:32,44

50-km-Langlauf

1.	Tyldum	NOR	2:43:14,75
2.	Myrmo	NOR	2:43:29,45
3.	Wedenin	URS	2:44:00,19

4×10-km-Staffel

1.	URS	(Woronkow, Skobow, Simaschew, Wedenin)	2:04:47,94
2.	NOR	(Braa, Tyldum, Formo, Harviken)	2:04:57,06
3.	SUI	(Alfred Kälin, Giger, Alois Kälin, Hauser)	2:07:00,36

Nordische Kombination

1.	Wehling	GDR	413,340
2.	Miettinen	FIN	405,505
3.	Luck	GDR	398,800

Biathlon

Einzellauf

1.	Solberg	NOR	1:15:55,50 (2)
2.	Knauthe	GDR	1:16:07,60 (1)
3.	Arwidson	SWE	1:16:27,03 (2)

Staffel

1.	URS	1:51:44,92
2.	FIN	1:54:37,25
3.	GDR	1:54:57,67

Spezial-Sprunglauf

70-m-Schanze

1.	Kasaya	JPN	244,2
2.	Konno	JPN	234,8
3.	Aochi	JPN	229,5

90-m-Schanze

1.	Fortuna	POL	219,9
2.	Steiner	SUI	219,8
3.	Schmidt	GDR	219,3

Nordische Wettbewerbe der Damen

5-km-Langlauf

1.	Kulakowa	URS	17:00,50
2.	Kajosmaa	FIN	17:05,50
3.	Skolova	TCH	17:07,32

10-km-Langlauf

1.	Kulakowa	URS	34:17,82
2.	Oljunina	URS	34:54,11
3.	Kajosmaa	FIN	34:56,45

3×5-km-Staffel

1.	URS	(Muchatschewa, Oljunina, Kulakowa)	48:46,15
2.	FIN	(Takalo, Kuntola, Kajosmaa)	49:19,37
3.	NOR	(Aufles, Dahl, Mördre-Lammedal)	49:51,49

Bobrennen

Zweierbob

1.	GER II	Zimmerer/Utzschneider	4:57,07
2.	GER I	Floth/Bader	4:58,84
3.	SUI I	Wicki/Hubacher	4:59,33

Viererbob

1.	SUI I	(Wicki, Leutenegger, Camichel, Hubacher)	4:43,07
2.	ITA I	(de Zordo, Frassinelli, dal Fabbro, Bonichon)	4:43,83
3.	GER I	(Zimmerer, Gaisreiter, Steinbauer, Utzschneider)	4:43,92

Rodeln

Einsitzer – Herren

1.	Scheidel	GDR	3:27,58
2.	Ehrig	GDR	3:28,39
3.	Fiedler	GDR	3:28,73

Doppelsitzer – Herren

1.	Hildgartner/Plaikner	ITA	1:28,35
2.	Hörnlein/Bredow	GDR	1:28,35
3.	Bonsack/Fiedler	GDR	1:29,16

Einsitzer – Damen

1.	Müller	GDR	2:59,18
2.	Rührold	GDR	2:59,49
3.	Schumann	GDR	2:59,54

Eishockey

1.	Sowjetunion
2.	USA
3.	Tschechoslowakei

Eisschnellauf der Herren

500 m

1.	Keller	GER	39,44
2.	Börjes	SWE	39,69
3.	Muratow	URS	39,80

1500 m

1.	Schenk	HOL	2:02,96
2.	Grönvold	NOR	2:04,26
3.	Claeson	SWE	2:05,89

5000 m

1.	Schenk	HOL	7:23,61
2.	Grönvold	NOR	7:28,18
3.	Stensen	NOR	7:33,39

10 000 m

1.	Schenk	HOL	15:01,35
2.	Verkerk	HOL	15:04,70
3.	Stensen	NOR	15:07,08

Eisschnellauf der Damen

500 m

1.	Henning	USA	43,33
2.	Krasnowa	URS	44,01
3.	Titowa	URS	44,45

1000 m

1.	Pflug	GER	1:31,40
2.	Keulen-Deelstra	HOL	1:31,61
3.	Henning	USA	1:31,62

1500 m

1.	Holum	USA	2:20,85
2.	Baas-Kaiser	HOL	2:21,05
3.	Keulen-Deelstra	HOL	2:22,05

3000 m

1.	Baas-Kaiser	HOL	4:52,14
2.	Holum	USA	4:58,67
3.	Keulen-Deelstra	HOL	4:59,91

Eiskunstlauf

Herren

1.	Nepela	TCH	9,0	2739,1
2.	Tschetweruchin	URS	20,0	2672,4
3.	Pera	FRA	28,0	2653,1

Damen

1.	Schuba	AUT	9,0	2751,5
2.	Magnussen	CAN	23,0	2673,2
3.	Lynn	USA	27,0	2663,1

Paarlauf

1.	Rodnina/Ulanow	URS	12,0	420,4
2.	Smirnowa/Suraikin	URS	15,0	419,4
3.	Groß/Kagelmann	GDR	29,0	411,8

Innsbruck

Alpine Wettbewerbe der Herren
Abfahrt
1. Franz Klammer	AUT	1:45,73
2. Bernhard Russi	SUI	1:46,06
3. Herbert Plank	ITA	1:46,59
4. Philippe Roux	SUI	1:46,69
5. Ken Read	CAN	1:46,83
6. Andy Mill	USA	1:47,06

Riesenslalom
1. Heini Hemmi	SUI	3:26,97
2. Ernst Good	SUI	3:27,17
3. Ingemar Stenmark	SWE	3:27,41
4. Gustav Thöni	ITA	3:27,67
5. Phillip Mahre	USA	3:28,20
6. Engelhard Pargätzi	SUI	3:28,76

Slalom
1. Piero Gros	ITA	2:03,29
2. Gustav Thöni	ITA	2:03,73
3. Willy Frommelt	LIE	2:04,28
4. Walter Tresch	SUI	2:05,26
5. Christian Neureuther	GER	2:06,56
6. Wolfgang Junginger	GER	2:07,08

Alpine Wettbewerbe der Damen
Abfahrt
1. Rosi Mittermaier	GER	1:46,16
2. Brigitte Totschnig	AUT	1:46,68
3 Cynthia Nelson	USA	1:47,50
4. Nicola Spieß	AUT	1:47,71
5. Daniele Debernard	FRA	1:48,48
6. Jacqueline Rouvier	FRA	1:48,58

Riesenslalom
1. Kathy Kreiner	CAN	1:29,13
2. Rosi Mittermaier	GER	1:29,25
3. Daniele Debernard	FRA	1:29,95
4. Lise-Marie Morerod	SUI	1:30,40
5. Marie-Therese Nadig	SUI	1:30,44
6. Monika Kaserer	AUT	1:30,49

Slalom
1. Rosi Mittermaier	GER	1:30,54
2. Claudia Giordani	ITA	1:30,87
3. Hanni Wenzel	LIE	1:32,20
4. Daniele Debernard	FRA	1:32,24
5. Pamela Behr	GER	1:32,31
6. Linda Cochran	USA	1:33,24

Nordische Wettbewerbe der Herren
15-km-Langlauf
1. Nikolai Baschukow	URS	43:58,47
2. Jewgeni Beljajew	URS	44:01,10
3. Arto Koivisto	FIN	44:19,25
4. Iwan Garanin	URS	44:41,98
5. Ivar Formo	NOR	45:29,11
6. William Koch	USA	45:32,22

30-km-Langlauf
1. Sergej Saweljew	URS	1:30:29,38
2. William Koch	USA	1:30:57,84
3. Iwan Garanin	URS	1:31:09,29
4. Juha Mieto	FIN	1:31:20,39
5. Nikolai Baschukow	URS	1:31:33,14
6. Gert-Dietmar Klause	GDR	1:32:00,91

50-km-Langlauf
1. Ivar Formo	NOR	2:37:30,05
2. Gert-Dietmar Klause	GDR	2:38:13,21
3. Benny Soedergren	SWE	2:39:39,21
4. Iwan Garanin	URS	2:40:38,94
5. Gerhard Grimmer	GDR	2:41:15,46
6. Per Knut Aaland	NOR	2:41:18,06

4 × 10-km-Staffel
1. FIN	(Pitkäaanen, Mieto, Teurajärvi, Koivisto)	2:07:59,72
2. NOR	(Tyldum, Sagstuen, Formo, Martinsen)	2:09:58,36
3. URS	(Beljajew, Baschukow, Saweljew, Garanin)	2:10:51,46
4. SWE	(Södergren, Johansson, Wassberg, Lundbäck)	2:11:16,88
5. SUI	(Renggli, Hauser, Gähler, Kählin)	2:11:28,53
6. USA	(Peterson, Caldwell, Koch, Jäger)	2:11:41,35

Nordische Kombination
1. Ulrich Wehling	GDR	423,39
2. Urban Hettich	GER	418,90
3. Konrad Winkler	GDR	417,47
4. Rauno Miettinen	FIN	411,30
5. Claus Tuchscherer	GDR	409,51
6. Nikolai Nagowizyn	URS	406,44

Biathlon
Einzellauf
1. Nikolai Kruglow	URS	1:14:12,26 (2)
2. Heikki Ikola	FIN	1:15:54,10 (1)
3. Alexander Jelisarow	URS	1:16:05,57 (3)
4. Willy Bertin	ITA	1:16:50,36 (3)
5. Alexander Tichonow	URS	1:17:18,33 (7)
6. Eska Sairo	FIN	1:17:32,84 (2)

Staffel
1. Sowjetunion		1:57:55,64
2. Finnland		2:01:45,58
3. DDR		2:04:08,61
4. Bundesrepublik Deutschland		2:04:11,36
5. Norwegen		2:05:10,28
6. Italien		2:06:16,55

Spezial-Sprunglauf
70-m-Schanze
1. Hans-Georg Aschenbach	GDR	252,0
2. Jochen Danneberg	GDR	246,2
3. Karl Schnabl	AUT	242,0
4. Jaroslav Balcar	TCH	239,6
5. Ernst von Grünigen	SUI	238,7
6. Reinhold Bachler	AUT	237,2

90-m-Schanze
1. Karl Schnabl	AUT	234,8
2. Toni Innauer	AUT	232,9
3. Henry Glaß	GDR	221,7
4. Jochen Danneberg	GDR	221,6
5. Reinhold Bachler	AUT	217,4
6. Hans Wallner	AUT	216,9

Nordische Wettbewerbe der Damen
5-km-Langlauf
1. Helena Takalo	FIN	15:48,69
2. Raisa Smetanina	URS	15:49,73
3. Nina Baldischewa	URS	16:12,82
4. Hilkka Kuntola	FIN	16:17,74
5. Eva Olsson	SWE	16:27,15
6. Zinaida Amosowa	URS	16:33,78

10-km-Langlauf
1. Raisa Smetanina	URS	30:13,41
2. Helena Takalo	FIN	30:14,28
3. Galina Kulakowa	URS	30:38,61
4. Nina Baldischewa	URS	30:52,58
5. Eva Olssop	SWE	31:08,72
6. Sinaida Amosowa	URS	31:11,23

4 × 5-km-Staffel
1. URS	(Baldischewa, Amosowa, Smetanina, Kulakowa)	1:07:49,75
2. FIN	(Suihkonen, Kajosmaa, Kuntola, Takalo)	1:08:36,57
3. GDR	(Debertshäuser, Krause, Petzold, Schmidt)	1:09:57,95
4. SWE	(Carlson, Partapuoli, Johansson, Olsson)	1:10:14,68
5. NOR	(Kvellio, Myrmal, Johannessen, Kummen)	1:11:09,08
6. TCH	(Pasiarova, Sekajova, Bartosova, Paulu)	1:11:27,83

Bobrennen
Zweierbob
1. GDR II	Nehmer/Germeshausen	3:44,42
2. GER I	Zimmerer/Schumann	3:44,99
3. SUI I	Schärer/Benz	3:45,70
4. AUT II	Sperling/Schwab	3:45,74
5. GER II	Heibl/Ohlwärter	3:46,13
6. AUT I	Karth/Köfel	3:46,37

Viererbob
1. GDR I	(Nehmer, Babok, Germeshausen, Lehmann)	3:40,43
2. SUI II	(Schärer, Bächli, Marti, Benz)	3:40,89
3. GER I	(Zimmerer, Utzschneider, Bittner, Schumann)	3:41,37
4. GDR II	(Schönau, Bernhard, Seifert, Bethge)	3:42,44
5. GER II	(Heibl, Morant, Radant, Ohlwärter)	3:42,47
6. AUT II	(Karth, Schwab, Breg, Köfel)	3:43,21

Rodeln
Einsitzer – Herren
1. Detlef Günther	GDR	3:27,68
2. Josef Fendt	GER	3:28,19
3. Hans Rinn	GDR	3:28,57
4. Hans-Heinrich Winkler	GDR	3:29,45
5. Manfred Schmid	AUT	3:29,51
6. Anton Winkler	GER	3:29,52

Doppelsitzer – Herren
1. Hans Rinn/ Norbert Hahn	GDR	1:25,60
2. Hans Brandner/ Balthasar Schwarm	GER	1:25,88
3. Rudolf Schmid/ Franz Schachner	AUT	1:25,91
4. Stefan Hölzlwimmer/ Rudolf Größwang	GER	1:26,23
5. Manfred Schmid/ Reinhold Sulzbacher	AUT	1:26,42
6. Jindrich Zeman/ Vladimir Resl	TCH	1:26,82

Einsitzer – Damen
1. Margit Schumann	GDR	2:50,62
2. Ute Rührold	GDR	2:50,84
3. Elisabeth Demleitner	GER	2:51,05
4. Eva-Maria Wernicke	GDR	2:51,26
5. Antonia Mayr	AUT	2:51,36
6. Margit Graf	AUT	2:51,45

Eishockey
1. Sowjetunion
2. Tschechoslowakei
3. Bundesrepublik Deutschland
4. Finnland
5. USA
6. Polen

Eisschnellauf der Herren
500 m
1. Jewgeni Kulikow	URS	39,17
2. Valeri Muratow	URS	39,25
3. Daniel Immerfall	USA	39,54
4. Mats Wallberg	SWE	39,56
5. Peter Müller	USA	39,57
6. Arnulf Sunde	NOR	39,78

1000 m
1. Peter Müller	USA	1:19,32
2. Jörn Didriksen	NOR	1:20,45
3. Valeri Muratow	URS	1:20,57
4. Alexander Safronow	URS	1:20,84
5. Hans van Heiden	HOL	1:20,85
6. Gaetan Boucher	CAN	1:21,23

1500 m
1. Jan Egil Storholt	NOR	1:59,38
2. Juri Kondakow	URS	1:59,97
3. Hans van Heiden	HOL	2:00,87
4. Sergej Riabew	URS	2:02,15
5. Daniel Carroll	USA	2:02,26
6. Piet Kleine	HOL	2:02,28

5000 m
1. Sten Stensen	NOR	7:24,48
2. Piet Kleine	HOL	7:26,47
3. Hans van Helden	HOL	7:26,54
4. Viktor Warlamow	URS	7:30,97
5. Klaus Wunderlich	GDR	7:33,82
6. Daniel Carroll	USA	7:36,46

10 000 m
1. Piet Kleine	HOL	14:50,59
2. Sten Stensen	NOR	14:53,30
3. Hans van Helden	HOL	15:02,02
4. Viktor Warlamow	URS	15:06,06
5. Örjan Sandler	SWE	15:16,21
6. Colin Coates	AUS	15:16,80

Eisschnellauf der Damen
500 m
1. Sheila Young	USA	42,76
2. Kathy Priestner	CAN	43,12
3. Tatjana Awerina	URS	43,17
4. Leah Poulos	USA	43,21
5. Wera Krasnowa	URS	43,23
6. Ljubow Sadschikowa	URS	43,80

1000 m
1. Tatjana Awerina	URS	1:28,43
2. Leah Poulos	USA	1:28,57
3. Sheila Young	USA	1:29,14
4. Silvia Burka	CAN	1:29,47
5. Monika Holzner-Pflug	GER	1:29,54
6. Kathy Priestner	CAN	1:29,66

1500 m
1. Galina Stepanskaja	URS	2:16,58
2. Sheila Young	USA	2:17,06
3. Tatjana Awerina	URS	2:17,96
4. Lisbeth Korsmo	NOR	2:18,99
5. Karin Kessow	GDR	2:19,05
6. Leah Poulos	USA	2:19,11

3000 m
1. Tatjana Awerina	URS	4:45,19
2. Andrea Mitscherlich	GDR	4:45,23
3. Lisbeth Korsmo	NOR	4:45,24
4. Karin Kessow	GDR	4:45,60
5. Ines Bautzmann	GDR	4:46,67
6. Sylvia Filipsson	SWE	4:48,15

Eiskunstlauf
Herren
1. John Curry	GBR	11,0	192,74
2. Wladimir Kowalew	URS	28,0	187,64
3. Toller Cranston	CAN	30,0	187,38
4. Jan Hoffmann	GDR	34,0	187,34
5. Sergej Wolkow	URS	53,0	184,08
6. David Santee	USA	49,0	184,28

Damen
1. Dorothy Hamill	USA	9,0	193,80
2. Dianne de Leeuw	HOL	24,0	190,24
3. Christine Errath	GDR	31,0	188,16
4. Anett Poetzsch	GDR	40,0	187,42
5. Linda Fratianne	USA	52,0	182,42
6. Lynn Nightingale	CAN	54,0	182,14

Paarlauf
1. Irina Rodnina/ Alexander Saizew	URS	9,0	140,54
2. Romy Kermer/ Rolf Österreich	GDR	21,0	136,35
3. Manuela Gross/ Uwe Kagelmann	GDR	34,0	134,57
4. Irina Worobjewa/ Alexander Wlassow	URS	35,0	134,52
5. Tai Babilonia/ Randy Gardner	USA	36,0	134,24
6. Kerstin Stolfig/ Veit Kempe	GDR	59,0	129,57

Eistanz
1. Ludmilla Pachomowa/ Alexander Gorschkow	URS	9,0	209,92
2. Irina Moissewa/ Andrej Minenkow	URS	20,0	204,88
3. Colleen O'Connor/ James Millns	USA	27,0	202,64
4. Natalia Linischuk/ Gennadi Karponossow	URS	35,0	199,10
5. Kristina Regoczy/ Andras Sallay	HUN	48,5	195,92
6. Matilde Ciccia/ Lamberto Ceserani	ITA	58,5	191,46

1980
Lake Placid

Alpine Wettbewerbe der Herren
Abfahrt

1.	Leonhard Stock	AUT	1:45,50
2.	Peter Wirnsberger	AUT	1:46,12
3.	Steve Podborski	CAN	1:46,62
4.	Peter Müller	SUI	1:46,75
5.	Pete Patterson	USA	1:47,04
6.	Herbert Plank	ITA	1:47,13
7.	Werner Grissmann	AUT	1:47,21
8.	Waleri Tsyganow	URS	1:47,34
9.	Harti Weirather	AUT	1:47,70
10.	Dave Murray	CAN	1:47,95

Riesenslalom

1.	Ingemar Stenmark	SWE	2:40,74
2.	Andreas Wenzel	LIE	2:41,49
3.	Hans Enn	AUT	2:42,51
4.	Bojan Krizaj	YUG	2:42,53
5.	Jacques Lüthy	SUI	2:42,75
6.	Bruno Nöckler	ITA	2:42,95
7.	Joel Gaspoz	SWE	2:43,05
8.	Boris Strel	YUG	2:43,24
9.	Alexander Tschirow	URS	2:44,07
10.	Phil Mahre	USA	2:44,33

Slalom

1.	Ingemar Stenmark	SWE	1:44,26
2.	Phil Mahre	USA	1:44,76
3.	Jacques Lüthy	SUI	1:45,06
4.	Hans Enn	AUT	1:45,12
5.	Christian Neureuther	GER	1:45,14
6.	Peter Popangeloff	BUL	1:45,40
7.	Anton Steiner	AUT	1:45,41
8.	Gustav Thöni	ITA	1:45,99
9.	Wladimir Andrejew	URS	1:46,65
10.	Frank Wörndl	GER	1:47,19

Alpine Wettbewerbe der Damen
Abfahrt

1.	Annemarie Moser-Pröll	AUT	1:37,52
2.	Hanni Wenzel	LIE	1:38,22
3.	Marie-Theres Nadig	SUI	1:38,36
4.	Heidi Preuss	USA	1:39,51
5.	Kathy Kreiner	CAN	1:39,53
6.	Ingrid Eberle	AUT	1:39,63
7.	Torill Fjeldstad	NOR	1:39,69
	Cindy Nelson	USA	1:39,69
9.	Marianne Zechmeister	GER	1:39,96
10.	Jana Soltysova	TCH	1:40,71

Riesenslalom

1.	Hanni Wenzel	LIE	2:41,66
2.	Irene Epple	GER	2:42,12
3.	Perrine Pelen	FRA	2:42,41
4.	Fabienne Serrat	FRA	2:42,42
5.	Christa Kinshofer	GER	2:42,63
6.	Annemarie Moser-Pröll	AUT	2:43,15
7.	Christin Cooper	USA	2:44,71
8.	Maria Epple	GER	2:45,56
9.	Cathy Kreiner	USA	2:45,75
10.	Claudia Giordani	ITA	2:46,27

Slalom

1.	Hanni Wenzel	LIE	85,09
2.	Christa Kinshofer	GER	86,50
3.	Erika Hess	SUI	87,89
4.	Maria Rosa Quario	ITA	87,92
5.	Claudia Giordani	ITA	89,12
6.	Nadeschda Patrekejewa	URS	89,20
7.	Daniela Zini	ITA	89,22
8.	Christin Cooper	USA	89,27
9.	Ann Melander	SWE	89,82
10.	Wilma Gatta	ITA	89,94

Nordische Wettbewerbe der Herren
15-km-Langlauf

1.	Thomas Wassberg	SWE	41:57,63
2.	Juha Mieto	FIN	41:57,64
3.	Ove Aunli	NOR	42:28,62
4.	Nikolaj Zimjatov	URS	42:33,96
5.	Jewgenij Beljajew	URS	42:46,02
6.	Jozef Luszczek	POL	42:59,03
7.	Alexander Zawualow	URS	43:00,81
8.	Harri Kirvesniemi	FIN	43:02,01
9.	Oddvar Braa	NOR	43:05,64
10.	Lars Erik Eriksen	NOR	43:11,51

30-km-Langlauf

1.	Nikolaj Zimjatov	URS	1:27:02,80
2.	Wassili Rotschev	URS	1:27:34,22
3.	Ivan Lebanov	BUL	1:28:03,87
4.	Thomas Wassberg	SWE	1:28:40,35
5.	Jozef Luszczek	POL	1:29:03,64
6.	Matti Pitkänen	FIN	1:29:35,03
7.	Juha Mieto	FIN	1:29:45,08
8.	Ove Aunli	NOR	1:29:54,02
9.	Alf Gerd Deckert	GDR	1:30:05,17
10.	Lars Erik Eriksen	NOR	1:30:34,34

50-km-Langlauf

1.	Nikolaj Zimjatow	URS	2:27:24,60
2.	Juha Mieto	FIN	2:30:20,52
3.	Alexander Sawjalow	URS	2:30:51,52
4.	Lars Erik Eriksen	NOR	2:30:53,03
5.	Sergej Saweljew	URS	2:31:15,82
6.	Jewgenij Beljajew	URS	2:31:21,19
7.	Oddvar Braa	NOR	2:31:46,83
8.	Sven Ake Lundbäck	SWE	2:31:59,65
9.	Asko Autio	FIN	2:32:25,57
10.	Franz Renggli	SUI	2:33:27,56

4×10-km-Staffel

1.	Sowjetunion	1:57:03,46
2.	Norwegen	1:58:45,77
3.	Finnland	2:00:00,18
4.	Bundesrepublik Deutschland	2:00:22,74
5.	Schweden	2:00:42,71
6.	Italien	2:01:09,83
7.	Schweiz	2:03:36,57
8.	Vereinigte Staaten von Nordamerika	2:04:12,17
9.	Tschechoslowakei	2:04:18,66
10.	Frankreich	2:08:43,61

Nordische Kombination

1.	Ulrich Wehling	GDR	432,200
2.	Joukko Karjalainen	FIN	429,500
3.	Konrad Winkler	GDR	425,320
4.	Tom Sandberg	NOR	418,465
5.	Uwe Dotzauer	GDR	418,415
6.	Karl Lustenberger	SUI	410,210
7.	Alexander Majorow	URS	409,135
8.	Gunter Schmieder	GDR	404,075
9.	Hubert Schwarz	GER	402,145
10.	Jan Legierski	POL	400,930

Biathlon
10 km

1.	Frank Ullrich	GDR	32:10,69/2
2.	Wladimir Alikin	URS	32:53,10/0
3.	Anatoli Aljabjew	URS	33:09,16/1
4.	Klaus Siebert	GDR	33:32,76/2
5.	Kjell Sobak	NOR	33:34,64/1
6.	Peter Zelinka	TCH	33:45,20/1
7.	Odd Lirhus	NOR	34:10,39/2
8.	Peter Angerer	GER	34:13,43/4
9.	Alexander Tichonow	URS	34:14,38/2
10.	Gerd Winkler	GER	34:24,16/1

20 km

1.	Anatoli Aljabjew	URS	1:08:16,31/0
2.	Frank Ullrich	GDR	1:08:27,79/3
3.	Eberhard Rösch	GDR	1:11:11,73/3
4.	Svein Engen	NOR	1:11:30,25/3
5.	Erkki Antila	FIN	1:11:32,32/4
6.	Yvon Mougel	FRA	1:11:33,60/3
7.	Wladimir Barnaschov	URS	1:11:49,49/4
8.	Wladimir Alikin	URS	1:12:05,30/6
9.	André Geourjon	FRA	1:12:53,37/2
10.	Arduino Tiraboschi	ITA	1:13:06,05/2

Staffel

1.	Sowjetunion	1:34:03,27
2.	Deutsche Demokratische Republik	1:34:56,99
3.	Bundesrepublik Deutschland	1:37:30,26
4.	Norwegen	1:38:11,76
5.	Frankreich	1:38:23,36
6.	Österreich	1:38:32,02
7.	Finnland	1:38:50,84
8.	Vereinigte Staaten von Nordamerika	1:39:24,29
9.	Italien	1:40:20,79
10.	Schweden	1:40:44,62

Spezial-Sprunglauf
70-m-Schanze

1.	Anton Innauer	AUT	266,3
2.	Manfred Deckert	GDR	249,2
	Hirokazu Yagi	JPN	249,2
4.	Masahiro Akimoto	JPN	248,5
5.	Pentti Kokkonen	FIN	247,6
6.	Hubert Neuper	AUT	245,5
7.	Alfred Groyer	AUT	245,3
8.	Joukko Tormänen	FIN	243,5
9.	Hansjörg Sumi	SUI	242,6
10.	Stanislaw Bobak	POL	242,2

90-m-Schanze

1.	Joukko Törmänen	FIN	271,0
2.	Hubert Neuper	AUT	262,4
3.	Jari Puikkonen	FIN	248,5
4.	Anton Innauer	AUT	245,7
5.	Armin Kogler	AUT	245,6
6.	Roger Ruud	NOR	243,0
7.	Hansjörg Sumi	SUI	242,7
8.	Jim Denney	USA	239,1
9.	Steve Collins	CAN	238,4
10.	Masahiro Akimoto	JPN	234,7

Nordische Wettbewerbe der Damen
5-km-Langlauf

1.	Raisa Smetanina	URS	15:06,92
2.	Hilkka Riihivuori	FIN	15:11,96
3.	Kveta Jeriova	TCH	15:23,44
4.	Barbara Petzold	GDR	15:23,62
5.	Nina Balditschewa	URS	15:29,03
6.	Galina Kulakowa	URS	15:29,58
7.	Veronika Hesse	GDR	15:31,83
8.	Helena Takalo	FIN	15:32,15
9.	Marlies Rostock	GDR	15:36,28
10.	Lena Carlzon-Lundbäck	SWE	15:43,04

10-km-Langlauf

1.	Barbara Petzold	GDR	30:31,54
2.	Hilkka Riihivuori	FIN	30:35,05
3.	Helena Takalo	FIN	30:45,25
4.	Raisa Smetanina	URS	30:54,48
5.	Galina Kulakowa	URS	30:58,46
6.	Nina Balditschewa	URS	31:22,93
7.	Marlies Rostock	GDR	31:28,79
8.	Veronika Hesse	GDR	31:29,14
9.	Kvetoslava Jeriova	TCH	31:29,55
10.	Eva Olsson	SWE	31:36,08

4×5-km-Staffel

1.	Deutsche Demokratische Republik	1:02:11,10
2.	Sowjetunion	1:03:18,30
3.	Norwegen	1:04:13,50
4.	Tschechoslowakei	1:04:31,39
5.	Finnland	1:04:41,28
6.	Schweden	1:05:16,32
7.	Vereinigte Staaten von Nordamerika	1:06:55,41
8.	Kanada	1:07:45,75

Bobrennen
Zweierbob

1.	Erich Schärer		
	Josef Benz	SUI II	4:09,86
2.	Bernhard Germeshausen		
	H.-J. Gerhardt	GDR II	4:10,93
3.	Meinhard Nehmer		
	Bogdan Musiol	GDR I	4:11,08
4.	Hans Hiltebrand		
	Walter Rahm	SUI I	4:11,32
5.	Howard Siler		
	Dick Nalley	USA	4:11,73
6.	Brent Brushlaw		
	Joseph Tyler	USA	4:12,12
7.	Fritz Sperling		
	Kurt Oberhöller	AUT	4:13,58
8.	Peter Hell		
	Heinz Busche	GER I	4:13,74
9.	Franz Paulweber		
	Gerd Zaunschirm	AUT	4:13,90
10.	Jonathan Woodall		
	John Howell	GBR	4:15,92

Viererbob

1. Nehmer, Musiol Germeshausen, Gerhardt	GDR I	3:59,92
2. Schärer, Bächli Marti, Benz	SUI I	4:00,87
3. Schönau, Wetzig Richter, Kirchner	GDR II	4:00,97
4. Sperling, Bergmüller Rednak, Purkrabek	AUT I	4:02,62
5. Dellekarth, Paulweber Zaunschirm, Oberhöller	AUT II	4:02,95
6. Hiltebrand, Schindler Rahm, Baumgartner	SUI II	4:03,69
7. Hell, Wagner Busche, Barfuß	GER I	4:04,40
8. Panaitescu, Cristudor Mitrofan, Lixandre	ROM I	4:04,68
9. Wooedall, Wallington Brown, Howell	GBR I	4:04,92
10. Schnorbus, Pongratz Hofmann, Meinberg	GER II	4:05,15

Rodeln

Einsitzer – Herren

1. Bernhard Glass	GDR	2:54,796
2. Paul Hildgartner	ITA	2:55,372
3. Anton Winkler	GER	2:56,545
4. Dettlef Günther	GDR	2:57,163
5. Gerhard Sandbichler	AUT	2:57,451
6. Franz Wilhelmer	AUT	2:57,483
7. Gerhard Böhmer	GER	2:57,769
8. Anton Wembacher	GER	2:58,012
9. Albert Graf	AUT	2:58,023
10. Jindrich Zeman	TCH	3:00,935

Doppelsitzer – Herren

1. Hans Rinn Norbert Hahn	GDR	1:19,331
2. Peter Gschnitzer Karl Brunner	ITA	1:19,606
3. Georg Fluckinger Karl Schrott	AUT	1:19,795
4. Bernd Hahn Ulrich Hahn	GDR	1:19,914
5. Hans-Jörg Raffl Alfred Silginer	ITA	1:19,976
6. Anton Winkler Anton Wembacher	GER	1:20,012
7. Hans Brandner Balthasar Schwarm	GER	1:20,063
8. Jindrich Zeman Vladimir Resl	TCH	1:20,142
9. Günter Lemmerer Reinhold Sulzbacher	AUT	1:20,503
10. Dainis Bremse Aigars Krikis	URS	1:20,662

Einsitzer – Damen

1. Vera Sosulja	URS	2:36,537
2. Melitta Sollmann	GDR	2:37,657
3. Ingrida Amantowa	URS	2:37,817
4. Elisabeth Demleitner	GER	2:37,918
5. Ilona Brand	GDR	2:38,115
6. Margit Schumann	GDR	2:38,255
7. Angelika Schafferer	AUT	2:38,935
8. Astra Ribena	URS	2:39,011
9. Maria Jasencakova	TCH	2:39,429
10. Christine Brunner	AUT	2:39,823

Eishockey

1. Vereinigte Staaten von Nordamerika
2. Sowjetunion
3. Schweden
4. Finnland
5. Tschechoslowakei
6. Kanada

Eisschnellauf der Herren

500 m

1. Eric Heiden	USA	38,03
2. Jewgenij Kulikow	URS	38,37
3. Lieuwe de Boer	HOL	38,48
4. Frode Rönning	NOR	38,66
5. Daniel Immerfall	USA	38,69
6. Jarle Pedersen	NOR	38,83
7. Anatolij Medennikow	URS	38,88
8. Gaetan Boucher	CAN	38,90
9. Jan Jozwik	POL	39,01
10. Jan-Ake Carlberg	SWE	39,03

1000 m

1. Eric Heiden	USA	OR	1:15,18
2. Gaetan Boucher	CAN		1:16,68
3. Frode Rönning	NOR		1:16,91
Wladimir Lobanow	URS		1:16,91
5. Peter Mueller	USA		1:17,11
6. Bert de Jong	HOL		1:17,29
7. Andreas Dietel	GDR		1:17,71
8. Oloph Granath	SWE		1:17,74
9. Sergej Shlebnikow	URS		1:17,96
10. Lieuwe de Boer	HOL		1:17,97

1500 m

1. Eric Heiden	USA	OR	1:55,44
2. Kai Arne Stenshjemmet	NOR		1:56,81
3. Terje Andersen	NOR		1:56,92
4. Andreas Dietel	GDR		1:57,14
5. Yuri Kondakow	URS		1:57,36
6. Jan Egil Storholt	NOR		1:57,95
7. Tomas Gustafson	SWE		1:58,18
8. Wladimir Lobanow	URS		1:59,30
9. Jewgenij Salunski	URS		1:59,47
Andreas Ehrig	GDR		1:59,47

5000 m

1. Eric Heiden	USA	7:02,29
2. Kai Arne Stenshjemmet	NOR	7:03,28
3. Tom Erik Oxholm	NOR	7:05,59
4. Hilbert van der Duim	HOL	7:07,07
5. Öyvind Tveter	NOR	7:08,36
6. Piet Kleine	HOL	7:08,96
7. Michael Woods	USA	7:10,39
8. Ulf Ekstrand	SWE	7:13,13
9. Yep Kramer	HOL	7:14,09
10. Andreas Ehrig	GDR	7:14,56

10 000 m

1. Eric Heiden	USA	WR	14:28,13
2. Piet Kleine	HOL		14:36,03
3. Tom Erik Oxholm	NOR		14:36,60
4. Michael Woods	USA		14:39,53
5. Öyvind Tveter	NOR		14:43,53
6. Hilbert van der Duim	HOL		14:47,58
7. Viktor Leskin	URS		14:51,72
8. Andreas Ehrig	GDR		14:51,94
9. Yasuhiro Shimizu	JPN		14:57,48
10. Sergej Berezin	URS		15:04,68

Eisschnellauf der Damen

500 m

1. Karin Enke	GDR	41,78
2. Leah Mueller-Poulos	USA	42,26
3. Natalia Petrusewa	URS	42,42
4. Ann-Sofie Jarnstroem	SWE	42,47
5. Makiko Nagaya	JPN	42,70
6. Cornelia Jacob	GDR	42,98
7. Beth Heiden	USA	43,18
8. Tatjana Tarasowa	URS	43,26
9. Silvia Burka	CAN	43,43
10. Irina Kowrowa	URS	43,50

1000 m

1. Natalia Petrusewa	URS	1:24,10
2. Leah Mueller-Poulos	USA	1:25,41
3. Silvia Albrecht	GDR	1:26,46
4. Karin Enke	GDR	1:26,66
5. Beth Heiden	USA	1:27,01
6. Annie Borckinck	HOL	1:27,24
7. Silvia Burka	CAN	1:27,50
8. Ann-Sofie Jarnstroem	SWE	1:28,10
9. Sylvia Filipsson	SWE	1:28,18
10. Anette Kalsson	SWE	1:28,25

1500 m

1. Annie Borckinck	HOL	2:10,95
2. Ria Visser	HOL	2:12,35
3. Sabine Becker	GDR	2:12,38
4. Björg Eva Jensen	NOR	2:12,59
5. Sylvia Filipsson	SWE	2:12,84
6. Andrea Mitscherlich	GDR	2:13,05
7. Beth Heiden	USA	2:13,10
8. Natalia Petrusewa	URS	2:14,15
9. Sylvia Albrecht	GDR	2:14,27
10. Sylvia Burka	CAN	2:14,65

3000 m

1. Björg Eva Jensen	NOR	OR	4:32,13
2. Sabine Becker	GDR		4:32,79
3. Beth Heiden	USA		4:33,77
4. Andrea Mitscherlich	GDR		4:37,69
5. Erwina Rys-Ferens	POL		4:37,89
6. Mary Docter	USA		4:39,29
7. Sylvia Filipsson	SWE		4:40,22
8. Natalia Petrusewa	URS		4:42,59
9. Olga Pleschkowa	URS		4:43,11
10. Sarah Docter	USA		4:43,30

Eiskunstlauf

Herren

1. Robin Cousins	GRB	13/189,48
2. Jan Hoffmann	GDR	15/189,72
3. Charles Tickner	USA	28/187,06
4. David Santee	USA	34/185,52
5. Scott Hamilton	USA	45/181,78
6. Igor Bobrin	URS	55/177,40
7. Jean-Christophe Simond	FRA	64/175,00
8. Mitsuru Matsumara	JPN	75/172,28
9. Fumio Igarashi	JPN	77/172,04
10. Konstantin Kokora	URS	91/168,18

Damen

1. Anett Pötzsch	GDR	11/189,00
2. Linda Fratianne	USA	16/188,30
3. Dagmar Lurz	GER	28/183,04
4. Denise Biellmann	SUI	43/180,06
5. Lisa Marie Alen	USA	45/179,42
6. Emi Watanabe	JPN	48/179,04
7. Claudia Kristofics-Binder	AUT	60/176,88
8. Susanna Driano	ITA	77/172,82
9. Sandy Lenz	USA	82/172,74
10. Kristina Wegelius	FIN	87/172,04

Paarlauf

1. Irina Rodnina Alexander Saizew	URS	9/147,26
2. Marina Tscherkassowa Sergej Schachrai	URS	19/143,80
3. Manuela Mager Uwe Bewersdorff	GDR	33/140,52
4. Marina Pestowa Stanislaw Leonowitsch	URS	31/141,14
5. Cathleen und Peter Caruthers	USA	46/137,38
6. Sabine Bäß Tassilo Thierbach	GDR	53/136,00
7. Sheryl Franks Michael Botticelli	USA	64/133,84
8. Christina Riegel Andreas Nischwitz	GER	71/131,70
9. Barbara Underhill Paul Martini	CAN	78/129,36
10. Susan Garland Robert Daw	GBR	91/124,36

Eistanz

1. Natalia Linitschuk Gennadij Karponossow	URS	13/205,48
2. Krisztina Regöczy Andras Sallay	HUN	14/204,52
3. Irina Moissejewa Andrej Minenkow	URS	27/201,86
4. Liliana Rehakova Stanislaw Drastich	URS	39/198,02
5. Jayne Torvill Christopher Dean	GBR	42/197,12
6. Lorna Wighton John Dowding	CAN	54/193,80
7. Judy Blumberg Michael Seibert	USA	66/190,30
8. Natalia Bestemjanowa Andrej Bukin	URS	75/188,18
9. Stacey Smith John Summers	USA	75/188,38
10. Henriette Fröschl Christian Steiner	GER	94/178,38

Aloys Behler

geb. 1934, seit 1977 Redakteur der »Zeit« (Ressort Modernes Leben); vorher Sportredakteur, unter anderem neun Jahre Ressortchef bei »Welt« und »Welt am Sonntag«.

Wildor Hollmann

geb. 1925 in Menden/Sauerland; 1954 Promotion zum Dr. med., 1958 Gründung des Instituts für Kreislaufforschung und Sportmedizin in Köln, seitdem Leiter; 1961 Habilitation für das Fach »Sportmedizin« in der Medizinischen Fakultät der Universität Köln; 1965 Berufung auf den ordentlichen Lehrstuhl für Kardiologie und Sportmedizin der Deutschen Sporthochschule Köln; 1969–1971 Rektor der Deutschen Sporthochschule, seitdem Prorektor. Mitarbeit in zahlreichen Gremien, diverse Auszeichnungen.

Rolf Kunkel

geb. 1940; fuhr, bevor er zum Journalismus kam, bei der Handelsmarine zur See. Er arbeitete zwei Jahre als Reporter einer Rundfunk- und Fernsehstation in Chicago, dann als Redakteur der »Aktuellen Schaubude« in Hamburg und schließlich zwölf Jahre lang als stellvertretender Sportchef des WDR-Hörfunks. Seit 1. Januar 1980 Sportredakteur beim STERN. Theodor-Wolff-Preis und mehrfacher Preisträger des Verbandes der Deutschen Sportpresse.

Peter Bizer

geb. 1942 in Wien; leitet die Sportredaktion des STERN, arbeitete früher als Textchef der Presseagentur Sven Simon in München und bis 1975 als freier Journalist für Tageszeitungen sowie Rundfunk- und Fernsehanstalten. Mehrere Buchveröffentlichungen: (u. a. »Fußball WM 74«, »Rebell am Ball«, »Der programmierte Weltmeister«); wurde mehrfach ausgezeichnet beim Artikel-Wettbewerb der Deutschen Sportpresse.

Arturo Hotz

geb. 1944; Ausbildung zum Turn- und Sportlehrer (ETH Zürich), Studium Geschichte und Publizistik (Dr. phil., Uni Bern), Zusatzdiplom pädagogische Psychologie und Sportpädagogik (Uni Zürich), Absolvent der Nationaltrainerlehrgänge I und II (ETS Magglingen). Nationaltrainer Bob, Cheftrainer der Schweizer Ski-Nationalmannschaft (Herren), Redakteur der »Neuen Zürcher Zeitung«. Zur Zeit Mitarbeiter in der Geschäftsstelle des Schweiz. Nationalfonds zur Förderung der Forschung.

Heinz Maegerlein

geb. 1911; nach abgeschlossenem Philologie-Studium (Germanistik, Geschichte, Sport) Sportpublizist; zunächst am RS Leipzig, von 1948–1957 freiberuflich, von 1958–1976 Sportchef des Bayerischen Fernsehens; Sportkommentator, Autor von zahlreichen Sportbüchern und Sportfilmen; Sportgebiete vor allem Ski- und Eiskunstlauf, Leichtathletik und Tennis; bei bislang 15 Olympischen Sommer- und Winter-Spielen vertreten.

Manfred Blödorn

geb. 1942 in Neumünster/Holstein; Fernsehredakteur beim NDR, Abteilungsleiter Dokumentation und Feature in der Hauptabteilung Sport. Studium der Soziologie und Politologie in Hamburg. Ab 1968 zahlreiche sportwissenschaftliche Beiträge für Hörfunk und Fernsehen, Referententätigkeit, Universitäts-Lehraufträge; veröffentlichte bei Hoffmann und Campe u. a. »Fußballprofis – Die Helden der Nation« (1974) und »Der Olympische Meineid – Idee und Wirklichkeit der Olympischen Spiele« (1980).

Erhard Keller

geb. 1944; 1968 und 1972 Olympiasieger im Eisschnellauf über 500 m; Weltrekorde über 500 m mit 38,0 sek. (1972) und über 1000 m mit 1 : 18,5 min. (1972); 1971 Sprinterweltmeister.

Rosi Mittermaier

geb. 1950; 1976 Olympiasiegerin in der Abfahrt und im Slalom, 1976 Olympia-Zweite im Riesenslalom, 1976 Kombinations-Weltmeisterin und Gewinnerin des alpinen Weltpokals, 1975 Weltpokal-Dritte, gewann bis 1976 18 deutsche Meisterschaften. Sportlerin des Jahres 1976.

Dieter Hildebrandt

geb. 1927 in Bunzlau/Niederschlesien; Studium der Theaterwissenschaft bei Arthur Kutscher in München; 1955 erster Auftritt in einem Studentenkabarett (»Die Namenlosen«); 1956 Gründung der Münchner Lach- und Schießgesellschaft zusammen mit Sammy Drechsel und Ursula Herking; Arbeiten für Rundfunk und Fernsehen; seit der Auflösung der Lach- und Schießgesellschaft von 1972–1980 Mitarbeit an der ZDF-Sendereihe »Notizen aus der Provinz«.

Fritz Klein

geb. 1937 in Hamburg; Journalist, Hauptabteilungsleiter Sport beim NDR; seit 1958 beim NDR tätig; früher aktiv als Leichtathlet, Fußballer und Eisschnelläufer, Programmleitung: Olympische Spiele Sapporo, Fußball-Weltmeisterschaft in Deutschland für Fernseh-Berichterstattung; Programmbeauftragter Fernsehen für Olympische Spiele in Montreal.

Bruno Moravetz

geb. 1921 in Kronstadt/Siebenbürgen, Humanistisches Gymnasium, Abitur; Skisportreporter, Sportredakteur »Der Allgäuer«, Kempten; später Doppel-Ressort-Leiter der »Heidenheimer Zeitung«, Sport und Feuilleton; Chefredakteur der Zeitschrift »Ski«; 1963 Sportredakteur beim ZDF; seit 1970 Leiter Sportredaktion beim ZDF-Landesstudio Bayern; journalistische Mitarbeit u. a. bei FAZ und MERIAN; veröffentlichte bei Hoffmann und Campe u. a.: »Das große Buch der Berge« (1978).

Die Autoren

Peter Müller
geb. 1957; Ausbildung in der Forstwirtschaft; seit 1974 zahlreiche Starts in internationalen Skiwettbewerben, 1976 Europacup-Sieger; 1979 Weltcup-Sieger in der Abfahrt; 1980 Lake Placid 4. Rang in der Abfahrt.

Toni Sailer
geb. 1935; 1956 Olympiasieger im Slalom, in der Abfahrt und im Riesenslalom, Weltmeisterschaft in der Kombination, 1958 Weltmeister in der Abfahrt, im Riesenslalom und in der Kombination, 1958 Weltmeisterschafts-Zweiter im Slalom, 1972–1976 Trainer der österreichischen Skinationalmannschaft.

Horst Seifart
geb. 1922 in Köln, 1940 Abitur; nach russischer Kriegsgefangenschaft Studium Sport und Publizistik; seit 1951 beim NDR (NWDR) in leitenden Funktionen bei Sport und Politik, zur Zeit Chefredakteur des Regionalprogramms; daneben seit 1960 im internationalen Bereich des Fernsehens tätig, vornehmlich als Chef der Regie und des Programms bei Fußballweltmeisterschaften und Olympischen Spielen, so Chefredakteur der Euro- und Intervision in Lake Placid; Lehrbeauftragter an der Uni Hamburg.

Christian Neureuther
geb. 1949 in Garmisch-Partenkirchen, Humanistisches Gymnasium, Abitur, Student der Medizin; 14maliger Deutscher Meister im Slalom und Riesenslalom, 1970 Welt-Studentenmeister im Slalom in Finnland, 1971 Russischer Slalom-Meister im Kaukasus; sechs Weltcup-Slalom-Siege und zahlreiche Plazierungen: 1972/73 und 1973/74 Gesamt-Weltcup-Slalom 2. Platz, 1978/79 3. Platz, 1976 Innsbruck Slalom 5. Platz, 1980 Lake Placid Slalom 5. Platz.

Erich Schärer
geb. 1946; 1971, 1973 und 1975 Weltmeister im Viererbob, 1971 Vize-Europameister im Zweierbob, 1976 Europameister im Zweierbob, 1976 Olympia-Zweiter im Viererbob und Olympia-Dritter im Zweierbob, 1980 Olympiasieger im Zweierbob und Olympia-Zweiter im Viererbob.

Georg Thoma
geb. 1937; 1960 Olympiasieger und 1964 Olympia-Dritter in der Kombination, 1966 Weltmeister in der Kombination, 1958–1966 Deutscher Meister in der Kombination 1960, 1961 und 1963 Deutscher Meister im Sprunglauf.

Gunter A. Pilz
geb. 1944 in Baden-Baden, Dipl.-Soz., Akademischer Oberrat am Institut für Sportwissenschaft der Universität Hannover; Studium der Soziologie, Sozialpsychologie, Psychologie in Freiburg und München; Fachbeiträge zum Thema Gewalt, Aggression im Sport, soziologische und sozialpsychologische Aspekte des Sports und Sportunfalls, u.a.: »Sportpsychologie – wofür?« (1974); »Der Mensch und die Graugans – eine Kritik an Konrad Lorenz« (1975); »Aggression und Konflikt im Sport« (1976).

Manfred Schnelldorfer
geb. 1943; 1963 Abitur, neben schulischer Ausbildung Eiskunstlaufsportler; 1964 Olympiasieg in Innsbruck und Weltmeistertitel in Dortmund; 1967–1969 Bundestrainer der Deutschen Eislauf-Union, anschließend drei Jahre Solist beim Deutschen Eistheater Berlin; heute Eiskunstlauftrainer in München.

Bernard Thurnherr
geb. 1949 in Winterthur, abgeschlossenes Studium als Jurist an der Universität Zürich 1973; seit 1973 teils festangestellter, teils freier Mitarbeiter in den Sport-Ressorts des Schweizer Radios und des Schweizer Fernsehens mit Schwerpunkten Fußball und Wintersport, offizieller Platzsprecher bei den Olympischen Winterspielen von Innsbruck 1976; außerdem Quizmaster einer wöchentlichen TV-Sendung des Schweizer Fernsehens (»Tell-Star«).

Ulrich Pramann
geb. 1950 in Sieber/Harz; absolvierte nach dem Abitur die Deutsche Journalistenschule in München und begann 1974 beim STERN. Seit drei Jahren schreibt er über Sport. Buchveröffentlichungen: »Argentinien '78 – Fußball und Folter«; »Das bißchen Freiheit – die fremde Welt der Fußballfans«.

Gerhard Seehase
geb. 1942 in Hamburg-Altona, Sportjournalist; nach dem Krieg Studium der Germanistik und Romanistik in Hamburg, gleichzeitig Oberliga-Vertragsspieler bei Altona 93; seit 1959 Journalist bei der »Welt«; seit 1976 Redakteur Ressort »Modernes Leben« bei der »Zeit«; veröffentlichte u.a.: »Der Verein – Standort, Aufgabe, Funktion in Sport und Gesellschaft«; »Hohe Schule des Fußballs«.

Horst Vetten
geb. 1933 in Düsseldorf, Volksschule, erste journalistische Versuche fünfzehnjährig, Redakteur und Reporter an Tageszeitungen; seit 1962 freier Mitarbeiter bei »Zeit« und STERN, »Allgemeines Deutsches Sonntagsblatt«, Tageszeitungen, Funk, Fernsehen, Berichterstatter bei Olympischen Spielen seit 1956. Reportagereisen nach Asien, Afrika, Lateinamerika, USA, Kanada. 1969 Chefredakteur bei »M«. Bücher: »Rekorde und noch ein bißchen...«; »Kalle, Fitz und Do«; »...über das Klo«.

Fotonachweis

Titelfoto: Sven Simon

Lorenz Baader, München
53, 66

Tony Duffy/Don Morley, London
66/67, 105, 132

Albrecht Gaebele, Untersteinbach
12/13 oben, 36/37, 42, 43 oben und unten, 44 oben und unten, 45, 46 unten, 48/49, 54, 82, 84, 94, 121, 123 unten

Studio Gamma X, Paris
94/95, 96

Fred Joch, Poing
77

Rupert Leser, Bad Waldsee
10/11 unten, 70 oben, 70 unten, 70/71, 71, 80 oben, 174/175

Sport-Foto Thomas Metelmann, Hamburg
12/13 unten, 35 oben, 50/51, 51, 69 unten, 106/107 unten, 106/107 oben, 122 oben, 123 oben, 130, 131, 152/153, 176/177, 178, 178/179 unten

Horst Müller, Düsseldorf
9, 11 unten, 34, 46/47, 72, 78, 79, 80 unten, 82/83, 89, 126/127 oben, 129, 173, 174, 178/179 oben

Markus Niederhauser, Bern
10/11 oben, 16, 34/35, 35, 38/39, 48, 49, 49, 49, 83

Walter Schmitz, München
90/91, 150/151, 152, 153, 154/155, 156

Sven Simon, Essen
Vor- und Nachsatz, 13 oben, 13 unten, 14/15, 47, 78/79, 91, 93 unten, 124 rechts, 126/127 unten, 149

Pressebildagentur WEREK, München
11 oben, 33, 36, 36, 37, 40/41, 52, 52/53, 54/55, 56, 65, 68 oben, 68 unten, 69 oben, 81, 92, 93 oben, 95, 108, 122, 124 links, 125, 126, 127, 128, 180

Franco Zehnder, Stuttgart
38, 90

Fotografen

Lorenz Baader
Ullrich Baumgarten
Tony Duffy
Albrecht Gaebele
Wilfried Hartmann
Fred Joch
Frank Leonhardt
Rupert Leser
Hans Gerd Leurs
Thomas Metelmann
Don Morley
Markus Niederhauser
Matthias Rogmans
Walter Schmitz
Jan-Hardy Sommer
Franco Zehnder

Produktion

Projektleitung:
Hans-Helmut Röhring

Redaktion (Bild und Text):
Frank Grube
Gerhard Richter
Regine Stützner

Herstellung:
Peter Albers
Magda Maaß
Helmut Müller

Gestaltung:
Peter Albers

Satz auf Linotron 303:
Süddeutsche Verlagsanstalt und Druckerei GmbH, Ludwigsburg

Farbreproduktionen:
Otterbach Repro KG, Rastatt

Druck:
Süddeutsche Verlagsanstalt und Druckerei GmbH, Ludwigsburg

Bindearbeiten:
Großbuchbinderei Sigloch, Künzelsau

CIP-Kurztitelaufnahme der Deutschen Bibliothek

Olympic Games ⟨13, 1980, Lake Placid, N.Y.⟩:
Das große Olympiabuch: Lake Placid 1980; Dokumentation, Bilanz, Analyse / hrsg. von Frank Grube u. Gerhard Richter. – Hamburg: Hoffmann und Campe, 1980.
  ISBN 3-455-08850-3
NE: Grube, Frank [Hrsg.]

© Hoffmann und Campe Verlag, Hamburg 1980
Printed in Germany